한국인은 왜 항상 협상에서 지는가

게임이론을 주제로 한 협상이야기

한국인은 왜 항상 협상에서 지는가

김기홍 지음

굿인포메이션

머리말

협상이 무엇인지
이해하기를 원하는 분들에게

다소 엉뚱하게 들릴지 모르지만 이 책을 집필하는 내내 내 마음을 사로잡았던 것은 다음과 같은 한시(漢詩)였다.

外息諸緣
內心無喘
心如墻壁
可以入道

밖으로는 모든 인연을 그치고
안으로는 모든 욕심을 비우고
마음이 흔들리지 않는 장벽이면
가히 도에 든 것이라 할 수 있네

면벽수도하는 스님도 아니고 세상의 이치를 깨친 도인도 아니지만, '갈등'과 '게임', 그리고 '협상'이라는 주제를 연구하고 글을 쓰면 쓸수록 이 시의 내용이 그렇게 가슴에 다가올 수 없었다.

가만히 생각해 보니 그렇다. 협상의 구조를 제대로 이해하고 조금이라도 협상을 잘 하기 위해서는, 쓰잘 것 없는 인연과 하찮은 욕심따위에 연연해서는 안 된다는 것을……. 그런 자각이 든 것이다. 객관성과 편견없음이 바로 그걸 말하는 것일 게다. 하지만, '협상'과 '道'라니. 협상이 도인가, 도가 협상인가? 이렇게 보자. 세상만사가 다 그런 것처럼, 어느 한 분야를 깊이 연구하는 것은 돌이켜보면 자기 자신에게로 향하는 길을 가는 것이 아닌가.

하지만 오해는 말자. 이 책은 자기 마음을 닦는 수신서(修身書)로 쓰여진 것은 아니다. 오히려, 진흙탕처럼 소용돌이치는 세상사를 협상이라는 잣대로 파헤쳐본 것이다. 냄새가 나더라도 참아야 한다. 그러나 이 책은 협상과 관계된 모든 측면을 분석한 것도 아니고, 이 책을 읽고 나면 아주 뛰어난 협상가가 되는 것도 아니다. 물론 그런 면을 고려하지 않은 것은 아니지만, 이 책의 좀더 근본적인 목적은 '게임'과 '협상'이라는 시각으로 세상을 새롭게 볼 수 있게 도와주는 것이다. "아하 그렇구나" 하는 감탄사가 나올 수 있게끔 말이다. 그리고 그런 감탄사를 내지를 수 있다면 독자 여러분은 그 감탄사가 향하는 방향이 바로 자기 자신임을 깨달을 수 있을 것이다. 쓸데없는 말을 덧붙이지 않더라도, 세상과 인식과 협상의 출발점은 바로 당신이기 때문이다. 심지어는 자신과 전혀 관계가 없는 것으로 보이는 국가간의 갈등과 협상에서도 그 출발점은 당신일 수 있는 것이다. 그런 점에서 이 책의 구조를 조금 자세히 언급해 주는 것이 좋을 것 같다.

제1부는 게임에 대하여 설명하였다. '게임이론'은 협상을 이해하기 위한 기본 밑그림이다. 부분적으로 다소 어렵고 딱딱할지 모르나, 차근차근 읽으면 이해하기 쉽게 되어 있다. 하지만, 본문에서도 언급했지만 독자 여러분이 본 것은 '게임이론'이라는 망망대해의 극히 일부분에 지나지 않는다.

제2부는 개인과 개인간의 갈등과 협상을 설명하였다. 하지만, 여기서는 이미 출판된 여러 책들처럼, 협상을 탁월하게 하기 위한 구체적인 협상기술(negotiations skill)을 설명하지는 않았다. 그보다는 개인간의 협상이 어떤 요인에 의해 좌우될 수 있는지 그 구조를 분석하고, 그 구조하에서 여러분이 협상력을 높일 수 있는 장기적인 방향을 제시하였을 뿐이다. 아쉬움도 있을 수 있다. 하지만 필자는 '몇 마리의 고기'보다는 '고기를 잡을 수 있는 방법'을 여러분에게 말하고 싶었다.

제3부는 사회적 갈등에 관한 것이다. 사회적 갈등이 어떠한 방향으로 전개되고, 그 갈등을 제대로 해소하기 위해 필요한 것이 무엇

인지를 살폈다. 당연한 이야기지만, 이해집단간의 협상이 제대로 이루어진다면 사회적 갈등은 자발적으로 해소될 수 있다. 하지만, 그 협상이 제대로 진행되기 위해서는 몇 가지 조건이 필요하다. 그것들을 협상문화라는 이름으로 정리하였다. 여러분은 한국의 협상문화가 어느 정도 수준이라고 생각하는가? 이 책을 통해 한번 점검하기 바란다.

제4부는 국가간의 협상에 대해 설명하였다. 내부협상과 외부협상이라는 다소 새로운 개념을 도입하여, 국가간의 통상협상 메커니즘을 설명하였다. 이런 설명에 의하면 한국의 통상협상은 당신의 비판, 무관심, 분노에 의하여 좌우되기도 한다. 어떻게 생각하는가?

제5부는 이러한 게임과 협상에 대한 설명을 토대로 구체적인 협상의 사례를 분석해 본 것이다. 두 가지 사례를 선택하였다. 프랑스와 한국의 외규장각 도서반환 협상과 한국과 IMF와의 자금지원조건 협상이 그것이다. 누가 잘하고 누가 못한 것일까? 일독을 권하고 싶다.

이 책은 아주 오래 전에 구상되었다. 5년도 더 된 기간동안 내 머릿속에서만 잠자고 있었지만, 나는 감히 이 책을 쓸 용기를 내지 못하였다. 이 책의 내용이 아주 뛰어나서가 아니라 과연 "내가 이 책을 통하여 이 사회에 무엇을 기여할 수 있을까" 하는 자괴감 때문이었다. 이 책은 개인간의 협상에 유용하게 쓰일 수 있는 매뉴얼도 아니고, 사회적 문제에 적절한 답을 제시할 수 있는 사례집도 아니기 때문이다. 어떻게 해보라는 충고 대신 오히려 갈등의 구조를 까발려 그것을 직시하기를 요구했기 때문이다. 행인지 불행인지 나의 강의를 들은 학생들의 열화와 같은 반응은 적어도 어느 면에서 이 책이 이 사회에 기여할 수도 있겠구나 하는 생각을 가지게 했다.

행운이라고 생각하고 싶다. 그런 점에서 나의 강의를 들은 학생들에게 고마움을 전하고 싶다. 하지만, 이 책은 학생들만을 위해 쓰여진 것은 아니다. 조금 더 넓게 읽혀졌으면 하는 바람 때문이다. 이 사회의 갈등구조와 협상에 관심을 가지는 모든 학생, 일반인, 정책 담당자, 그리고 학계에 계신 분들까지 충분히 참고가 될 수 있는 책이다. 그렇게 믿는다. 그리고 그 분들이 이 책을 통해 게임과 협상의 눈으로 사회를 볼 수 있게 되고, 궁극적으로 모든 것이 자신에게로 향한다는 사실을 이해해 주었으면 더 바랄나위 없겠다.

이제 감사의 말을 드려야 할 때다. 내게 게임이론의 눈을 열어주고 그것이 협상과 가지는 관계에 대해 알게 해준 분은 스탠포드(Stanford) 대학교의 존 맥밀런(John McMillan) 교수님이다. 그리고 이 책에서 제시된 게임에 대한 정의는 이분의 책 《Games, Strategies, and Managers》에서 가져온 것이고, 이 책의 제1부에는 그 분의 생각이 여러모로 녹아 있다. 감사의 염(念)을 금할 수 없다.

항상 그러하지만, 내가 나인 것의 대부분은 나를 둘러싼 분들의 많이다. 올해 칠순을 맞이하는 아버님과 어머님에게 감사드린다. 두 분의 노고는 아무리 해도 갚을 수 없다. 그리고 이 책을 쓰는 동안 "아빠, 같이 놀자"는 청을 들어주지 못한 영재와, 항상 옆에 있어준 처 윤희에게 고마움을 전한다. 그리고, 전격적으로 계약을 제시하여 이 책을 있게 한, 그래서 아름답게 이 책을 만들어준 정혜옥 사장을 비롯한 굿인포메이션 직원들에게 감사한다.

이 책을 다 마친 지금 나는 오규원의 다음과 같은 시에 이끌리는 것을 느낀다. 사도 바울의 독백 같은….

"아무 것도 아닌 채로 그냥 그득할 수는 없을까."

2002년 4월
북한산이 바라다 보이는 돈암동 우거(寓居)에서
김기홍

차례

머리말 5

제1부
사물과 사회를 보는 또 하나의 눈, 게임

1. 들어가는 말 23
   사물과 사회를 보는 또 하나의 눈
   게임을 읽기 전에

2. 게임이론이란? 26
   게임이론이란
   합리적인 행동을 찾는 것/ 상황을 연구하는 것/ 상호의존성을 고려하는 것

3. 게임이론은 경험많은 할아버지 31
   게임이론에서 내쉬균형이란
   게임이론에서 최선의 행동이란
   게임이론의 행위와 전략, 그리고 결과

4. 극장과 보석가게는 왜 몰려 있는가? 36
   위치게임으로 풀어보기
   게임의 합리적 행위는 이기심

5. 죄수들의 딜레마 게임(The Prisoners' Dilemma game: PD) 40
   PD게임의 개요
   여러분이라면 어떠한 선택을 할 것인가
   B는 이렇게 생각한다
   그러면 A는 어떻게 생각할까
   이 게임의 균형은 무엇인가

6. 개인적 합리성과 사회적 합리성의 충돌 45
   개인적 합리성
   사회적 합리성

7. 배신이 도사리는 세계 48
왜 배신을 하는가
달콤한 유혹 속에 숨어 있는 덫
너 나 믿어? 난 안 믿어
성악설의 세계에도 협력은 존재하는가

8. 나는 네가 한 일을 알고 있다 53
무한히 반복되는 게임에서 협력과 배신은
보복의 제도화 : 국가
목숨보다 귀한 명예 : 신용
'지속적인 관계'와 '입소문' – 옛 사회주의 국가들의 사례

9. 착하고 착하면 결국은 좋다? 60
배신 한번 안 당해본 사람 있어?
세상은 일회적 PD게임이 아니다
영원한 비밀은 없다
현명한 처녀

10. 약한 자여, 그대 이름은 약자 65
약한 자여, 그대 이름은?
약자가 강자를 이기는 피그게임
피그게임 적용하기
그러면 일부러 약자가 돼?
현실을 보는 눈

11. 용감한 자와 비겁한 자는 종이 한 장 차이 74
겁쟁이 게임
사소한 일에 목숨을 걸지 마라

12. 마음 가는 곳에 몸도 가게 마련 78
서로 끌리는 이상한 힘
다양한 포컬포인트
돈을 나누는 데 적용되는 포컬포인트

13. PD게임을 닮은 국제무역 83
선호구조로 본 두 나라의 무역협상
이 게임의 균형은 어디인가
상대를 속이도록 유도하는 요인
국제기구는 왜 필요한가

14. 국제기구의 한계 89
    협력과 협력 가능성의 차이
    국제기구의 힘도 변한다

15. 에필로그 : 객관은 편견의 어머니 93
    비틀즈와 Let it Be!
    사물과 상황을 있는 그대로 보라
    남의 눈의 티를 탓하지 말고 네 눈의 들보를 뽑아라

참고 1. PD게임의 구조에 대한 이해/ 2. 기업의 배신과 협력/ 3. 미국과 소련의 핵무기 경쟁/
      4. Tit-For-Tat 게임/ 5. 겁쟁이 게임의 균형찾는 방법/ 6. PD게임 형태의 국제무역협상/
      7. 국가간 협력조건의 수학적 정리

제2부
사람과 사람 사이

1. 들어가는 말: 봄날은 간다? 113

2. 협상이란 무엇인가 116
    협상의 다양성
    협상이란 무엇인가
        협상은 홀로 하는 것이 아니다/ 협상에 의해 이익을 볼 가능성이 있어야 한다/ 협상
        타결에 대한 기대와 협상대상에 대한 기대/ 기대를 일치시켜 간다
    자동차 거래로 살펴보는 협상

3. 협상의 목적은 무엇인가 124
    어떻게 협상이 시작될 가능성을 높일 것인가
    협상은 결코 단순한 제로섬 게임이 아니다

4. 협상력이란 무엇인가 128
    협상의 결과를 결정하는 기대
    협상력은 상대방의 믿음을 변화시키는 능력
    협상력은 실체가 있는가

5. 협상의 전략 1 - 대안을 구하라 133
    자동차 거래로 살펴보는 협상전략
    다른 기회는 협상력의 원천
    협상에서의 폴백
    대안을 구하라
    또다른 예 : 연봉협상에서의 대안은

6. 협상의 전략 2 - 협상의 거부 139
    Take it or leave it!

7. 협상의 전략 3 - 시한을 활용하라 143
    시한(時限)의 마술
    협상을 지연시켜라

8. 협상의 전략 4 - 확약을 활용하라 148
    확약이란
    all or nothing으로서의 확약
    상대방의 기대를 바꾸는 확약
        자신의 명성과 연결하라/ 대리인을 선정하라/ 빠져나올 퇴로를 차단하라
    테러에 대한 대응에 확약을 적용하면
    스스로를 제어하는 것이 협상력의 원천
    확약의 남발은 패가망신의 지름길

9. 사랑은 어떻게 오는가, 혹은 얻는가 158
    동수의 선영이 마음얻기는 협상인가
    대안을 사용하는 것이 효과적인가
    시한을 설정하면 어떨까
    확약의 방법을 사용한다면
    중요한 것은 무엇일까

참고 1. 대우자동차 매각협상/ 2. 협상에 임하는 기본 태도/ 3. 행동과 신뢰

제3부
사회적 갈등

1. 누가 어떻게 양보를 하나　177
　　마주선 자동차, 누가 양보할 것인가
　　어떤 방식으로 해결할까
　　사회적 갈등과 제3자

2. 공공의 비극(The Tragedy of the Common)　184
　　공공의 비극을 해결하는 방법은
　　사회적 갈등과 공공의 비극

3. 사회적 갈등의 자발적 해결방안　188
　　자발적 해결을 위한 조건
　　자발적 해결을 어렵게 하는 우리 협상문화

4. 한국의 협상문화 1 – 장유유서와 권위주의　193
　　어른 말은 무조건 들어? – 장유유서
　　나를 따르라! 단, 무조건 – 권위주의
　　중용이란 없다 – 흑백논리
　　과거의 질서를 바꾸어라

5. 한국의 협상문화 2 – 조폭기질과 비합리성　199
　　높아지는 목소리
　　조폭식 해결방법
　　목소리를 낮추자
　　협상문화를 흐리는 비합리성

6. 사회적 갈등의 비자발적 해결방안　204
　　바람직한 해결책이 가져야 할 네 가지 특성
　　　공정성/ 효율성/ 현명성/ 안정성
　　사회적 갈등의 비자발적 해결책 – 제3자
　　제3자가 기본적으로 해야 할 일

7. 중립적 제3자의 역할   212
　　세 종류의 제3자
　　합의과정에의 도움
　　중재
　　구속력없는 조정

8. 사회적 갈등해소를 위한 제3자의 역할, 정부와 시민단체   219
　　사회적 갈등의 중재는 정부의 의무
　　정부는 제대로 하고 있나
　　정부가 당사자인 사회갈등의 해결에는 시민단체가 나서야
　　사회적 갈등의 해소는 내부역량이 좌우한다

9. 한국에 공정한 제3자는 있는가 – 의약분업   226
　　무엇이 문제였는가
　　　　지난 36년간의 경과/ 합의가 문제의 시작?/ 의사들의 파업/ 의사들의 견해는 누가 대변하였나
　　협상론적 관점에서 본 의약분업
　　　　사회적 갈등으로서의 의약분업/ 납득할 수 없었던 정부의 태도/ 시민단체의 역할

참고　1. 노사정위원회의 경우

제4부
나라와 나라 사이

1. '얻어맞기 통상'에서 '통상협상'으로   245
　　한국 통상협상의 역사
　　통상협상을 제대로 알아야 한다

2. 왜 통상협상을 하는가   248
　　자유무역과 보호무역
　　이론과는 다른 현실, 중상주의
　　고객의 구미를 맞추는 통상협상
　　통상협상은 활용하기 나름
　　국제기구도 국내 목적에 이용될 수 있다

3. 통상협상력이란 도대체 무엇인가 254
　　통상협상력이란
　　통상협상에서 대안은
　　통상협상에서 확약은
　　통상협상에서 폴백은
　　　　301조의 메커니즘은 무엇인가

4. 통상협상에서의 힘 261
　　통상협상에서 힘은 결정적인 요인이다?
　　빼앗긴 김동성의 금메달

5. 협상의 구조 : 외부협상과 내부협상 266
　　이원적 게임으로서의 통상협상
　　두 가지 협상력

6. 내부협상력 271
　　내부협상력에 영향을 미치는 요인들
　　　　의회의 협조/ 압력단체/ 여론/ 언론/ 행정부와 국회의 관계
　　내부협상력은 어떻게 강화할 수 있는가
　　　　이해관계인을 협상의 과정에 포함하는 메커니즘을 만들어라/ 협상에 비판적인 여론의 힘을 등에 업어라/ 매스컴에 충분한 정보를 제공하라/ 다시 협상할 수 있는 기회를 충분히 가져라/ 상대국의 내부협상에 영향을 미칠 수 있는 방안을 확보하라/ 설득과 교육에 힘과 시간을 아끼지 말아라/ 피해가 예상되는 부문에 대한 대응방안을 합의를 통해 마련하라

7. 내부협상력의 사례, 쌀시장개방 281
　　GATT 본부 앞에서 벌인 우리 농민대표의 데모를 추태라고?
　　통상협상을 바라보는 언론의 짧은 안목
　　내부협상력의 원천을 왜 버리나
　　무엇이 최선인가

8. 왜 자유무역협정인가 288
　　왜 자유무역협정인가
　　한국도 놀고만 있었던 것은 아니다
　　무엇이 문제인가
　　자유무역협정을 협상의 관점에서 파악해야

9. 자유무역협정과 내부협상력 296
　　자유무역협정을 위한 내부협상이 중요하다
　　자유무역협정을 위한 내부협상력 강화방법
　　　　협상에는 상대방이 있다는 것을 명심하라/ 협상의제 선정과 관련한 내부협상을 빨리

시작하라/ FTA협상을 총괄할 조직을 별도로 구성하라

10. 다자간 무역협상　304
카타르 도하에서는 무슨 일이 일어났나
라운드란 무엇인가
도하개발의제?
무엇을 협상하나
각료선언과 협상은 별개
다자간 무역협상의 성격
　　다자간 무역협상의 상대는 한 나라가 아니다/ 다자간 무역협상은 순차적으로 이루어지는 것이 아니다/ 다자간 무역협상에는 협상을 감독하는 기구가 있다/ 다자간 무역협상에는 시한이 있다

11. 다자간 협상을 위한 외부협상 전략　314
다자간 협상에 목을 매지 말아라
앞뒤를 재고 전략적으로 움직여라
　　최소 두 가지 협상의제에 같은 의견을 가진 나라와 공동보조를 취하라/ 외로운 늑대의 처지를 감수하라/ 상대적으로 관심없는 협상에도 열심히 참석하라/ 주고받아라

12. 과거는 현재를 보는 거울이자 미래를 재는 척도　322
포컬포인트 재론
GATT와 상호주의
관세협상에서의 상호주의
비관세협상에서 포컬포인트 찾기는 어려워

13. 에필로그 1 : 협상가를 위하여　327
생각의 덫
협상가, 당신은 희생양

14. 에필로그 2 : 내부협상을 위하여　331
통상협상은 일과성이 아니다
내부협상은 신문공고를 함으로써 시작하는 것이 아니다
정부가 내부협상의 손을 내밀어야 한다
보이는 것이 전부가 아니다

참고　1. 농산물과 서비스 협상의 목표와 과제/ 2. 반덤핑관세의 협상목표

제5부
구체적인 협상사례의 해석과 분석

읽기 전에 339

1. 프랑스와의 외규장각 도서반환 협상 340
협상의 과정
협상대상: 의궤/ 협상의 계기: 서울대 규장각의 문제제기/ 협상과정 1: 미테랑 대통령과 합의한 원칙은 무엇인가/ 협상과정 2: 합의내용은 어떻게 변해갔나/ 초기에는 순탄했던 한국의 대응/ 정부간 협상에서 민간전문가 협상으로/ 협상의 결과는?
양국의 협상전략 비교
한국은 무엇을 잘못했나/ 프랑스의 뛰어난 협상전략
민간협상대표의 협상관에 대한 조언
협상의 본질에 대한 잘못된 이해/ '상호교류와 대여'라는 원칙?/ 지나친 틀 속에서의 오류/ 주지 않을 수도, 받지 않을 수도 있는 것이 협상이다/ 협상은 명분의 반대말이 아니다/ 잘못 이해된 협상의 논리/ 미테랑 대통령이 반환한 1권의 의궤를 어떻게 해석하는가/ 문화재를 돌려받은 선례
또 하나의 기회, 라팔

참고 1. 프랑스 사서의 울고불고하는 반대/ 2. 문화재 반환의 선례

2. IMF와의 자금지원조건 협상 371
협상의 대상 : 자금지원조건
일반적인 IMF 자금지원조건의 협상과정/ 일반적이지 않았던 한국과의 자금지원조건 협상
자금지원조건 협상에 영향을 미친 요인들
한국의 폴백, 국가부도/ IMF의 폴백, 국제금융시장 불안정/ 미국의 직접적 개입/ 소원했던 미국과의 관계/ IMF 총재와의 관계, 신뢰성 문제/ 종합적인 분석
재협상 문제
하나의 예, 고금리 문제
협상의 결과를 어떤 자세로 수용할 것인가

참고 1. 자금지원조건의 성격/ 2. 자금지원조건 협상과 관련된 다양한 요인

제1부
사물과 사회를 보는 또 하나의 눈, 게임

"네 눈의 들보가 너의 지혜를 가리우니…."

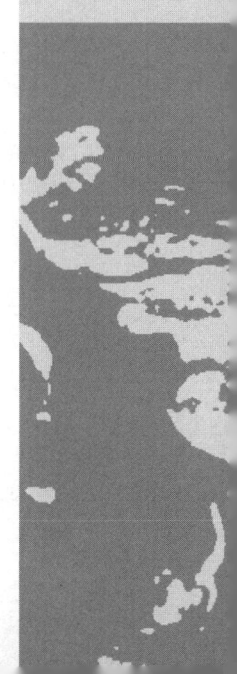

1

들어가는 말

　브라질의 리오 데자네이로. 그곳에는 도시 전체를 내려다볼 수 있는 산 위에 예수의 상이 우뚝하니 서 있다. 두 팔을 활짝 벌린 채. 마치 모든 사람을 환영한다는 듯이. 그곳 사람들에 의하면 이 예수 상이 밤에는 마치 하늘을 떠다니는 듯하다고 한다.
　리오 시 어디에 있든 사람들은 이 예수 상을 볼 수 있다. 그래서 예수는 이 도시에서는 단지 하나의 동상이 아니라, 이 도시 전체를 상징하는, 그래서 리오라는 도시를 재조명해 볼 수 있는 수단이 되고 있다.

사물과 사회를 보는 또 하나의 눈

　리오에 가면 예수 상을 보아야 하듯, 방콕에 가면 노란 옷을 입은 스님의 모습과 불교사원의 모습을 보지 않을 수 없다. 태국의 방콕과 불교는 분리할 수 없는 또 하나의 상징인 것이다.

느닷없는 리오와 방콕 이야기라고 할지 모르나, 알게 모르게 당신도 당신이 살고 있는 이 세상을 보는 눈을 가지고 있다는 것을 강조하기 위해 한 말이다. 인생관이라고도 하고, 가치관이라고도 하는 이 관(觀)은 쉽게 만들어지거나 버릴 수 있는 것은 아니다. 생성되는 그 과정 자체가 하나의 관(觀)이 될 수 있기 때문이다.

감히, 이 책 제1부의 목적을 세상을 보는 또다른 하나의 눈을 제공하는 것이라고 말하고 싶다. 흔히들 게임이론이라고 하는 것이다. 게임이론의 대가가 보기에는 제1부의 내용이 구상유취(口尙乳臭) 할지 모른다. 게임이론의 극히 일부분을 가지고 이리 자르고 저리 자르니 말이다. 하지만, 구상하고 집필하는 과정만큼은 결코 그렇지 않았다. 난해한 수학적인 표현과 구도를 전부 버리고, 그 핵심만을 (정확히 말하면 내가 핵심이라고 생각하는 것) 정리한다는 것은 일종의 모험이었기 때문이다.

그러나 세상을 보는 또다른 눈을 제공한다고 해서 윤리적이거나 도덕적인 메시지를 전달하고자 하는 것은 결코 아니다. 그럴 마음도 없을 뿐더러, 그럴 자격은 더욱 없기 때문이다. 그러나 논리를 전개해 나가는 과정에서 윤리적인 문제와 중복이 될 때에는 결코 피해가지 않고 정공법으로 맞섰다. 그렇게 하는 것이 이 책의 내용을 더욱 잘 이해하는 지름길이라고 생각했기 때문이다. 하지만, 그렇다고 나의 주장이 맞다는 것은 더더욱 아니다. 내가 주장하는 세상을 보는 눈 역시 상대적인 것 중의 하나이기 때문이다.

게임을 읽기 전에

이 책에서 제1부는 제일 딱딱하고 읽기 어려운 부분이다. 이론적인 사항과 관련되기 때문이다. 그래서 독자들이 결코 가볍게 읽을 수 있는 부분은 아닐지 모른다. 그런 이유로 읽지 않고 뛰어넘어도 되는 몇 개의 참고사항과 사례를 들기도 했다. 하지만 이 제1부를 전부 다 읽은 독자라면, 저자가 하고자 하는 말이 무엇인가를 가슴에 안을 수 있으리라 믿는다.

제2장과 제3장은 게임이론의 일반적인 소개에 관한 것이다. 나는 게임이론이 우리에게 주는 교훈(직관(intuition)이라는 말이 정확할 것 같다)을 세상을 오래 산 경험많고 지혜로운 할아버지가 주는 잔소리로 풍자해 보았다. 판단은 전적으로 독자의 몫이다. 제4장은 본론에 들어가기 위한 일종의 입문인 셈이다.

제5장부터 제9장까지는 수인들의 게임이라고 불려지는 — 많은 사람들이 알고 있다고 생각하면서도 사실은 정확히 알고 있지 못하는 — 한 모형을 가지고 설명해 나간다. 이 부분만을 별도로 읽어도 전혀 관계없다.

제10장은 약함과 강함의 관계에 대해 생각해 보았고, 제11장은 용감과 비겁의 관계를 생각해 보았다. 어느 것이나 기존의 상식에 대한 일종의 도전이 되었으면 한다. 제13장과 제14장은 일종의 응용이다.

게임이론은 여기에 소개된 것 이상의 이상이다. 그러니 독자 여러분은 해변의 조개를 보고 바다의 크기를 짐작하는 어리석음은 범하지 말기 바란다.

2

게임이론이란

　우리는 종종 사업도 게임이고(Business is a game), 전쟁도 게임이고(War is a game), 협상도 게임(Negotiation is a game)이라는 말을 한다. 사업과 전쟁 그리고 협상, 이렇게 다양한 행위를 모두 게임이라고 할 수 있는 것은 이들 다양한 행위에는 이들을 하나로 묶어주는 공통의 속성이 있기 때문이다. 그게 무엇일까?
　사업, 전쟁, 협상을 게임이라고 할 때 우리가 일반적으로 떠올리게 되는 것은 세 가지 모두 이기고 지는 것과 관계가 있는 행위라는 것이다. 다시 말해 내가 이기기 위해서는 상대가 져야 한다는 것이다. 이렇게 이해한다면 우리는 게임을 일종의 포카나 고스톱과 유사한 것으로 이해하기 쉽다. 너 죽고 나 살자는….
　그러나 보다 본질적으로 이들을 하나로 묶을 수 있는 것은 상호의존(interdependence) 혹은 상호작용(interaction)의 개념이다. 이기고 지는 것을 염두에 두건 그렇지 않건 어떤 결과에 도달하기 위해서는 상대방의 행위를 고려하지 않을 수 없기 때문이다. 사업상의 결정을 내릴 때는 내가 내린 결정에 대해 경쟁기업이 어떠한 반응을 보일 것인가를 염두에 두지 않을 수 없고, 상륙작전을 펴거나 공습을 할 때는 적의 반응을 고려하지 않을 수 없기 때문이다. 협상도 마찬가지다. 협상에서 내가 바라는 성과를 얻기 위해서는 상대방이 어떻게 나올 것인지, 혹은 상대방의 전략이 무엇인지를 고려하지 않을 수 없기 때문이다. 이 상호의존성이야말로 이들 세 가지 행위를 하나로 묶어주는 것으로 이해할 수 있다.

그래서 '상호의존'의 특성이야말로 게임을 게임답게 만드는 것이다. 그런 점에서 게임이론은 무엇보다도 먼저 상호의존성에 관한 이론이라고 할 수 있고, 이 책에서 게임이라고 할 때도 이 특성을 가장 먼저 강조할 것이다. 그러나 게임이론은 상호의존성의 과학이지만 이것만 가지고는 게임을 제대로 이해한다고 할 수 없다. 그런 점에서 게임이론이 무엇인지를 좀더 구체적으로 정의할 필요가 있다.

게임이론이란

게임이론은 일반적으로 다음과 같이 정의된다.

"게임이론은 상호의존적인 상황에서의 합리적인 행동을 연구하는 것이다(Game theory is the study of rational behavior in situations involving interdependence)."

이 정의는 조금 깊이 음미할 필요가 있다.

1) 합리적인 행동을 찾는 것

합리적인 행동이란? 비합리적이지 않은 행동이다. 비합리적인 행동이란? 합리적이지 않은 행동이다. 말장난하지 말라고? 아니다. 이것은 말장난이 아니다. 합리와 비합리를 나누는 것은 합리 혹은 비합리를 어떻게 정의하느냐에 달려 있기 때문이다. 따라서 합리를 먼저 정의하면 비합리는 그 정의에 속하지 않는 반대의 상황을 의미하게 되고, 비합리를 먼저 정의하면 합리 역시 그 정의에 속하지 않는 반대의 상황을 의미하게 된다.

복잡하게 생각하지 말고 예를 하나 들어보자. 당신의 동생이 당신이 경제적으로 어려운 처지에 있는 것을 알고 다음과 같이 말했다고 하자.

"형, 매일 내 사무실을 청소해 주면 하루에 1,000원씩 줄께."

당신의 반응은 어떨까? 돈 1,000원을 받기 위해서 매일 청소를 해줄까, 아니면 '이 놈이 나를 어떻게 보고' 하며 그 제안을 팽개칠까? 십중팔구는 '고작 1,000원을 얻기 위해 하루 종일 동생 사무실을 청소하란 말이야' 하는 생각으로 그 제안을 거절할 것이다. 즉, 당신은 당신의 자존심 때문에 하루에 1,000원씩 주는 청소 일을 할 수 없는 것이다. 당신이 보기에는 이런 판단은 지극히 합리적이다. 그러나 여기서 합리와 비합리의 기준은 당신이 경제적으로 얼마나 절박한가에 달려 있다. 그야말로 차비도 없어 걸어다니고, 300원짜리 봉지라면 하나 사먹을 수 없는 처지에 있다면 당신의 자존심을 내세우는 것은 지극히 비합리적이다. 그럴 경우는 1,000원씩 주는 청소 일을 하는 것이 합리적이라는 것이다.

게임이론에서 말하는 합리적 행동은 다분히 후자에 가깝다. 즉, 이 경우 1,000원을 받고 청소를 하는 것이 합리적이라는 것이다. 게임이론에서의 합리적 행동이란 쓸데없는 자존심보다는 양적으로 계량화된 척도에 의해 판단되는 행동을 의미한다. 아무 일을 하지 않고 아무런 이득이 없는 것보다 작은 이익이라도 얻을 수 있는 쪽을 선택하는 것이 합리적 행동이라는 것이다.

게임이론에서 자존심과 같은 감정적 요소를 배제한 것은 인간의 감정이 지극히 주관적이기에 모든 경우에 그것을 다 고려할 수 없기 때문이다. 달리 말해 자존심을 내세우는 기준이 서로 다르다는 것이다. 어느 사람은 1,000원이 아니라 500원을 준다고 해도 청소할 수 있고, 어떤 사람은 100만원을 준다 해도 청소를 하지 않을 수도 있기 때문이다. 그러므로 게임이론에서는 이런 개인차를 배제하고 양적인 계량화만 생각하도록 한다.

대개 게임이론에서의 합리적 행동이란 자신의 효용을 극대화하는 것으로 정의된다. 따라서 효용이란 잴 수 있거나, 최소한 비교가 가능해야 한다.

2) 상황을 연구하는 것

게임이론에서 말하는 상황(situations)이란 있는 그대로 볼 수 있는 능력과 밀접한 관계를 가진다. 기존의 옳고 그름의 외피(外皮)를 벗고 주어진 상황하에서 옳고 그름을 있는 그대로 보아야 한다. 따라서 상황을 판단할 때 그 상황이 어떠한 논리구조와 어떻게 연결되어 있는지 이해할 수 있어야 한다. 그런 의미에서 상황논리(logic of situation)는 매우 중요한 개념으로 등장한다.

처녀가 애를 낳더라도 할 말이 있다는 속담을 생각해 보자. 처녀가 애를 낳다니… 있을 수 없는 일이 아닌가? 행실이 방정하지 못한 그 처녀는 삼강오륜이 번연히 살아 있는 우리 사회(?)에서는 어떤 벌이라도 마땅히 받아야 되는 것이 아닌가? 하지만 생명이 위협받는 처지에서 강제로 아이를 가지게 되었다면 어떨까? 아이를 가진 그 행위 때문에 처녀를 비난할 수 있을까? 그렇지는 않다. 정절이라는 가치보다는 생명이 더 귀하기 때문이다.

사람을 먹었다면 어떨까? 치를 떨고 그런 사람은 사라져야 한다고 호통을 칠 수도 있다. 하지만, 비행기 추락사고로 북극에 떨어진 사람들이 자신들의 생명을 유지하기 위하여, 모든 먹을 것이 다 떨어진 상태에서 사람을 먹었다면 어떨까? 과연 당신은 그런 사람을 비난할 수 있을까? 독자 여러분은 이미 그 답을 알고 있다.

그러니 사건의 앞뒤를 가리지 않고 주어진 상황을 무조건 기존의 잣대로 재는 것은 옳지 않다. 아니 보다 근원적으로 옳고 그른 것이란 도대체 무엇인가? 하지만, 여기서는 이 문제를 더 깊게 논의하지는 않는다. 단지 옳고 그른 것이란 그대가 끼고 있는 안경의 색깔에 달려 있다는 것을 강조하고 싶다.

3) 상호의존성을 고려하는 것

상호의존성(interdependence)은 앞에서 게임이론의 가장 기본적인 속성이라고 강조했다. 상호의존의 성격을 제대로 이해하면 내가 취하는 하나의 행위가 나에게만 작용하는 것이 아니라 상대와 나에게 동시에 작용한다는 것을 알게 된다. 내가 어떤 결정을 내리기 위해서는 나의 행동에 따른 상대의 반응을 염두에 두지 않을 수 없고, 상대 역시 어떤 결정을 내리기 위해서는 나의 반응을 미리 예측하지 않을 수 없기 때문이다.

이것은 다음과 같은 말에서 가장 선명히 드러난다.

"당신이 제대로 된 결정을 내리기 위해서는 당신의 발을 다른 사람의 신발에 넣어보아야 한다."

한자로도 말할 수 있다.

"역지사지(易地思之)"

3
게임이론은
경험많은 할아버지

게임이론은 어떤 점에서 우리에게 도움이 되는 것일까? 결론부터 말하면 게임이론은 우리에게 일종의 할아버지와 같은 역할을 한다. 세상을 다양하게 경험하신 우리의 할아버지는 그 경험을 통하여 어떤 사건이 일어날 때마다 그 사건의 핵심을 우리에게 전해주신다. 그래서 성급하게 사물과 사건을 판단하려 할 때 우리의 경험많은 할아버지는 우리에게 말씀하신다.

"아니야, 그게 아니야. 세상은 눈에 보이는 것만으로 판단해서는 안 돼."

우리의 할아버지가 그 경험을 통해 현실을 이해할 수 있는 통찰력을 제공하는 것처럼, 게임이론은 현실에서 일어나는 모든 일들을 경험하지 않고서도 그 사건들의 핵심을 이해할 수 있는 통찰력을 제공해 준다. 바꾸어 말하면 게임이론은 복잡하게 얽혀 있는 현실세계를 단순화시켜 그 핵심구조를 우리에게 보여준다. 그러므로 게임이론은 복잡한 현실을 단순화시킨 모형이며, 그 모형을 이해함으로써 현실의 사건이 어떻게 전개되어 나가는지를 이해할 수 있게 해준다 (Game theory can give us a short cut to what skilled players have learned intuitively from long costly experience. It provides a model, which simplifies the complexities of the real world).

그러면 현재의 사건이 진행되는 구조를 이해하게 되면 미래에 일어날 수 있는 사건을 예측할 수 있을까? 간혹 그럴 수도 있다. 마치 우리의 할아버지가 과거의 경험에 비추어 앞날을 예견할 수 있는 것처럼. 그러나 우리의 할아버지가 미래를 점치는 사람이 아닌 것처럼 게임이론 역시 미래를 예견하는 것은 아니다. 현재의 사건에 대한 통찰력이 미래의 사건에 대한 대비를 가능하게 해줄 수는 있다. 그러나 그렇다고 해도 게임이론은 어디까지나 현재의 사건이 어떻게 구조적으로 얽혀 있는지를 보여주는 통찰력을 제공할 따름이다.

게임이론의 대상이 되는 게임은 게임을 하는 사람(player), 게임을 하기 위한 player의 전략(strategy), 그리고 이 전략에 따른 대가(payoffs)로 구성된다. 바꾸어 말해 이 세 가지 요소가 적절히 결합되어 현재의 사건을 지배하는 구조를 여실히 보여준다. 사건의 구조와 관계된 통찰력을 얻기 위해서는 먼저 게임이론을 이해하기 위한 몇 가지 개념을 제대로 알 필요가 있다.

게임이론에서 내쉬균형이란

균형은 다음과 같이 정의될 수 있다. 게임에 참여하는 모든 사람들이 다른 사람들의 행동을 염두에 두고, 자신이 할 수 있는 최선의 행동을 할 때 나타나는 결과이다(An equilibrium is a situation such that each of the players is doing the best he or she can, given the other's action). 내쉬란 접두어를 붙이기도 하는 것은 이 균형의 개념을 발견한 사람을 기리기 위한 것이다.

이 정의에서 드러나는 것은 두 가지이다. 첫째, 균형은 게임에 참여하는 모든 사람들이 제각기 최선의 행동을 할 때 나타난다는 것이고, 또다른 하나는 게임에 참여하는 사람들이 자신의 행동을 결정하기 전에 상대방의 행동을 염두에 두어야 한다는 것이다.

우리가 제2부에서 살펴볼 협상도 게임의 범주에 속한다. 협상과 관련된 모든 행위는 상호의존적인 상황에서의 합리적 행동과 관계되기 때문이다. 협상을 게임으로 이해할 수 있다면 협상에서의 균형이란 무엇일까? 어렵게 생각하지 않으면 답은 쉽게 떠오른다. 그렇다. 다름 아닌 협상이 타결되는 것이 곧 균형이다. 그러므로 균형에서는 협상에 참여하는 당사자들이 서로 최선의 행동을 하게 된다.

균형의 개념과 관련 한 가지 더 지적할 것이 있다. 균형에서는 당사자들이 서로 최신의 행동을 하게 되지만, 그 이면에는 게임에 참여하는 당사자의 기대가 일치하는 현상을 볼 수 있게 된다. 이렇게 기대가 일치하게 되는 것은 상호의존성 때문이다. 서로 상대방의 행동을 염두에 두고 자신의 행동을 결정한다는 그 속성 때문에 서로 기대가 일치하지 않고서는 균형에 도달할 수 없기 때문이다. 그러므로 협상을 포함한 모든 일반적인 게임의 균형에서는 그 게임에 참여하는 사람들의 기대는 일치하게 된다.
그러면 최선의 행동이란 무엇인가?

게임이론에서 최선의 행동이란

최선의 행동(best(rational) response)이란 게임에 참여하는 사람이 상대방의 특정행위에 직면했을 때 취하는 합리적인 행동을 의미한다(Best response means a player's best action when faced with a particular action of his of her rival. Equilibrium is the outcome that results when all players simultaneously are using their best responses to the others' actions. At an equilibrium all players are doing the best they can, given the other players' best responses). 쉽게 말해 최선의 행동이란 상대방이 취하는 행동을 염두에 둔 자신의 합리적인 행동을 의미한다. 여기서 다시 합리적인 행동이란 개념이 나온다. 앞서 이야기한 바와 같이 여기서의 합리적이란 개념은 인간의 감정을 배제한 채 양적으로 계량화된 척도에 의해 판단되는 행동을 의미한다. 즉, 아무 일을 하지 않고 아무런 이득이 없는 것보다 작은 이익이라도 얻을 수 있는 쪽을 선택하는 것이 합리적 행동이라는 것이다.

예를 들어 동생이 '청소하는 데 1,000원을 준다'는 특정한 제안을 할 경우, 나의 합리적인 행동은 청소를 해주는 것이다. 왜냐하면 청소를 하지 않으면 1,000원을 얻지 못하지만 청소를 하면 1,000원을 얻을 수 있기 때문이다.

게임이론의 행위와 전략, 그리고 결과

게임이론을 연구하는 이론가들에게 있어서는 행위와 전략은 수학적으로 아주 쉽게 구분될 수 있지만, 사실상 이 양자를 구분하는 것은 매우 어려운 일이다.

그러나 여기서는 이해를 위해, 다른 사람의 고려없이 취하는 결정을 행위라고 하고, 상대방의 행위에 대한 고려하에 취하는 결정을 전략으로 이해하기로 한다. 다시 말해 'action'은 상대방을 고려하지 않고 취하는 행동이며, 'strategy'는 상대방의 'action'을 고려하면서 취하는 행동을 의미한다. 이렇게 이해할 경우 같은 행동이라도 경우에 따라서는 행위가 될 수도 있고, 전략이 될 수도 있다.

게임이론에서 중요한 것은 전략이다. 게임이론의 핵심이 상호의존이기 때문에 상대방의 행위에 대한 고려를 바탕으로 자신의 행위가 결정되기 때문이다. 하지만, 게임에 참여하는 자는 그 앞에 놓여 있는 여러가지 행위 중의 하나를 선택하는 것에 불과하다. 이 점은 게임의 보기를 들면서 다시 설명하기로 한다.

그러나 양자를 구분하는 데 대한 실익을 기대할 수 없다면 양자를 같은 것으로 간주해도 무방하다. 우리가 얻고자 하는 것은 할아버지의 통찰력이지, 할아버지의 담뱃대가 아니기 때문이다.

그리고 전략 혹은 행위에 따른 대가나 결과를 'payoffs'로 이해하기로 한다. 따라서 'payoffs'는 게임에 참여하는 사람이 그 자신의 행위의 결과로 받거나 얻게 되는 것을 의미한다.

자, 이제 이런 개념들을 가지고 할아버지가 주는 것과 같은 통찰력을 얻으러 떠나보자.

4

극장과 보석가게는
왜 몰려 있는가?

서울 강북에서 극장은 어디에 제일 많은가? 종로3가 혹은 충무로가 적절한 대답이 될 것이다. 이 질문에 답하기 전에 극장들이 왜 한 장소에 모여 있는지 의문을 가져본 적은 없는가?

이렇게 물어볼 수도 있다. 왜 여러 개, 많게는 수십 개의 극장이 함께 있는 멀티플렉스에 관객이 몰릴까?

극장이 아니라도 좋다. 왜 보석가게는 따로 떨어져 있지 않고 한 군데 모여 있는 것일까? 나아가 왜 컴퓨터 가게는 모여 있는 것이 컴퓨터를 팔기에 유리할까? 이런 의문을 가져본 적이 있는가?

만약 이런 의문을 가져본 적이 있다면, 이제 왜 그러한지 할아버지의 지혜를 한번 들어보기로 하자. 다음과 같은 게임을 생각해 보기로 한다.

위치게임(location game)으로 풀어보기

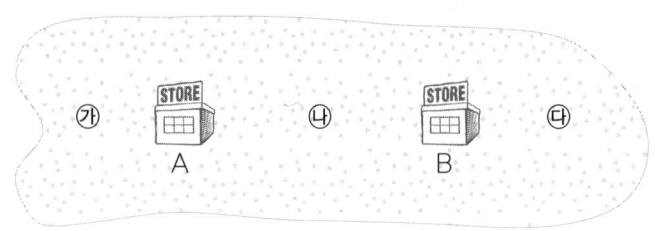

위 그림에서 본 바와 같은 긴 백사장에 같은 맥주를 파는 두 개의 상점 A와 B가 있다고 하자. 두 상점의 목적은 해수욕을 하러 온 사람들에게 맥주를 많이 파는 것이다.

그리고 백사장에는 해수욕을 하러 온 사람들이 골고루 분포되어 있다고 가정하자. 해수욕을 하러 온 사람들은 휴식을 취하기를 원하기 때문에 맥주가 먹고 싶다고 멀리 있는 상점까지 가지는 않는다. 그래서 해수욕을 하러 온 사람들은 자신들의 가까이에 있는 상점에서 맥주를 산다.

상점 A와 상점 B가 이런 사실들을 다 알고 있다면, 두 상점은 맥주를 좀더 많이 팔기 위해서 이 해변의 어디에 상점을 열어야 할까? 이 문제의 해답을 읽기 전에 잠시만 생각해 보기 바란다. 만약 당신이 이들 상점의 주인이라면 어디에 상점을 열겠는가?

답은 백사장의 한 가운데이다. 따라서 두 상점은 나란히 문을 열게 된다. 이제 그 이유를 살펴보자.

우선 상점 A와 B가 위 그림에서와 같이 문을 열었다고 가정하자. 서두에서 제시된 정보에 의하면 해수욕 하러 온 사람들은 다음과 같은 행동을 하게 된다. 그들은 움직이는 것을 싫어하기 때문에 위의 ㉮에 위치한 사람들은 상점 A에서 맥주를 사게 되고, 위의 ㉰에 위치한 사람들은 상점 B에서 맥주를 사게 된다. ㉯에 위치한 사람들은 상점 A와 B를 골고루 이용하게 된다. 정확히 말하면 자신에게 보다 가까운 상점을 이용하게 된다.

이런 경우 상점 A는 어떠한 유인을 가지게 될까? 상점 A는 해변의 오른쪽으로 이동할수록 더 많은 해수욕객들에게 맥주를 팔게 된다. 자기에게서 맥주를 사게 되는 자기 상점의 왼쪽 면적이 더 넓어지기 때문이다. 똑같은 이유로 상점 B는 해변의 왼쪽으로 이동할수록 더 많은 해수욕객들에게 맥주를 팔게 된다. 상점 A는 상점 B의 이러한 행동패턴을 알고 있기 때문에 상점 A의 최선의 행동(best response)은 상점 B가 왼쪽으로 오는 한 자신은 오른쪽으로 이동하는 것이다. 상점 B 역시 똑같은 방식으로 상점 A의 행동패턴을 추론할 수 있다. 그 결과는 어떻게 될까?

그렇다. 상점 A와 B는 해변의 한가운데에 서로 붙어 있게 된다. 그래서 해변의 절반씩을 공평히 차지하게 된다. 이것이 균형이다. 균형에서는 앞에서 설명한 바와 같이 상점 A와 B가 다같이 최선의 행동(best response: 여기서는 A는 오른쪽으로 이동하고 B는 왼쪽으로 이동하는 것)을 하고 있는 것을 알 수 있다. 그리고 자연히 이 점에서 두 상점의 매출은 극대화된다.

게임의 합리적 행위는 이기심

이 게임이 보여주는 것은 극장이나 전문상가들이 모여 있게 되는 것이 서로의 담합이나 묵계라기보다는, 자신의 목적 달성을 위한 가장 합리적인 행위의 결과라는 것이다. 즉, 소비자의 편의를 도모하기 위해서라거나 도시 가로의 정비를 위해서가 아니라는 것이다.

하지만 여기서 말하는 합리는 자신의 몫을 더 크게 하려는 이기심의 발로로 이해할 수 있다. 따라서, 좀 논리의 비약이 될지는 모르겠으나 문제가 복잡하게 얽혀 있을 때는 자신의 욕망을 충실히 따르는 것이 결과적으로 가장 좋은 결과를 얻게 될 수도 있다는 것이다.

5
죄수들의 딜레마 게임
(The Prisoners' Dilemma game)

이제 제1부에서 가장 중요한 내용에 접어든다. 죄수들의 딜레마 게임(이하 PD게임)으로 이름 붙여진 이 게임을 완전히 이해한다면, 제1부 혹은 이 책 전체의 내용을 50% 이상 이해한 것으로 봐도 무방하다. 그만큼 이 게임이 내포하고 있는 의미는 중요하다.

PD게임의 개요

A와 B라는 두 사람이 절도혐의로 경찰에 체포되었다고 하자. 경찰은 이 두 사람의 범행에 대하여 심증은 가지고 있지만 이를 뒷받침할 만한 물증을 가지고 있지 않다. 그래서 그 혐의를 입증하기 위하여 자백이라는 방법을 사용하기로 하였다. 그래서 한 사람씩 다음과 같은 조건을 알려주고 심문을 하기로 하였다.

1) 두 사람 모두 혐의사실을 부인하면 1년이라는 최소한의 형을 살게 하기로 한다.
2) 그러나 두 사람 다 혐의사실을 자백하면 둘 다 8년이라는 형을 살기로 한다.
3) 어느 한편만 자백하면 자백한 사람은 무혐의로 풀려나지만 부인한 사람은 15년의 형을 살기로 한다.

두 사람은 따로 심문을 받기 때문에 상대방의 행동을 볼 수 없지만, 자백과 부인에 따라 위와 같은 벌칙이 따른다는 것은 알고 있다. 이러한 구도에 따르면 두 사람은 자백하거나 부인하는 두 가지 행동 중의 한 가지를 선택할 수 있으며, 그 선택에 따라 각각 감옥에서 지내게 되는 기간이 결정된다.

여러분이라면 어떠한 선택을 할 것인가

만약 여러분이 이러한 구도하에서 자백과 부인 중 하나를 선택해야 한다면 어떠한 선택을 할 것인가? 신중하게 생각하되 너무 어렵게는 생각하지 말기 바란다. 자, 선택이 되었으면 이제 당신의 선택이 과연 적절한지를 검토하기로 하자.

분석을 쉽게 하기 위하여 이 게임을 앞서 살펴본 게임이론의 구도에 맞추어 정리해 보기로 하자.

1) 게임에 임하는 사람 : 도둑 A, B
2) 선택할 수 있는 행동(Actions) : 자백, 부인(No 자백)
3) 자백 혹은 부인에 따른 조건과 형량(payoffs)
   ① A, B가 자백을 하면 둘 다 8년 형을 산다.

② A, B가 자백을 하지 않으면 둘 다 1년 형을 산다.
③ A, B 두 사람 중 한 사람이 자백하면 풀어주고 자백을 하지 않은 사람은 15년 형을 산다.
4) A, B는 이러한 게임의 구조를 알고 있다.

이러한 구조에 따라 게임에 임하는 사람, 선택할 수 있는 행동, 그리고 그 결과(payoffs)를 하나의 표로 만들어 정리할 수 있는데, 이 표를 게임 매트릭스라고 한다. PD게임의 게임 매트릭스를 구성하면 다음 표와 같이 된다. 각 항의 앞에 있는 숫자는 A가 감옥에 있게 되는 기간을, 뒤에 있는 숫자는 B가 감옥에 있게 되는 기간을 의미한다. 즉, A가 부인을 하고 B가 자백을 할 경우에는 A는 15년 형을 살지만 B는 그대로 풀려나고, 서로 반대일 경우에는 B가 15년을 살고 A는 풀려난다.

〈게임 매트릭스〉

A \ B	No 자백(부인)	자 백
No 자백(부인)	-1 / 1 ㉮	-15 / 0 ㉯
자 백	0 / 15 ㉰	-8 / 8 ㉱

B는 이렇게 생각한다

우선 B의 관점에서 파악하기로 한다. B는 A가 부인할 경우와 자백할 경우를 모두 생각해 보아야 한다. A의 행동을 염두에 두면서 자신의 행동을 결정하는 상호의존성이 게임이론의 본질이기 때문이다.

A가 부인을 한다고 가정할 경우 B가 선택할 수 있는 행동은 부인을 하거나 자백하는 것뿐이다. 먼저 B가 부인을 선택할 경우, 두 사람 모두 부인하는 것이 되므로 B는 1년의 형을 받게 된다(상황 ㉮). 하지만 B가 자백을 할 경우 그는 그 즉시 풀려난다(상황 ㉯). 그러므로 B는 부인을 하고 1년을 감옥에 있느냐, 그렇지 않으면 자백을 하고 즉시 풀려나느냐의 선택에 직면하게 된다. 여러분이라면 어떻게 하겠는가? 자백을 하고 풀려나는 선택이 합리적이다. 따라서 앞에서 설명한 용어로 이야기하면 A가 자백하지 않는다(부인한다)고 가정할 경우 B의 최선의 행동(best response)은 자백하는 것이 된다.

그러면 A가 자백을 한다고 가정할 경우 B는 어떻게 행동하는 것이 최선의 선택이 될까? 역시 자백하는 것이다. 왜냐하면 B는 15년(부인할 경우 B가 받게 되는 형, 상황 ㉰)과 8년(자백할 경우 B가 받게 되는 형, 상황 ㉱)의 형량 중에서 8년을 택할 수밖에 없기 때문이다.

그러면 B의 전체적인 행동은 어떻게 될까? 위의 논리에 따르면 B는 A가 자백을 하건 하지 않건, 항상 자백을 하는 것이 자신의 이익 혹은 효용을 극대화하는 합리적 행동이 된다. 게임이론의 용어를 빌리면 'A가 어떤 행동을 취하든 B의 최선의 행동은 자백을 하는 것'이 된다.

그러면 A는 어떻게 생각할까

이제 이것을 A의 관점에서 살피기로 한다. 앞서 설명한 것과 같은 이유로 B가 자백하지 않을 때 A의 최선의 행동(best response)은 자백을 하는 것이고, B가 자백할 때 A의 최선의 행동 역시 자백을 하는 것이다. 왜 그런지 당신은 설명할 수 있는가? 이 게임구조를 정확히 이해하기 위하여 한번 생각해 보기 바란다. 따라서 B가 어떤 행동을 취하든 A의 최선의 행동은 자백을 하는 것이 된다.

이 게임의 균형은 무엇인가

그러면 균형은 무엇인가? 앞서 설명한 바와 같이 A와 B 두 사람의 최선의 행동(best response)이 만나는 곳이 바로 균형이다. 왜냐하면 균형에서는 두 사람 모두 합리적으로 자신의 행동의 결과(payoffs)를 극대화하기 위한 행동을 선택하기 때문이다. 따라서 이 게임의 균형은 두 사람 모두 자백을 하는 것이 된다.

자, 무엇인가 좀 이상하지 않은가? 두 사람 모두 자백을 하게 되면 그 결과 감옥에서 함께 8년을 살아야 한다. 이것이 두 사람이 처음에 의도한 결과인가?

6
개인적 합리성과
사회적 합리성의 충돌

우리 모두는 자신에게 돌아오는 이익, 혜택, 혹은 만족을 극대화하기 위해 살아간다. 그렇지 않은 사람이 어디 있는가? 그러나 우리는 외로운 섬에 혼자 사는 것이 아니라 함께 어울려 살아가고 있고, 따라서 우리 각자의 만족을 극대화하는 선택이 반드시 사회 전체의 혜택을 극대화하는 것이 아니라는 것을 경험으로 알고 있다.

개인적 합리성

앞서 살핀 PD게임을 보자. PD게임에서 두 사람은 모두 자신의 이익 혹은 혜택을 가장 많이 얻을 수 있는 행동을 선택하였다. 다른 사람의 행동을 예측하고, 그 행동을 전제로 자신의 이익을 극대화하는 행동을 선택한 것이다. 그 결과 두 사람이 선택한 행동은 모두 자백을 하는 것으로 드러났다.

물건을 훔쳤다고 자백을 하는 것. 그래서 어떻게 되었는가? 역설적으로 두 사람 모두 8년이라는 기간을 감옥에서 보내게 되었다. 이 자백이라는 행동은 두 사람 모두에게 지극히 합리적인 행동이다. 따라서 누가 아무리 윽박지른다 하더라도 두 사람은 자백 이외의 행동을 선택하지는 않는다(이 게임 매트릭스의 선호구조가 유지되는 한 이런 선택은 변하지 않는다. 참고자료 1 참조).

이것을 개인적 합리성(individual rationality)이라고 한다.

사회적 합리성

이제 A, B 두 사람으로 구성된 하나의 사회를 생각해 보자. 두 사람이 어떠한 행동을 선택하는 것이 이 사회 전체적으로 좋을까? 바꾸어 말해 이 사회 전체의 만족과 즐거움이 두 사람의 만족과 즐거움의 합이라고 한다면, 두 사람이 어떠한 행동을 선택하는 것이 이 사회 전체에 좋을까? 이렇게 말할 수도 있다. 두 사람 외에 이 사회 전체의 복지를 책임지는 자가 있다면 이 사람은 두 사람에게 어떠한 행동을 선택하라고 권유할 것인가?

앞의 게임 매트릭스를 참조한다면 너무나도 분명하다. 자백을 하지 않고 부인하는 것이다. 두 사람 모두 부인을 한다면 1년씩만 감옥에 있으면 된다. 두 사람 모두 8년씩 감옥에 있어야 한다는 것과 비교할 때 이것은 얼마나 바람직한 일인가? 게임이론적인 용어로 이야기하면 두 사람 모두 자백을 하는 행위는 결코 효율적이지 않다는 것이다.[1]

그래서 개인적으로는 A, B가 둘 다 자백을 하는 것이 최선의 행동이지만, 둘 다 범행을 부인한다면 그 결과는 두 사람 모두에게 그리고 두 사람으로 구성된 사회 전체적으로 더 좋게 된다. 이것이 사회적 합리성(collective rationality)이다.

문제는 아무런 조치를 취하지 않으면 사회적 합리성을 보장할 수 있는 선택은 결코 일어나지 않고 개인적 합리성에 근거한 선택만이 일어나게 된다는 것이다. 어느 전직 대통령의 탄식이 절로 떠오른다.

"우째 이런 일이!"

이제 이 탄식에 대처하는 방안을 살펴보기로 하자.

주1) 어떤 상황에서 다른 상황으로 옮길 경우 게임에 참여한 자들 중 누구의 후생도 악화시키지 않으면서 그 중 몇 사람의 후생을 증가시킨다면 이 상황은 효율적이지 않다. 바꾸어 말해 누구의 후생도 악화시키지 않으면서 다른 사람의 후생을 증가시키는 다른 상황이 존재하지 않는다면 이 상황은 효율적이다(An outcome is efficient if there is no alternative outcome that would leave some players better off and none worse off. An outcome is not efficient if there is another outcome that the players unanimously prefer. cf: Pareto optimum. Pareto efficient. Pareto inefficient).

7

배신이 도사리는 세계

　사람 때문에 밤새워 울어본 일이 있는가? 잃어버린 사랑 때문이건 혹은 믿었던 사람에게 도끼로 발등을 찍혔기 때문이건, 밤새워 울어보면 그 아픔이 얼마나 큰 것인가를 알게 된다. 아니 이미 알고 있을 게다. 대부분의 경우 그 아픔은 여러 종류의 배신과 배반의 경험에 기초한다. 그 사람이 그럴 수가.
　하지만 게임의 세계에서 배신은 늘상 일어날 수 있는 일이다. 그렇지 않다고 생각한다면, 그 사람은 착하고 선한 사람이거나 아니면 어리석고 순진한 사람일 뿐이다.
　정말 그러한가?
　이제 다시 PD게임으로 돌아가 왜 배신이 일어나는지, 그리고 어떠한 경우에 배신 대신 가슴을 따뜻하게 하는 협력이 일어나는지 그 구조를 살피기로 하자.

왜 배신을 하는가

PD게임 구조에서 던지게 되는 질문은 다음과 같다. 서로 범행을 부인하면 두 사람 모두에게 더 좋은 결과를 가져오게 되는데 왜 부인을 하지 않고 범행을 자백하는가?

앞서 말한 바와 같이 두 사람 모두 자백을 하는 것은 개인적으로 합리적인 행위이다. 즉, 자신에게 놓여진 상황에서 자신의 이익을 극대화하기 위해 취한 매우 합리적인 행위이다.

하지만 결과는 전혀 그렇지 않았다. 무엇이 잘못되었는가?

다음과 같은 상황을 가정하여 설명하기로 하자. 이 게임에서는 허용되지 않았지만, 이 PD게임을 시작하기 전에 두 사람이 만나 서로 범행을 부인하기로 약속을 했다고 하자. 이것은 두 사람이 서로 협력하기로 약속했다는 것을 의미한다. 그러면 이 두 사람의 약속은 지켜질 수 있을 것인가?

만약 이 두 사람이 보통 사람은 상상할 수 없을 정도의 깊은 인간적 유대감을 가지고 있다면 이들은 경찰의 어떠한 유도성 심문에도 넘어가지 않고 범행을 부인하기로 한 약속을 지킬 수 있을지 모른다. 하지만 이러한 예측은 매우 예외적인 것이다.

앞에서 본 게임 매트릭스를 다시 보기로 하자. B가 부인을 한다고 A가 확신을 할 경우, A는 B와 약속한 대로 범행을 부인하지 않고 자백을 하는 것이 자기에게 더 이롭다. 약속대로 범행을 부인하면 감옥에서 1년을 살게 되지만('payoffs' -1) 자백을 하면 바로 풀려날 수 있기('payoffs' 0) 때문이다. 따라서 약속을 어기게 되는 유인을 가지게 된다. A도 똑같은 생각을 하게 된다. 따라서 두 사람이 사전에 한 약속을 지키게 되는 아주 특별한 유인이 없는 한, 두 사람 모두 범행에 대해 부인하자는 약속을 지키지 않는 것이 합리적인 행동이 된다. 그래서 약속을 어기고 자백을 하게 되고, 그 결과 개인적으로는 합리적이지만 사회적으로는 합리적이지 않은 결과가 나오게 되는 것이다.

달콤한 유혹 속에 숨어 있는 덫

즉, PD게임은 약속을 어기고 협력을 하지 않을 경우 더 큰 이익이 보장되는 구조를 가지고 있다. 얼마나 달콤한 유혹인가? 한 번만 슬쩍 눈을 감으면, 한 번만 모른 체하고 범행을 자백할 경우, 아 나는 좀더 편안하게 살 수 있다.

당신이라면 어떻게 할 것인가?

이처럼 구조적으로 '약속을 어길 유인(incentive for cheating)'이 존재할 경우 개인간의 약속을 지키기란 매우 어렵게 된다. 중요한 것은 범행을 부인하기로 약속을 했음에도 불구하고, 이 약속을 지키지 않는 것이 자신에게는 합리적인 행동이라는 것이다. 합리적이 무엇을 의미하는지는 앞에서 이미 설명하지 않았던가? 그리고 자신이 슬쩍 눈을 감고 범행을 자백하고 보니, 상대방도 역시 범행을 자백한 것을 발견하게 된다.

모순인가?

결코 아니다.

두 사람 모두 자기의 이익을 충실히 따랐음에 불과하다. 그러므로 이 장벽을 허물지 않는 한 개인은 스스로 합리적으로 행동함에도 불구하고 그 결과는 결코 합리적이지 않게 된다.

너 나 믿어? 난 안 믿어

심리학적으로 말하면 이 상황을 어떻게 표현할까? 가장 적절한 말은 상호불신이라는 말일 게다. 즉, 게임을 시작하기 전에 서로 범행을 부인하기로 약속한다 하더라도 다음과 같이 생각하는 것이 매우 정상적인(?) 인간의 심리라는 것이다.

"같이 범행을 부인하기로 하자고? 그래 하자고. 하지만 말이다. 저 녀석은 좀 어리석은 구석이 있으니까(혹은 나보다 어리니까) 나하고 한 약속을 지킬 거야. 그러면 말이야. 내가 약속을 어기고 자백하는 것이 나에게 이롭지 않겠어, 맞아. 끝내주는 생각이야."

혹은,

"약속을 하기는 했는데 내가 저 녀석을 어떻게 믿어? 아, 자기는 약속을 지키라면 지켜. 나는 나에게 가장 이로운 행동을 취하겠어. 내가 이런다고 자기가 나에게 뭐라고 할 수 있겠어?"

즉, 어떻게 생각하건 이 게임구조에서는 서로 협력하기로 한 약속은 좀처럼 지켜질 수 없다. 심리학적 요인으로 말하면 상호불신이라는 요인이 개입했기 때문이다.

성악설의 세계에도 협력은 존재하는가

서로 믿지 못하는 사회. 어디서 많이 들어본 말이 아닌가? 바로 우리가 살고 있는 세계를 의미한다면 지나친 말일까? 게임이 현실을 이해하는 단순화된 지도라는 것은 여기서도 여실히 드러난다. 현실의 단순화라는 말은 현실의 세계를 관통하는 기본구조를 가장 간단하게, 그러나 가장 정확히 드러낸다는 말이다. 그런 의미에서 PD게임은 우리가 사는 현실이 '상호불신'을 바탕에 깔고 있는 사회라는 것을 보여주고 있다.

그러므로 이 PD게임 구조가 가정하는 세계는 성선설의 세계가 아니며, 사람과 사람이 서로 이해하고 돕는 유토피아적인 세계도 아니다. 오히려 자신의 이익을 위해서는 약속도 어길 수 있고, 또 그렇게 하는 것이 합리적이라고 생각하는 사회이다. 홉즈가 말한 대로 '인간은 인간에 대한 늑대'라는 표현이 들어맞는 사회이다. 이 게임 구조는 단지 두 사람으로 이루어진 사회를 묘사하고 있지만, 다수의 사람이 모여 사는 사회 혹은 여러 국가로 구성된 국제사회에도 그대로 적용될 수 있다.

우리가 알고 있는 이 사회 혹은 국제사회는 자기 이익을 극대화하는 행동이 만연된 약육강식의 사회라는 것이다. '사자와 양이 어울려 노는' 목가적인 세계가 아니라 강한 자가 약한 자를 등쳐먹고, 돈과 권세있는 자가 그렇지 못한 자를 억압할 수 있는 세계라는 말이다.

그러면 이 상호불신의 세계에 살고 있는 우리는 자신의 이익을 지키기 위해 약속을 어기기를 밥먹듯이 하고, 남을 속이기를 자신의 손바닥 뒤집듯하는 것이 가장 바람직한 것일까?

다시 말해 이 아수라장 같은 세계에서도 같이 정겹게 협력할 수 있는 방법은 없는 것일까?

8

나는 네가 한 일을 알고 있다

엽기적인 영화의 제목이라고?

맞는 말이다. 더 중요한 것은 우리가 살고 있는 세계가 사실 이 영화의 제목보다 더 엽기적일 수 있다는 것이다. 당신이 한 일을 내가 다 알고 있다면 당신은 도대체 어떻게 행동할 것인가? 안심하라. 나는 빅 브라더가 아니다. 나는 오직 당신이 나에게 한 거짓말과 배신의 행동만을 기억하고 있을 뿐이다.

이 책을 읽는 독자는 PD게임이 죄수들의 자백과 부인에만 관계되는 사건이 아니라 우리들의 일상생활, 사회생활, 국제관계에서도 폭넓게 적용될 수 있음을 이해할 수 있을 것이다(기업의 경우에 PD게임이 어떻게 적용되는지는 참고자료 2를, 국제정치에서 이 게임이 어떻게 적용될 수 있는지는 참고자료 3을 참조).

그래서 배신과 협력에 대한 다양한 논의가 단지 죄수들의 자백과 부인에만 한정되는 것이 아니라는 것을 이해할 수 있을 것이다.

무한히 반복되는 게임에서 협력과 배신은

지금까지 PD게임을 설명하면서 이 게임이 단 한 번 행해지는 것으로 가정해 왔다. 다시 말해 자백과 부인 중 한 가지 행동을 선택하고 나면 그 결과로서 감옥살이를 하는 것으로 끝나고 말았다.

그러나 이 게임이 단 한 번 이루어지는 것이 아니고 무한히 반복된다면 두 사람의 행동은 어떻게 변할까? 무한히 반복된다는 의미는 PD게임과 같은 구조를 가지는 사건이 일회적으로 끝나는 것이 아니라 계속하여 반복된다는 것을 의미한다. 그리고 이런 게임에 참여한 두 사람이 한 번 이런 사건을 경험한 뒤 다시 만나지 않는 것이 아니라 계속하여 사회의 어느 모퉁이에서 만나게 된다는 것을 의미한다. 즉, 우리 만남은 한 번이 아니라는 뜻이고, 나는 지난 여름에 네가 한 일을 알고 있다는 것이 된다.

사건이 이렇게 진행된다면, 게임에 참여하는 두 사람은 조금 생각을 달리하게 된다. 예컨대, 처음에 두 사람이 범행을 부인하기로 약속을 했는데 어느 한 사람이 약속을 지키지 않았다고 하자. 약속을 어긴 사람은 PD게임 구조하에서 자신의 이익을 극대화하지만, 약속을 지킨 사람은 최악의 상태에 직면하게 된다(앞 장의 게임 매트릭스로 설명하면 약속을 지킨 사람은 감옥에서 15년을 살지만, 약속을 어긴 사람은 그 즉시 풀려난다).

하지만 상대방이 약속을 지키지 않았기 때문에 최악의 상태에 직면하게 된 사람은 무슨 생각을 하게 될까?

"이 놈. 다시 만나기만 해봐라. 내가 가만히 두나."

분명 이럴 게다. 하늘의 도우심으로 약속을 지키지 않은 사람과 다시 한번 이런 게임을 할 기회가 있게 되면 이 사람은 어떠한 행동을 취하게 될까? 이번에는 상대방이 어떤 감언이설로 자기를 유혹하더라도 단호히 약속을 지키지 않는다. 대신 자기가 할 수 있는 최대의 방법으로 보복을 하게 된다. 그러면서 한 마디 하지 않을까?

"그래, 내가 두 번 속을 줄 알았어?"

처음에 어떤 이유로(아마 천성적으로 착하고 순진했을 게다. 어리석다고는 하지 말자) 약속을 지켜 손해를 본 사람은, 약속을 지키지 않은 사람의 행위를 철저히 기억하고 때가 오면 그 대가를 치르도록 보복을 하게 된다. 지극히 당연한 일이다. 사람은 기억을 하고 학습을 하면서 배운다.

그러므로 '지난 여름에 네가 한 일을 내가 알고 있는 한' 너는 앞으로 감히 나를 속이지는 못할 것이다. 이런 의미에서 사람과 사람 사이의 협력을 보장할 수 있는 방법으로 '이에는 이 눈에는 눈'이라는 'tit-for-tat'이라는 방법을 들기도 한다(참고자료 4 참조).

바꾸어 말해 사람과 사람 사이의 관계를 일회적인 것이 아니라 자주 만나는 반영구적인 것으로 전환할 경우, 그 관계에서 협력은 과거에 비하여 더 자주 이루어지게 된다.[2] 그러나 이 협력의 가능성은 인간의 성선설에 기초한 인간존중의 정신에 근거한 것이 아니라, 성악설에 기초하고 '네가 약속을 어기면 내가 보복할 거야'라는 위협에 근거하는 것이다. 즉, 보복의 가능성에 기초한 협력이라는 것

주2) 게임이론적으로 말하면 일회성 게임을 무한히 반복되는 게임으로 전환하면 협력의 가능성이 증가하는 것은 틀림없다. 그러나 이 경우 균형은 하나가 아니고, 매번 상대방을 속이는 것도 균형이 될 가능성을 배제할 수 없다. 다시 말해 무한히 반복되는 게임의 상태에서 매회마다 서로 속이는 것, 즉 영구히 상대방을 속이는 것도 균형이 될 수가 있다는 것이다. 그러나 여기서는 협력의 가능성을 높인다는 의미에서 두 번째 의미의 균형은 언급하지 않기로 한다.

이다. 다시 말해 저 사람과 내가 서로 돕는 것이 바람직한 사회를 이룬다는 생각하에 서로 협력을 하는 것이 아니라, 약속을 어기는 데 대한 보복 가능성 때문에 서로 협력을 하게 된다는 것이다.

좀 슬프지 않은가?

보복의 제도화: 국가

보복의 가능성 때문에 협력이 이루어질 수 있다 해도 항상 협력이 가능한 것은 아니다. 그것은 약속을 어긴 사람이 보복하려는 사람보다 더 강할 경우에는 협력이 이루어질 수 없기 때문이다. 예컨대, 약소국이 강대국의 약속위반 행위에 보복을 하겠다고 하더라도 강대국이 그 위협에 굴복하여 협력을 한다는 보장은 전혀 없다. 보통의 사회에서도 마찬가지이다. 힘세고 권력있는 자가 그렇지 않은 자와 협력하지 않는 것은 당연할 것이고, 힘없고 권력없는 자가 보복을 하겠다고 큰소리치더라도 힘세고 권력있는 자가 눈썹이나 까닥할까? '유전무죄(有錢無罪), 무전유죄(無錢有罪)'의 세계가 아니던가?

이것을 극복할 수 있는 방법은 하나밖에 없다. 보복의 제도화이다. 다시 말해 약속을 지킨 자가 약속을 어긴 자에게 개인적으로 보복을 하는 것이 아니라, 제도의 힘을 빌려 보복을 하도록 하는 것이다. 그 제도의 가장 대표적인 형태가 무엇일까? 그것은 바로 국가이다.[3] 그리고 국가가 만든 각종의 법과 질서가 그것이다. 개인과 개인 간의 사이에서 약속과 관계된 보복문제가 생길 때 객관적 차원에서 보복을 하도록 해주는 메커니즘이 법과 질서로 대표되는 제도라는 것이다. 혹은 이 국가라는 제도를 제3자로 표시할 수 있다. 즉, 두 사람과는 아무런 관련이 없는 객관적인 사람을 선정하여 보복을 하도록 한다는 것이다.

그러면 국가가 없는 사회에서는 어떻게 하는가?

목숨보다 귀한 명예: 신용

돈을 잃으면 적게 잃는 것이고, 명예를 잃으면 많이 잃는 것이고, 건강을 잃으면 전부를 잃는 것이라는 말이 있다. 하지만 PD게임의 세계에서는 명예를 잃으면 돈도 잃고 건강도 잃고 모든 것을 다 잃는다.

국가라는 개념이 분명하지 않았던 중세 유럽의 길드에서 상인들은 어떻게 지속적으로 거래를 할 수 있었을까? 상인들은 처음 보는 자와도 거래를 할 수밖에 없었고, 처음 보는 자가 약속을 지키지 않고 돈을 떼어먹거나 사기를 치면 꼼짝없이 당할 수밖에 없었다. 유럽 전역을 돌아다니며 거래를 하는데 어찌 아는 사람하고만 거래를 할 수 있었겠는가? 이러한 상인들의 불안을 덜어주는 제도가 길드였다. 가령 A라는 상인이 B라는 상인과 거래를 한 결과, B가 사기를 쳐서 약속을 지키지 않았다고 하자. 넓디 넓은 유럽에서 A가 다시 B를 만날 확률은 매우 낮기 때문에 개인적으로 보복을 하기는 매우 어렵다.

그러면 A는 어떻게 하면 될까? A는 자신이 속한 길드에 이 사실을 알리기만 하면 된다. 그러면 길드는 유럽 전역의 길드에 A가 당한 사실을 알리고 다른 상인들이 B와는 거래를 하지 말도록 유도한다. 그래서 B는 한 번 사기행각을 함으로써 이익을 보았을지는 모르

주3) 국가들 사이에서 이러한 보복을 제도화해 주는 것은 국제기구이다. 국제기구에 대해서는 제13장에서 자세히 설명한다.

나, '사기꾼'이라는 꼬리표를 달게 되었고, 이 꼬리표가 있는 한 아무도 B와는 거래를 하지 않아 결국 손해를 보게 되었던 것이다. 즉, B는 자신의 신용을 잃음으로써 더이상 상인이라는 직업을 유지할 수 없었던 것이다. A는 자신이 직접 보복은 하지 않았지만, B에 관한 정보를 유럽 전역에 전함으로써 간접적으로 보복을 할 수 있었던 것이다.

그 후일담을 아는가?

그래서 B는 명예를 잃고 장사를 못하게 되었고, 시름시름 앓다 죽고 말았다는 것이다. 그러니 건강도 잃어버린 것이다.

'지속적인 관계'와 '입소문' - 옛 사회주의 국가들의 사례

이러한 예는 중세의 유럽에서만 일어나는 것이 아니라 최근에도 일어나고 있다.

사회주의가 붕괴한 이후 많은 나라들이 시장경제를 도입하고 있다. 하지만 옛 사회주의 국가들은 거래의 안정성을 보장하는 사회적 장치를 가지고 있지 않다. 거래를 하기 위해서는 사는 사람과 파는 사람의 계약이 필요하고 이 계약에 신뢰성이 부여되어야 하는데 옛 사회주의 국가에선 이런 장치가 없다는 것이다. 그래서 옛 사회주의 국가에 진출하려는 나라들은 자신들의 거래 혹은 투자에 대한 신뢰성 확보를 위해 이들 나라에 투자보호협정을 요청하기도 한다.

하지만 이들 나라에서도 시장경제국과 동일한 성격을 가지는 거래가 발생하고 있다. 거래 안정성을 보장하는 제도적 장치가 없는 상태에서, 무엇을 근거로 지속적인 거래가 이루어지는 것일까? 이 문제를 연구한 학자들의 견해에 따르면 이러한 거래를 가능하게 한 것은 다름 아닌 '지속적인 관계'와 '입소문'이었다고 한다. 한 번의 관계가 아니라 여러 번 관계가 지속되면 결코 순간의 이익을 탐하기 위해 상대방을 속이는 법이 없게 된다는 것이다. 그리고 거래 상대방의 선택과 관련 그 사람의 인상보다는 그 영역에서 그 사람이 어떠한 평판을 받고 있는가를 먼저 생각한다는 것이다. 그리고 거래를 하는 사람 역시 그 사실을 이미 알고 있으니 자신의 행동을 조심하게 된다는 것이다.

이런 사례는 국가라는 외형적인 제도가 없더라도, 지속적 관계를 통해 충분히 거래의 안정성을 담보할 수 있다는 것을 의미한다. 그래서 이 사례를 연구한 학자들은 '외형적인 제도가 없더라도 관행과 관습, 그리고 명예가 이들 외형적인 제도를 대신할 수 있다'고 주장한다.

이들이 연구한 나라가 어디인지 아는가? 통일 직후의 베트남이다. 그러나 지금의 베트남은 국가라는 외형적인 제도를 통해 거래의 안정성을 담보하고 있다.

하지만 여전히 '입소문'은 무섭다.

9
착하고 착하면
결국은 좋다?

혼기를 앞둔 처녀들에게 물어보라. 어떤 사람을 배우자로 원하느냐고. 인물, 학벌, 재산 등등의 조건을 내걸겠지만, 정말 현명한 여자들이라면 이런 조건을 내건다.

"착한 사람이라면 좋겠어요."

도대체 어떤 사람이 착한 사람인가? 착한 사람을 배우자의 조건으로 내건 여자들에게 이 질문을 한다면 어떤 답이 돌아올까?
"심성이 곧은 사람."
오호 통재라. 심성이 곧은 사람이 어찌 착한 사람이랴?
우리는 자라면서 착한 사람에 대한 두 가지 상반된 교훈을 알게 모르게 듣고 자라왔다. 그 하나는 어린 철부지시절 어른들이 지나가는 말로 착한 사람이 되어라 하는 그 착한 사람 말이다. 이 말은 거짓말하지 말고, 어른들 말 잘 듣고, 공부 잘하라는 정도의 의미이다.

그러나 세상살이를 좀 알고 나이가 들어갈수록 "저 사람 저렇게 착하고 순해빠져서 이 험한 세상을 어떻게 살아가려고 그래" 하는 말을 듣게 된다. 세상은 그리 호락호락하지 않다는 것이고, 착하게 살면 영리한 사람의 밥이 된다는 것을 경험으로 알게 된다는 것이다. 그래서 서서히 착하지 않은 사람의 영역으로 접어들게 된다.

배신 한번 안 당해본 사람 있어?

착하지 않은 사람의 영역으로 접어든 사람의 심리구조는 이렇다.

"이 험한 세상에 착하게 산다는 것은 자신의 재산을, 자신의 이익을, 자신의 명예를, 자신의 헌신을 다른 사람에게 주어버린다는 것을 의미한다. 나는 그런 꼴은 두 눈 뜨고 못 봐. 뭐라고? 당신 배신 한 번 당해봐?"

하지만 말이다. 배신 한번 안 당해본 사람이 어디 있는가? 바꾸어 말하면 이 글을 읽는 당신은 배신 한번 안해본 일이 있는가? 그 혹은 그녀를 속인 일은 없는가?

나는 여기서 도덕적 훈계를 하려는 것은 아니다. 단지, 착하지 않은 사람의 영역으로 접어들려는, 혹은 접어든 사람들의 심리구조는 적어도 게임이론으로 볼 때는 장기적으로 전혀 합리적이지 않다는 것을 말하고 싶은 것이다.

세상은 일회적 PD게임이 아니다

착하게 삶으로써 일시적으로는 피해를 볼 수 있다. 이것은 일회적으로 일어나는 PD게임 구조에서 충분히 보아왔다. 세상은 상호불신을 근저에 깔고 있고, 때때로 아니 매우 많은 경우 상대방을 속이는 것이, 약속을 지키지 않는 것이 자신에게 이익이 된다. 그러니 사람을 한 번 속이고, 몰래 숨어서 자신에게 돌아오는 이익을 희희낙락 즐기는 사람이 어찌 없을 수 있겠는가? 그리고 그런 사람의 아주 짧은 이익을 보면서, '착하게 산다는 것, 약속을 지키는 것'의 가치를 의심할 수도 있다.

하지만, 조금만 더 앞을 내다보자. 그렇게 남을 속이고, 배신을 하고, 협력을 하지 않음으로써 얻은 이익들이 과연 얼마나 지속되었는지 당신은 한 번 찬찬히 따져본 일이 있는가?

우리가 살아가는 이 세상이 비록 '상호불신'을 바탕에 깔고는 있지만, 사람과 사람과의 관계는 일회적으로 끝나는 것이 아니고 계속되는 것이다. 5,000만의 인구가 어떻게 연속적인 관계를 가지냐고 물을지 모르지만, 적어도 우리가 사는 사회는 중세의 '길드'보다는 더 정보가 보편화된 사회이다. 멀리 예를 들 것도 없이, 인터넷을 통하여 특정사람의 특정행위에 대한 정보가 웹사이트에 오른다면 그 정보는 하루도 지나지 않아 대한민국의 모든 사람이 알게 된다.

영원한 비밀은 없다

누구의 말이던가? 소수의 사람을 오랫동안 속일 수 있고 다수의 사람을 짧은 기간 동안 속일 수는 있지만, 모든 사람을 오랫동안 속일 수는 없다.

정말 맞는 말이 아닌가? 그래서 이 장의 결론은 이렇다.

PD게임의 논리에 따르는 한 '착하게 산다는 것은 장기적으로 결국 옳다'는 것이다. 물론 모든 논의가 그러하듯 예외는 있게 마련이다. 영원히 반복되는 PD게임 균형 중의 하나가 계속하여 남을 속이는 것이듯, 착하게 살지 않는 것으로 운명지워져 버린 사람이라면 이 장의 결론은 공염불에 불과할 따름이다.

내가 도덕적 훈계를 하느냐고? 무슨 천만의 말씀. 나는 단지 PD게임의 논리구조를 보는 한 '사람과 협력하고, 배신하지 않는 것'이 장기적으로 당신에게 이로울 수 있다는 것을 보여주었을 따름이다.

하지만, 신기하지 않은가? PD게임의 통찰과 종교적·철학적 교훈이 일치한다는 것이. 그러나 PD게임은 성악설의 세상을 가정한 것이고, 종교적·철학적 교훈은 다분히 성선설을 염두에 둔 것이 아닌가? 다시 말해 사람을 바라보는 전혀 다른 세계관을 통해서도 '착하게 산다는 것'의 가치가 드러난다는 것은 참으로 유쾌한 일이 아닌가?

현명한 처녀

그런 점에서 배우자의 조건으로 착한 사람을 내건 처녀는 정말 훌륭한 처녀일 수밖에 없다. 단, 그 조건이 입에 발린 거짓말이 아닌 한.

하지만 말이다. 진짜 어떤 사람이 착한 사람인 줄 알고 있는가?

배우자를 구하는 당신을 위해 진짜 '경험많은 할아버지'의 충고 하나 해주려 한다.

어리석고 순진한 사람도 착해 보일 수 있지만, 정말 착하고 선한 사람은 결코 어리석지 않다. 그러나 순진할 수는 있다.

10

약한 자여,
그대 이름은 약자

"약한 자여, 그대 이름은 여자!"
셰익스피어의 유명한 구절인 걸 알 만한 사람은 다 안다. 그가 현대의 세계에 와서 산다면 이 구절은 어떻게 바뀔까? 아마 이 정도쯤 되지 않을까?

"약한 자여, 그대 이름은 돈 없는 사람!"
"약한 자여, 그대 이름은 가난한 약소국!"
"약한 자여, 그대 이름은 빽 없는 자!"

약한 자여, 그대 이름은?

많은 경우 우리는 강자는 약자를 이긴다고 생각한다. 이런 인식은 비단 육체적 힘을 겨루는 경우뿐 아니라, 국제정치나 혹은 경제에서도 보편적으로 통하는 생각이다. 그래서 여자는 육체적인 면에서 남자를 이길 수 없고, 돈없는 사람은 돈많은 사람을 이길 수 없고, 가난한 약소국은 강대국을 이길 수 없다고 생각한다.

일반적으로 이러한 생각이 틀린 것은 아니다. 힘이 센 자가 힘이 약한 자보다 무거운 것을 쉽게 움직일 수 있는 것은 사실이기 때문이다. 돈많은 사람이 돈없는 사람이 살 수 없는 힘을 가진 것은 사실이고, 강대국이 약소국의 정책을 좌우할 수 있는 것은 사실이기 때문이다. 그러나 우리가 여기에서 던지는 질문은 이러한 일반적인 생각이 항상 옳을까라는 점이다.

경험많은 할아버지는 이렇게 이야기한다.

"항상 그런 것은 아니다"라고.

즉, 힘센 자가 유리한 것은 사실이지만 그렇지 않은 경우도 비일비재하다는 것이다. 그러므로 문제는 어떠한 경우에 약자가 유리할 수 있는지, 그 상황을 판단할 수 있는 지혜가 있어야 한다는 것이다.

게임이론을 예로 들어 강한 자가 반드시 유리하지 않은 상황을 한번 설정해 보자. 그리고 이 게임이 가지는 의미를 다시 한번 생각해 보기로 한다. 이 목적을 위해 다음과 같은 게임을 가정하도록 하는데, 이 게임은 흔히 '피그게임(Pig game)'이라고 불려진다.

약자가 강자를 이기는 피그게임

이 게임은 퍼즐풀기를 좋아하는 사람에게는 상당히 재미있는 것이다. 어렵지는 않지만 다소 따져야 할 것이 이것저것 있기 때문이다. 그러므로 따지기를 좋아하지 않거나, 혹은 그럴 시간이 없는 사람은 '게임의 개요' 부분을 건너뛰어도 좋다.

1) 게임의 개요

하나의 상자가 있다. 이 상자 안에는 지렛대가 있고, 옆에 작은 구멍이 나 있다. 큰 돼지 B(big)와 작은 돼지 S(small)가 이 상자 안에 갇혀 있다. 두 돼지 중 한 마리가 지렛대를 눌러야 지렛대 반대편에서 음식이 떨어진다(다시 말해 지렛대가 눌리면 게임을 지켜보고 있는 사람이 지렛대 반대편의 구멍을 통해 음식을 넣어준다). 이러한 상황에 따르는 돼지의 행동을 보다 구체적으로 이해하기 위해 아래와 같이 게임의 구성요소로 정리하자.

1) 게임을 하는 자(players) : 큰 돼지(B) / 작은 돼지(S)
2) 선택행동(action) : 지렛대 누르기(Press) / 누르지 않기(Don't press)
3) 선택에 따른 결과(payoffs) : 다음과 같이 가정한다.
   ① 지렛대를 눌러서 나오는 음식의 가치를 6이라고 가정한다.
   ② 지렛대를 누르지 않은 돼지는 상대 돼지(지렛대를 누른 돼지)가 달려올 무렵 5를 먹어치운 상태가 된다(돼지 크기와 관계없다). 이 말은 돼지의 크기와 관계없이 지렛대를 누르지 않은 돼지가 나오는 음식 6 중 5를 먹어치우는 것을 의미한다.
   ③ 큰 돼지가 지렛대를 누른 후 반대편으로 달려온다면 작은 돼지가 먹고 남은 1을 빼앗아먹을 수 있고, 작은 돼지가 지렛대를 누른 후 반대편으로 달려온다면 1을 빼앗아먹을 수 없다. 왜냐하면 작은 돼지는 큰 돼지보다 힘이 약하기 때문이다. 즉, 돼지의 크기는 지렛대를 누른 후 달려와 상대편이 남긴 음식을 빼앗아먹을 수 있느냐 없느냐로 구분된다.
   ④ 돼지의 크기와 관계없이 지렛대를 누른 돼지가 먹이를 먹기 위해 반대편으로 달려가는 데 0.5의 에너지가 든다.

⑤ 두 돼지가 동시에 지렛대를 누를 경우 다음과 같은 결과가 생긴다. 즉, 작은 돼지가 큰 돼지보다 행동이 빠르다고 가정한다. 그래서 작은 돼지가 큰 돼지보다 빨리 반대편에 도착할 수 있다. 하지만 큰 돼지도 뒤이어 도착하기 때문에, 그 사이에 작은 돼지는 큰 돼지가 오기 전까지 2의 음식을 먹을 수 있다. 그러므로 큰 돼지는 작은 돼지보다 반대편에 늦게 도착하지만 작은 돼지를 윽박질러 남은 음식 4를 먹을 수 있다. 결국, 동시에 지렛대를 누를 경우 작은 돼지는 2를, 큰 돼지는 4를 먹는다. 돼지의 크기는 여기서도 먹게 되는 음식의 양을 좌우한다.

자, 다소 지리한 게임의 성격에 대한 설명이 끝났다. 이러한 행동의 성격에 따른 결과를 일목요연하게 정리하면, 즉 이 게임의 매트릭스를 정리하면 다음과 같이 된다.

이 매트릭스가 왜 이렇게 정리되는지 한번 생각해 보기 바란다. 퍼즐푸는 것 이상의 재미를 준다. 각 항목의 앞은 작은 돼지의 결과를, 뒤는 큰 돼지의 결과를 의미한다.

〈피그게임의 매트릭스〉

S \ B	Press	Don't Press
Press	1.5 / 3.5 ㉮	-0.5 / 6 ㉯
Don't Press	5 / 0.5 ㉰	0 / 0 ㉱

2) 게임의 균형

이 게임의 문제는 이렇다.

큰 돼지와 작은 돼지가 지렛대를 눌러 음식을 얻게 되는 이러한 게임구조하에서 큰 돼지와 작은 돼지는 어떤 행동을 선택하게 될까? 어느 돼지가 지렛대를 누르고, 어느 돼지가 지렛대를 누르지 않게 될까?

이 말을 달리 말하면 이 게임의 균형은 무엇일까라는 것이다. 이 책을 자세히 읽은 독자라면 앞에서 제시한 균형의 의미와 최선의 행동(best response)이라는 개념을 이용하여 쉽게 균형을 찾을 수 있을 것이다.

균형을 이야기하기 전에 우리가 알고 있는 상식은 이러한 게임구조하에서 돼지가 어떻게 행동할 것이라고 가르치고 있는가? 아마 작은 돼지가 지렛대를 누르고 큰 돼지가 그 결과를 독점하거나 전부 다 먹는 것일 게다. 과연 그럴까?

이 게임의 균형은 상식과는 달리 작은 돼지가 'Don't press'를 선택하고 큰 돼지가 'Press'를 선택하는 상황이 된다. 즉, 큰 돼지가 지렛대를 눌러 음식이 나오게 되면 작은 돼지가 5를 먹고, 큰 돼지는 기껏해야 0.5의 음식을 먹게 될 따름이다.

왜 그런가? 작은 돼지는 다음과 같이 행동한다. 만약, 큰 돼지가 'Press'를 선택할 경우 작은 돼지는 'Don't press'를 선택하고[4], 큰 돼지가 'Don't press'를 선택할 경우에도 'Don't press'를 선택한다. 한편 큰 돼지는 다음과 같이 행동한다. 작은 돼지가 'Press'를 선택한다면 'Don't press'를 선택하고, 작은 돼지가 'Don't press'를 선택한다면 'Press'를 선택한다. 그러므로(두 돼지의 최선의 선택이 공존하는) 작은 돼지가 'Don't press'를 선택하고 큰 돼지가

주4) 큰 돼지가 'Press'를 선택할 경우 작은 돼지가 얻게 되는 'payoffs'는 다음과 같다. 작은 돼지가 'Press'를 누르면 1.5를 얻지만, 'Don't press'를 누르면 5를 얻게 된다. 이러한 상황에서 작은 돼지는 5를 얻게 되는 행위를 선택하는 것이 합리적이다. 뒤이어 나오는 모든 행위에서 같은 결과를 얻을 수 있다. 한번 비교해 보기 바란다.

'Press'를 선택하는 상황이 균형이 된다.

이 게임이 무엇을 의미하는지 알겠는가? 그렇다. 이 게임이 시사하는 것은 경우에 따라서는 작은 돼지가 큰 돼지를 능가할 수 있다는 것이다. 세상사가 힘 하나로만 결정되지는 않는다는 것이다.

피그게임 적용하기

1) OPEC의 경우

OPEC의 경우를 예로 들자.

큰 돼지는 사우디아라비아로, 작은 돼지는 베네수엘라로 가정할 수 있고, 'Press'를 증산, 'Don't press'를 증산하지 않는 것으로 대치할 수 있다. 서방의 압력이 있어 유가를 인하해야 하는 경우를 상정해 보자. 유가를 하락시키기 위해서는 두 나라 모두 'Press'를 선택해서 증산에 나서야 한다. 증산에 따른 공급량의 증가가 유가를 인하하기 때문이다. 그래서 증산이 필요한데 어느 나라가 증산에 나설 것 같은가?

대부분의 경우 사우디아라비아가 증산에 나선다. 사우디아라비아의 경우 증산하는 것(Press)과 증산하지 않는 것(Don't press)의 결과를 비교하면, 증산하는 것이 유리하기 때문이다. 또, 유가가 인하되지 않으면 비난의 화살이 즉시 자기에게 쏠리는 것을 알고 있기 때문이다. 당연히 베네수엘라는 반대되는 결정을 내린다. 즉, 베네수엘라와 같은 작은 나라는 증산에 나서지 않음으로써 상대적으로 손해를 덜 볼 수 있다는 것이다. OPEC의 결정에 따라 생산량을 감산해야 할 경우에도 비슷한 경우가 생긴다. 베네수엘라는 사우디아라비아에 비하여 감산을 적게 하거나 하지 않음으로써 상대적으로 석유판매에 따른 이익을 늘릴 수 있다. 즉, 고유가 혜택은 소규모 국가들이 더 볼 수 있다는 것이다.

그러므로 이러한 경우들은 석유 부존량이 상대적으로 적다는 이유로 작은 나라가 이득을 챙길 수 있다는 사실을 보여준다.

2) NATO의 경우

또다른 예로서 NATO를 들어보자.

큰 돼지를 미국으로, 작은 돼지를 그리스, 네덜란드 등으로 상정할 수 있고, 'Press'는 방위비를 분담하는 것, 'Don't press'는 방위비를 분담하지 않는 것으로 가정할 수 있으며, 'payoffs'는 이에 따른 지역의 안보로 이해할 수 있다.

이 경우 큰 돼지 미국과 작은 돼지 그리스의 선택은 어떻게 될까? 이미 아는 바와 같이, 미국이 'Press'를 선택하고 작은 나라들은 'Don't press'를 선택하게 된다. 바꾸어 말해 작은 나라들이 방위비를 분담하지 않는다고 해도 미국이 방위비를 분담할 수밖에 없다는 것이다. 그래야 NATO가 유지되기 때문이다. 이같은 경우 작은 나라들은 미국의 방위비 분담에 의한 무임승차를 즐기는 셈이라고 할 수 있다.

그러면 일부러 약자가 돼?

앞서 말한 바와 같이 일반적으로 힘이 센 자는 힘이 약한 자를 이긴다. 그러나 이 게임에서 보는 바와 같이 약자는 약자라는 위치 때문에 특정한 상황에서 이익을 얻을 수도 있다. 하지만, 너무 당연한 이야기이지만 약자라고 항상 이익을 얻을 수 있는 것은 아니다. 중요한 것은 특정한 경우에 한하여 약자가 이익을 얻을 수도 있다는 것이다.

그런 점에서 한국과 미국의 통상협상에서는 누가 유리할까? 일반적으로 말해 미국이 한국보다 경제적, 정치적 힘이 강하기 때문에 미국이 유리하다고 할 수 있다. 그러나 이 게임이 시사하는 바와 같이 미국이 항상 유리한 것은 아니고, 한국이 항상 불리한 것은 아니다. 협상의 상황에 따라 유리한가 그렇지 않은가가 결정될 뿐이다. 하지만 한국이 유리한 적이 있었던가? 이 문제는 이 책의 제4부에서 조금 깊이 다루도록 하자.

현실을 보는 눈

위에서 본 게임은 매우 간단한 것이다. 그러나 이 게임이 던져주는 시사점은 결코 가볍지 않다. 즉, 작은 나라, 힘이 약한 사람이 유리할 수도 있다는 사실을 입이 아프게 설명한다 해도 좀처럼 이해하기 힘들 수 있다. 그러나 단순한 게임이지만, 작은 돼지가 유리할 수 있는 상황을 보여줌으로써 실제의 협상 혹은 게임에서 약자가 유리할 수 있다는 사실을 충분히 암시해 주고 있다. 이것이 바로 게임이론의 힘이다. 바로 이러한 이유로, 게임과 게임이론은 현실을 이해할 수 있는 'Road map'을 제공해 준다고 할 수 있다. 경험많은 할아버지라는 말은 그래서 나온 것이다.

그러면 약자가 유리하게 될 수 있는 힘의 원동력은 무엇일까? 이 게임에서 보는 한, 그 원동력은 상황이다. 즉, 상황논리이다. 다시 말해, 자신이 처해 있는 상황을 객관적으로 볼 수 있는 눈을 기른다면, 상대방이 일시적으로 자기보다 강해 보인다 하더라도 결코 그것이 협상 혹은 게임에서 불리하게 작용하지 않는다는 것이다. 그러므로 상황을 제대로 파악하는 안목이 무엇보다 중요하다.

그러면 그러한 안목을 기르기 위한 기본적인 덕목 혹은 마음가짐은 무엇일까? 평범하지만 그것은 사물을 있는 그대로 볼 수 있는 능력, 즉 편견과 아집, 선입견에 물들지 않는 것이다. 상대 돼지가 크다는 사실에 주눅들지 않고, 자기의 행위와 상대방의 행위가 가져다주는 결과를 객관적으로 분석할 수 있다면, 최소한 10번 싸워서 한두 번이라도 큰 돼지를 이길 수 있지 않을까?

11
용감한 자와 비겁한 자는
종이 한 장 차이

꼬마 둘이서 누가 용감한가 시합을 한다. 철도가 오가는 철로 위에 누워 있다 기차가 자기에게 가장 가까이 왔을 때 일어나는 게임이다. 당연히 가장 늦게 일어나는 자가 이긴다. 목숨을 건 시합이지만 일찍 일어난 꼬마는 시무룩하다. 겁쟁이라는 비난 때문이다.

우리는 이러한 꼬마들의 행동을 보면서 "이놈들, 그러다 죽을려고 그래" 하고 단단히 혼을 낸다. 그러면서 "어린 것들이 위험한 것도 모르고…" 하면서 혀를 찬다.

그런데 말이다, 그런 말을 하는 당신도 가끔은 그런 일을 하지 않는가? 짧은 시간에 담배 많이 피우기, 폭탄주로 만취된 상태에서 수 폭주 마시기, 자기 차를 추월한다고 고속도로에서 자동차 경주하기, 혹시 이렇게 하지는 않는가?

경험많은 현명한 할아버지는 이렇게 이야기한다.

사소한 일에 목숨을 걸지 마라. 자존심은 필요한 때 살려라.

자, 그럼 할아버지가 들려주는 옛날 이야기, 즉 게임모형을 하나 들어보기로 하자.

겁쟁이 게임

두 사람이 한 길에서 마주보고 자동차를 운전하고 있다. 두려움이 없다. 그래서 누가 더 용감한가 아니면 누가 더 겁쟁이인가를 알아보기로 했다.

두 사람이 선택할 수 있는 행동은 마주본 자동차가 충돌하기 전에 핸들을 꺾든가(Swerve) 그렇지 않으면 충돌하게 내버려두는 것이다(No Swerve). 당연히 핸들을 꺾으면 바보, 겁쟁이라는 평판을 받게 되지만, 상대방이 핸들을 꺾지 않더라도 최소한 죽지는 않는다. 마주보고 충돌하면 어떻게 될까? 당연히 둘다 겁쟁이라는 비난은 면할 수 있을지 모르나 죽을 가능성도 배제할 수 없다. 하지만 비난도 받지 않고, 자기도 죽지 않는 최선의 결과는 무엇일까? 당연히 자신은 핸들을 꺾지 않고 상대방이 핸들을 꺾는 것이다. 재미있는 것은 상대방도 이와 똑같은 생각을 한다는 것이다.

그래서 이 게임의 선호구도는 다음과 같이 결정된다. 각 사람에게 있어서 가장 바람직한 것은 자기는 핸들을 꺾지 않고(No Swerve) 상대방만 핸들을 꺾는 것이다(Swerve). 그 다음으로 바람직한 것은 둘 다 겁쟁이라는 별명을 들을지언정 핸들을 동시에 꺾어버리는 것이다. 가장 바람직하지 못한 것은 둘 다 핸들을 꺾지 않아 충돌해 버리는 것이다.

이러한 게임구조를 게임 매트릭스로 정리하면 다음과 같다.

A \ B	Swerve	No Swerve
Swerve	4 / 4	2 / 5 Ⓐ
No Swerve	5 / 2 Ⓑ	1 / 1

 이 게임의 균형은 무엇일까? 다시 말해 이 두 사람은 어떤 행동을 취하게 될까? 이 게임의 선호구도를 따르면 이 게임의 균형은 어느 한쪽은 핸들을 꺾지만 어느 한쪽은 핸들을 꺾지 않는 것이 된다(균형을 찾는 방법은 참고자료 5 참조). 즉, A와 B 모두 내쉬균형이 된다는 것이다. 하지만 둘 중 어느 것이 현실에서 택해지는 균형이 될지는 알 수 없다. 즉, 누가 실제로 핸들을 꺾게 되는지는 알 수 없다는 것이다.

사소한 일에 목숨을 걸지 마라

 할아버지의 교훈은 당신이 핸들을 꺾으라는 것이다. 겁쟁이라는 그런 사소한 일에 목숨을 걸 필요가 없다는 것이다.
 이 게임과 가장 비슷한 사례가 미국이 경험한 '미사일 위기'였다. 1960년대 초반 소련은 미국의 코앞인 쿠바에 미사일 기지를 설치하려 하였고, 이 사실을 감지한 미국은 이를 막기 위하여 쿠바해를 봉쇄하였다. 하지만 이런 봉쇄에도 불구하고 소련의 선박은 미사일을 싣고 쿠바로 항해를 계속하였다.
 이 게임의 구도는 간단하다. 미국의 핸들꺾기는 '쿠바해의 봉쇄를 해제하는 것'이고 소련의 핸들꺾기는 '미사일 배치의 철회'를 의미한다. 미국과 소련은 자신의 입장을 자발적으로 철회할 경우(핸들을 꺾을 경우) 국제사회에서의 평판에 손상을 입을 수밖에 없는 형편이었다. 하지만 둘 다 핸들을 꺾지 않을 경우 제3차 세계대전이 발생할 수도 있었다. 누구도 쉽사리 양보할 수 없는 상황이었지만, 어느 한 나라가 양보하지 않으면 충돌이 불가피한 상황이기도 하였다.

하지만 위에서 본 바와 같이 균형은 최소한 어느 한 나라가 양보를 한다는 것이었다. 누가 양보했을까?

현실에서는 미국 케네디 대통령과 소련 공산당 서기장과의 전화 통화를 통하여 미국과 소련이 서로 양보함으로써 최악의 결과는 피해갈 수 있었다고 한다. 역사는 미국의 알려지지 않은 양보가 더 많았다고 평가하지만, 그게 무엇인지는 알 수가 없다. 하지만 "당신이 껵어라"라는 할아버지의 교훈은 여전히 유효하다.

12

마음 가는 곳에
몸도 가게 마련

만약 당신이 수업을 들으려고 강의실로 갔는데 거기서 다음과 같은 공고를 보았다고 하자.

〈공고〉
우리 과(가상으로 협상대학교 게임학과라 하자)의 종강파티를 다음과 같이 개최하니 한 사람도 빠지지 않고 참석해 주기 바랍니다.
언제 : 2001년 12월 18일 오후 7시부터
어디서 : 학교 주변의 호프집에서

이 공고를 본 당신은 고개를 갸우뚱한다. 당연하다. 이 공고에는 가장 중요한 사항이 하나 빠져 있기 때문이다. 오후 7시에 어디로 가야 종강파티에 참석할 수 있는지 그 정보가 빠져 있기 때문이다. 당신이라면 이 파티에 참석하기 위하여 어디로 갈 것인가?

1) 당신이 생각하는 학교 주변의 가장 맛있는 호프집
2) 오후 7시에 학교 정문에서 기다린다
3) 오후 7시경에 과사무실로 간다

실제 이러한 실험을 한 결과 가장 많은 학생들은 3번의 행동, 즉 과사무실로 가는 행동을 택했다. 왜 그럴까? 당신이 협상학과 학생이기 때문에, 과사무실에서 기다리는 것이 너무 당연하기 때문이다. 좀 전문적인 이야기를 하면 게임학과 학생들은 무언(無言)의 협상(tacit negotiations)을 한 셈이 되었고 그 결과, 과사무실에서 만나기로 협상의 타결을 보았다는 것이다.

다른 예를 하나만 더 들기로 하자. 다음의 지도를 잘 보기 바란다. 공수부대원들이 지도에 표시된 공장을 폭파하기 위하여 낙하산으로 뛰어내렸다. 단, 그들의 지휘자가 다소 서두르느라 어디서 모

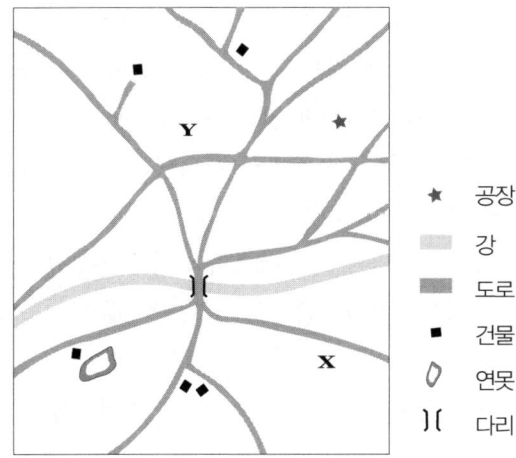

〈그림 1〉 공수부대원들이 모이는 장소

일지 그 집결장소를 결정하지 않았다. 당신 혼자서는 공장을 폭파할 수 없기 때문에 모든 대원이 한자리에 모여야 한다. 당신이 공수부대원이라면 〈그림 1〉의 지도를 보고 다른 부대원들을 만나기 위하여 어디로 갈 것인가?

이 실험의 결과, 거의 대부분의 부대원들이 다리 위에서 만나는 것으로 드러났다. 이 부대원들 역시 무언의 협상을 한 셈이고, 그 결과 다리라는 협상의 결과를 만들어낸 셈이다.

왜 그럴까?

서로 끌리는 이상한 힘

우리는 제2부에서 사람과 사람 사이의 협상을 본격적으로 논의할 것이다. 여기서는 그 이전에 협상의 타결이 어떻게 이루어지는지를 잠깐 이야기하고, 그것이 여기서의 논의와 어떠한 관계를 가지는지 생각해 보기로 하자.

협상의 타결은 협상 대상자의 예측이 서로 일치하는 경우에 이루어진다. 다시 말해 협상의 타결은 '협상에 참여하는 사람들이 상대방이 무엇에 합의할지 서로 일관된 믿음을 가질 때(when they share mutually consistent beliefs about what the other will agree to)' 이루어진다. 이론적으로 그 협상의 타결점이 불명확하다는 것은 서로 합의할 수 있는 타결점이 매우 많을 수 있다는 것을 시사한다.

위의 두 예에서 보는 바와 같이 게임학과 학생들이 반드시 과사무실로 모인다는 어떠한 보장도 없었고, 많은 학생들이 서로 합의했다면 자기들이 좋아하는 호프집이나 학교 정문에서 기다릴 수도 있었다. 그리고 부대원들이 하늘에서 뛰어내리기 전 뒤늦게 모이는 장소를 정하지 않았다는 것을 알고, 목소리 큰 대원이 "연못"이라고 주변 대원들에게 소리쳤다면 다리 위에서 만나지 않고 연못에서 만날 수도 있었다. 그러나 아무런 사전교감이나 의사전달이 없는 상태에서, 특정의 결과를 지지하는 협상상태가 존재한다면 이 특정의 결과는 협상이 타결될 수 있는 초점(focal point: 이하 포컬포인트)이라고 할 수 있다. 다시 말해 '과사무실'과 '다리'라는 특정의 장소에 대해 서로 암묵적으로 합의가 이루어진다면 이는 협상의 타결을 위한 포컬포인트의 역할을 할 수 있다는 것이다. 토마스 셸링은 이를 특정의 결과에 대한 내재적인 자석(The intrinsic magnetism of particular outcome)이라고 이야기하였다.

다양한 포컬포인트

무엇인가 합의가 이루어지기 어려울 때 다양한 요인들이 포컬포인트를 형성할 수 있다. 그 중 선례(先例)는 매우 강력한 포컬포인트로 작용한다. 과거에 이러한 경우에 저러한 합의가 있었다는 것은 현재나 미래에도 그럴 수 있다는 개연성으로 작용하는 것이다.

아프리카의 어느 부족에서는 사냥의 대가를 나누는 과정에서 항상 가위바위보로 결정하는 전통이 있다고 한다. 그 사냥을 하는 데 있어서 누가 더 많이 기여했는지 분명하지 않기 때문이다. 만약 가위바위보로도 승부가 나지 않을 때는 엄지손가락의 길이로 사냥의 대가를 나눈다고 한다. 하지만 부족원 누구도 이러한 방식에 이의를 제기하지는 않는다. 왜? 과거부터 그러해 왔기 때문이다. 즉, 역사와 전통의 자취가 서려 있는 관례 혹은 선례이기 때문이다.

돈을 나누는 데 적용되는 포컬포인트

공부를 잘하고 못하고, 키가 크고 작고, 몸무게가 무겁고 가벼운 것과 관계없이 500명 혹은 그 이상의 학생을 모아 놓고, 2명씩 한 조를 만든다. 그리고 각 조에 1,000원이라는 돈을 주고 서로 나누도록 한다. 자, 그러면 어떻게 돈을 나누는 경우가 가장 많을까?

공정하고 객관적인 환경에서 행해진 실험에 의하면 돈의 배분에 참여한 학생들은 대개 50 대 50의 비율로 돈을 나누는 경향을 보여주었다고 한다. 왜 하필이면 50 대 50인가? 그들에 의하면 그것이 제일 합리적인 것으로 보였다는 것이다. 만약, 돈 1,000원 대신 빵 한 덩이를 나누기로 했다면 어떻게 했을까? 역시 50 대 50의 기준을 적용했을 것이다. 그러나 빵을 나누는 경우, 돈을 나누는 경우와는 달리 정확히 50 대 50으로 나누기는 매우 어려웠을 것이다. 그래서 그들은 눈대중으로 서로 비슷하게 보이는 정도로 나누었을 것이다.

이러한 경험이 보여주는 것은 두 사람이 돈과 빵을 나누는 데 있어서 중요한 것은 50 대 50이라는 '엄밀한 잣대'가 아니라, 50 대 50으로 '보여지는 외형적 기준'이라는 것이다. 즉, 실제로는 50 대 50이 아니더라도 외형적으로 그렇게 보여지거나 인식될 수 있다면, 바로 그 지점에서 협상이 타결될 수 있다는 것이다. 이것은 엄밀히 말하면 공정(fair)하지 않다. 하지만 공정하지 않다는 것이 이 배분의 약점이 될 수는 없다.

13

PD게임을 닮은
국제무역[5]

우리가 보고 듣는 국제무역협상은 대개 무역장벽을 철폐할 것인가 혹은 유지할 것인가를 논의의 대상으로 삼고 있다. 이러한 협상은 국제무역이론의 도움을 빌리면 기본적으로 PD게임의 구조를 가지는 것으로 드러난다. 즉, 국제무역협상의 경우에도 앞에서 살펴본 배신과 협력의 기본구도가 그대로 적용된다.

이러한 사실을 구체적으로 이해하기 위하여 다음과 같은 게임을 생각하기로 한다. 두 나라, A국과 B국이 무역장벽의 철폐를 위한 협상을 개시하였다. 두 나라 모두 '장벽을 철폐' 하거나, '장벽을 유지' 한다는 두 행위 중에서 하나를 선택해야 한다. 두 나라의 국가 크

주5) 제13장과 제14장은 앞서 설명한 PD게임을 국제무역의 경우에 적용시킨 것으로 다소 전문적인 내용을 담고 있으며, 균형과 그 의미를 반복적으로 설명하고 있다. 이 문제에 특별한 관심이 없는 경우 제15장으로 건너뛰어도 전체 내용을 이해하는 데는 아무런 지장이 없다.

기는 서로 같은 것으로 간주한다.[6] 이러한 무역협상을 게임의 요소에 의해 정리하면 다음과 같다.

1) 협상참여국(player): A, B국(두 나라의 크기는 같다고 가정)
2) 선택할 수 있는 행동(action): 장벽의 철폐, 장벽의 유지
3) 선택된 행동에 의한 결과(payoffs): 거듭 밝히지만 여기서 제시된 payoffs는 임의적으로 숫자를 나열한 것이 아니라 국제무역이론을 바탕으로 하여 정해진 것이다.

⟨A국의 관점에서 본 선호구조⟩

A국 \ B국	장벽의 철폐	장벽의 유지
장벽의 철폐	Second	Worst
장벽의 유지	Best	Third

위 그림은 A국 입장에서의 'payoffs' 구조를 나타낸 것으로, 협상의 선호구조는 다음과 같이 정리된다. ① 자신은 장벽을 유지하면서 상대방은 장벽을 철폐하는 것, ② 둘 다 장벽을 철폐하는 것, ③ 둘 다 장벽을 유지하는 것, ④ 자신은 장벽을 철폐하는데 상대방은 장벽을 유지하는 것. 하지만 두 나라 모두 같은 규모의 크기를 가지고 있기 때문에 B국의 선호구조도 A국과 다를 바 없다. 다시 말해 두 나라의 선호구조는 같다.

주6) 두 나라의 크기가 같다는 것은 매우 중요한 의미를 가진다. 두 나라의 크기가 다를 경우 이 장에서 제시된 분석 전체가 의미를 잃게 될 수도 있다. 우리의 분석구도에서 중요한 것은 보복을 할 수 있는 능력인데 작은 나라는 사실상 큰 나라에 보복을 할 수 없기 때문이다.

선호구조로 본 두 나라의 무역협상

당연한 이야기이지만 이러한 선호구조가 변하면 우리가 여기에서 분석하려는 국제무역협상은 PD게임이 아닌 다른 형태의 게임으로 변한다. 그러므로 어떠한 협상을 분석하기 전에 이러한 선호구조를 살피는 노력은 매우 긴요하다. 이제 두 나라의 무역협상을 선호구조의 형태로 표시해 보자. 그러면 다음과 같은 표로 정리된다.

〈선호구조로 표시된 PD게임 형태의 국제무역협상〉

A국 \ B국	장벽의 철폐	장벽의 유지
장벽의 철폐	S / S	W / B
장벽의 유지	B / W	T / T

위에서 살펴본 PD게임 역시 이러한 선호구조로 표시할 수 있음은 지극히 당연한 일이다. 이제 이것을 익숙한 숫자로 표시하면 다음과 같은 표를 얻게 된다. 거듭 강조하지만 이 그림에서 중요한 것은 제시된 'payoffs'의 절대적 크기가 아니라 'payoffs'의 상대적 크기이다.

〈숫자로 표시된 국제무역협상〉

A국 \ B국	장벽의 철폐	장벽의 유지
장벽의 철폐	4 / 4 ㉮	1 / 5 ㉯
장벽의 유지	5 / 1 ㉰	2 / 2 ㉱

이 게임의 균형은 어디인가

　이 게임의 균형은 어디인가? 이 책의 내용을 차근차근 따라온 독자라면 균형이 ㉯임을 쉽게 알 수 있을 것이다(균형을 다시 하나하나 찾아보기를 원하다면 참고자료 6 참조).
　PD게임의 분석에서 본 바와 같이 균형인 ㉯는 개별적으로는 합리적이지만(individually rational) 사회 전체적으로는 합리적이지 않다(collectively irrational). 그리고 상황 ㉮에 비하여 비효율적이다. 각국이 장벽을 유지하는 것은 자국의 경제적 이익을 극대화하기 위해 취해진 조치이긴 하지만, 결과적으로는 세계경제 전체의 후생을 저하시키는 결과를 가져온 것이다.

상대를 속이도록 유도하는 요인

　다시 말해 서로 협력을 할 경우(서로 장벽을 철폐할 경우) 전세계적으로 더 바람직한 경제적 결과를 얻을 수 있음에도 불구하고, 그들은 그렇게 하지 못하고 있다. 그것은 제2부에서 설명한 대로 이 게임에는 두 나라가 서로 상대방을 속이도록 유도하는 요인(incentive for cheating)이 있기 때문이다.
　예컨대 어떠한 이유로 두 나라가 서로 장벽을 철폐하기로 약속을 했다 하더라도, 두 나라는 그 약속을 지키지 않음으로써 더 큰 이득을 얻게 된다는 것이다. 죄수들이 검사들 앞에서 서로 부인(협력)하지 못하고 자백(배신)하는 것과 같은 구조인 것이다.
　그러면 자연히 다음과 같은 질문을 떠올릴 수밖에 없다.
　어떻게 하면 두 나라가 서로 장벽을 유지하는 딜레마에 빠지지 않고 서로 장벽을 철폐할 수 있을 것인가? 다시 말해 어떻게 하면 서로 배신하지 않고 협력할 수 있을 것인가?

국제기구는 왜 필요한가

국제기구의 필요성은 PD게임에서 죄수들의 협력을 유도하기 위한 방안과 너무 흡사하다. 그래서 국제기구의 필요성은 다음과 같이 정리할 수 있다.

첫째, 국제기구는 두 나라 사이를 일회적 관계가 아닌 지속적 관계로 만들어준다. 게임의 구조로 이야기하면, 국제기구의 존재는 단 한 번 이루어지는(one shot) PD게임을 무한히 반복되는(infinitely repeated) PD게임으로 바꾸어주는 역할을 한다는 것이다. 다시 말해 국제경제기구는 두 나라가 자주 만나는 장(場)을 제공함으로써, 두 나라 사이에 협력이 가능하게 하는 분위기를 만들어준다. 국제기구에서의 활동은 나라별로 서로 연결(linkage)되어 있기 때문에 단 한 번으로 끝나는 무역문제가 있더라도, 다른 무역문제와 연결되기 때문에 쉽게 배신을 하지 못한다는 것이다.

둘째, 약속을 지키지 않는 국가에 대한 제재조치(무역보복)를 허용함으로써 약속을 지키게 하는 유인을 제공한다. GATT와 WTO의 경우 국가간의 무역분쟁에 적용되는 분쟁해결절차를 가지고 있고, 이 절차에 의해서도 두 나라 사이의 분쟁이 해결되지 않을 경우 보복조치를 허용하고 있다.

이처럼 국제기구는 협력을 하는 것이 배신할 경우에 비하여 더 유리한 여건을 만들어준다. 물론, 이러한 여건이 만들어질 수 있는 것은 보복의 가능성 때문이다. 앞서의 표현을 빌면 '나는 네가 지난 여름에 한 일을 알고 있기 때문에 결코 가만있지 않겠다'는 것이다.

이제 이러한 구도를 수학적으로 정리하면 〈참고자료 7〉로 정리할 수 있다. 물론 〈참고자료 7〉은 건너뛰어도 무방하다.

14

국제기구의 한계

"GATT is dead!"

지난 1980년대 후반, 미국의 저명한 국제경제학자인 바그와티(Bhagwati) 교수가 한 말이다. 이것은 당시 우루과이라운드 출범을 앞두고, 자유무역주의가 위축되고 세계무역질서는 왜곡되어 있음을 빗대어 한 말이다. 선별적인 회색무역규제조치의 만연으로 GATT의 무차별원칙은 흔들리고 있었고, 지역주의의 확산으로 GATT의 다자주의가 기능을 발휘하지 못하고 있었다는 것이다.

비단 교수의 이 말이 아니더라도 국제기구, 정확히 말하면 국제경제기구는 만능이 아니다.

협력과 협력 가능성의 차이

앞의 장에서 설명한 바와 같이 국제경제기구의 존재는 단지 국가간의 협력 가능성을 높여줄 뿐, 협력 그 자체를 보장하지는 않는다. 이것은 두 가지 관점에서 파악할 수 있다.

하나는 게임이론적인 관점이다. 무한히 반복되는 게임을 가정할 경우, 어떠한 이유로 협력하는 대신 계속하여 배신하는 것(협력하지 않는 것)이 균형이 될 수 있다. 다시 말해 무한히 반복되는 게임의 균형은 하나가 아니라는 것이다. 그래서 어떠한 이유로 두 나라가 계속하여 협력하지 않는다면, 국제기구의 중재에도 불구하고 협력이 이루어지지 않을 수도 있다.

둘째는 현실적인 관점이다. 국가간의 경제력이 현저히 차이가 날 경우 국제기구의 존재에도 불구하고 협력이 이루어지지 않을 수도 있다. 미국과 약소국 사이에 분쟁이 발생할 경우 미국이 양보를 하거나 협력을 해야 두 나라 사이의 협력이 가능한데도, 미국이 그럴 의사를 보이지 않는다면 국제기구로서는 사실상 속수무책일 수밖에 없다. 설사 국제기구가 약소국에게 보복의 권한을 부여한다 해도 실질적으로 약소국이 미국에게 보복을 할 수 있는 방법은 없다. 이 경우 국제기구의 존재는 현저히 약화된 것이라고 할 수 있다.

또 하나 강대국과 강대국 사이의 무역분쟁이 발생할 경우에도 이와 유사한 사태가 발생하기도 한다. 예컨대 EU와 미국 사이에서 발생한 바나나 무역분쟁, 성장호르몬을 함유한 쇠고기 수입, 유전자 변형식품의 수입, 철강재에 대한 무역분쟁이 대표적인 경우이다. 이러한 분쟁의 경우 미국과 EU는 WTO의 권고를 듣지 않고 서로 상대방을 비난하고 무역보복조치를 취하고 있다. 하지만 여기서 행해지는 보복조치는 WTO의 권고하에 상대방이 약속을 지키지 않아서 행해지는 것이 아니라, 아무런 권고없이 자신의 일방적인 판단에 의해 시행되는 보복조치에 불과하다. 즉, 국제기구의 존재에도 불구하고 협력과 협력이 이루어지는 선순환이 아니라, 보복과 보복이 일어나는 악순환이 반복되기도 한다는 것이다.

그래서 국제기구는 국가간 협력의 가능성을 높일 뿐, 협력 그 자체를 보장하는 것은 아닌 것이다.

국제기구의 힘도 변한다

지난 40여 년간의 GATT 역사를 살펴보면, 국가간 협력이 잘 이루어진 시기도 있고 그렇지 않았던 시기도 있다는 것을 발견하게 된다. 협력이 잘 이루어진 시기는 상대적으로 GATT의 효력이 상당했다는 것이고, 그 반대의 시기는 그렇지 않았다는 것을 의미한다. 이것은 다음의 그래프에 잘 나타난다. 즉, GATT의 출범 이후 1970년대 초반까지 GATT는 상당한 힘을 발휘하여 국제무역환경을 개선하는 데 일조했다는 것이다.

이 현상에 대해서는 다음의 두 가지 설명이 가능하다. 첫 번째는 미국 등 강대국이 GATT에 협력했던 시기가 국제기구가 효력을 발휘했던 시기라고 보는 시각이다. 이것은 전형적으로 국제경제 관계에서 힘과 권력을 강조하는 학파의 입장이다. 두 번째는 전세계 소

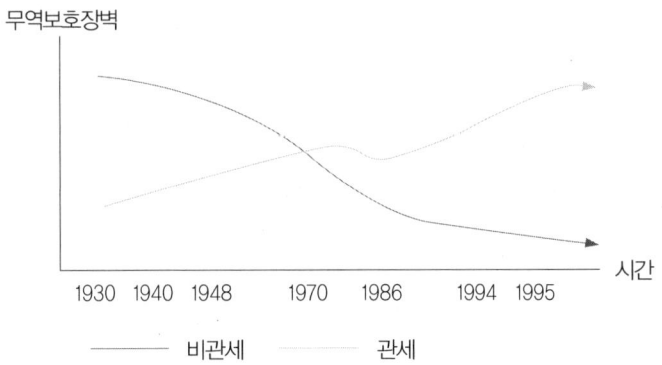

국(小國)들이 GATT에 협력했을 때 국제기구가 효력을 발휘한다고 보는 의견이 그것이다. 이 견해는 GATT라는 국제경제기구가 제대로 기능하기 위해서는 소수의 강대국보다는, 경제규모는 작을지라도 다수의 나라가 협력하는 것이 바람직하다고 주장한다. 하지만, 현실적으로는 어느 한쪽의 견해가 전적으로 맞다기보다는 서로 상호보완적인 것으로 보는 것이 타당할 것이다.

15

에필로그
객관은 편견의 어머니

우리는 지금까지 게임이론이 무엇인가를 주마간산(走馬看山) 식으로 살펴보았다. 그리고 그 게임이론의 본질이 지혜로운 할아버지의 통찰력과 비슷하다는 것을 강조해 왔다.

그러면 제1부를 끝내는 이 자리에서 게임이론을 현실의 우리 생활에 적용하기 위해 무엇이 가장 필요한지를 한번 정리해 두는 것도 괜찮을 것 같다. 이런 목적을 위해서는 다시 한번 게임이론의 정의를 돌이켜볼 필요가 있다.

"상호의존적인 상황에서의 합리적인 행동을 연구하는 것."

무엇이 가장 중요할까? 상호의존? 상황? 합리성?
본문에서 강조한 바와 같이 세 가지 모두 중요하다. 그러나 이 세 가지 중에서 한 가지를 선택하라면 '상황'을 선택할 수밖에 없다.

상황에 따라서 합리성은 다른 형태를 가지고, 상황에 따라 상호의존의 성격은 달라지기 때문이다.

그러면 상황이 중요하다는 것은 무엇을 의미하는가? 그것은 상황을 있는 그대로 본다는 것이다.

개인적인 경험 하나로 이야기를 시작하자.

비틀즈와 Let it Be!

내가 자랄 무렵, 나는 비틀즈라는 그룹의 노래를 들어서는 안 되는 것으로 알았다. 나는 착실한 학생이었고, 이 그룹은 결코 건전한(?) 그룹이 아니었기 때문이었다. 그렇게 생각하게 된 결정적 동기는 그들이 〈될 대로 되라〉라는 노래를 불렀기 때문이었다. 노력도 하지 않고 될 대로 되라는 불량배들….

〈될 대로 되라〉가 비틀즈의 무슨 노래인지 아는가? 바로 〈Let it be〉다. 나는 〈Let it be〉를 이렇게 번역한 1960년대 한국의 번역가와, 그것을 그대로 받아들인 그때의 내 영어실력을 두고두고 반성하고 또 반성한다.

"있는 그대로 두어라." 아마 이 정도가 이 말의 정확한 번역이 될 것이다. 게임이론식으로 번역하자면 "사물을 있는 그대로 보아라"가 될 것이다. 그 유명한 노래 가사를 다시 한번 적어본다.

When I find myself in times of trouble, mother Mary come to me, speaking words of wisdom, "Let it be, Let it be, Let it be"

가사가 말하는 바와 같이 'Let it be'는 지혜의 말이다. 고통스럽고 괴로울 때 모든 것이 자기를 등진 것 같고 우울함의 함정에서 빠

져나오지 못할 때 그것을 극복할 수 있는 방법은,

"사물을 있는 그대로 내버려두어(객관화시킨 뒤) 문제의 본질을 살펴라"는 것이다.

사물과 상황을 있는 그대로 보라

지금까지 제1부에서 설명한 게임이론의 가장 중요한 시사점은 '사물과 사건을 있는 그대로 보라'는 것이다. 그래야 지금 내가 직면하고 있는 문제 혹은 위기가, 사실은 단순한 사건에 자신의 복합된 감정이 얽혀 있는 경우가 많다는 것을 알 수 있다는 것이다.

문제는 없다. 단지, 어떤 사건이 있을 따름이고 그 사건을 문제로 생각하는 당신의 인식이 있을 뿐이다. 그러니 그대로 내버려두어라.

이런 말도 있지 않은가?

"두려움과 공포는 그 대상에서 오는 것이 아니라, 그 대상에 대한 우리의 생각에서 온다."

불자는 아니지만 불교에서 말하는 진리 중 게임이론의 할아버지가 주는 교훈과 가장 흡사한 것은 변하지 않는 것은 없다는 것이다. 세상은 시간이 가면 모두 변한다. 어린 아이는 어른이 되고, 그 어른은 다시 가고, 꽃은 피지만 다시 지고, 새는 울지만 다시 멈추고… 그래서 같은 것은 하나도 없고 시간이 흐르면 모든 것은 변한다.

그래서 지금 당신의 학벌이 보잘것 없을지라도 그것은 영원한 모습이 아니고, 가난하더라도 그것 역시 영원한 모습이 아니고, 실연의 상처에 허덕이더라도 그것 역시 영원한 모습은 아니다. 힘이 약해 허우적거리더라도 그것 역시 영원한 것은 아니다. 미안한 말이지만, 당신이 지금 사랑에 빠져 있다면 그것 역시 영원한 것은 아니다. 변하고 또 변하는 것이다.

이러한 것은 비단 개인에만 국한되는 것이 아니라 사회와 국가에도 그대로 적용된다. 지금은 "이 놈의 빌어먹을 사회"일지 모르지만 "아름다운 우리나라"가 될 수 있고, 지금은 "비전없이 강대국 사이에 끼여 허덕이는 허약한 나라"일지 모르지만 조만간 "세계를 호령하는 정신적 강대국"이 될 수도 있다.

그래서 지금 이 순간, 모든 변하는 것의 현재 모습을 바로 보는 것이 무엇보다 중요하다는 것이다. 게임이론의 상황연구는 바로 이것을 의미하는 것이다. 편견에 물들지 않고, 아집에 사로잡히지 않고, 과거의 경험에 집착하지 않은 채, 모든 일이 발생하는 그 순간의 구도, 그 순간의 현상을 파악하라는 것이다.

하지만, 사물을 있는 그대로 보려면 어떻게 해야 할까?

남의 눈의 티를 탓하지 말고 네 눈의 들보를 뽑아라

생각은 세상을 보는 하나의 눈이다. 어떤 선글라스를 택하건 그건 당신의 자유다. 그러나 진정으로 사물을 있는 그대로 보기 위해서는 먼저 당신이 자신을 바로 보고 있는지 관찰하지 않으면 안 된다.

자신이 사물을 있는 그대로 볼 수 있을 때에야

착한 것이 어리석은 것이 아님을(제9장),

약한 것이 약한 것이 아님을(제10장),

강한 자의 으스댐이 허세에 불과함을(제10장),

외형적인 비겁함이 진정한 용기일 수 있음을(제11장)

이해하게 된다.

그러니 자기가 가지고 있는 생각의 근원부터 다시 한번 관찰해 보라. 거기에는 편견이 있을 수 있기 때문이다. "저 죽일 놈" 하는 욕이 나오면 "저 사람의 행위가 미운 것이지 저 사람 자체가 미운 것은 아니지 않은가"라는 생각을 하고, "이런 빌어먹을 세상"이라는 저주가 나온다면 "세상보다는 당신 자신이 자신을 저주하고 있지는 않은가"라는 생각을 해야 하지 않겠는가?

"저 놈만 없다면", "돈만 좀더 있다면", "조금만 더 건강하다면" 하는 생각 역시 다시 한번 그 근원을 볼 필요가 있지 않을까?

그래서 아래의 충고는 내가 하는 것이 아니다. 세상을 현명하게 살다간 성인들이 하는, 그리고 경험많은 할아버지가 주는 진심어린 조언이다.

사물을 있는 그대로 보고 싶은가?
그러면,
남의 눈의 티를 탓하지 말고 네 눈의 들보를 뽑아라.

참고자료 1

PD게임의 구조에 대한 이해

PD게임에서 중요한 것은 'payoffs'의 절대적 크기가 아니라 'payoffs'의 상대적 크기이다. 아래 게임 매트릭스에서 보는 바와 같이 'payoffs'의 상대적 크기를 유지하면서 절대적 크기를 바꾸더라도 게임의 균형에는 아무런 변화가 없다. 다시 말해 아래에 보여지는 두 개의 게임 매트릭스의 'payoffs' 구조는 똑같기 때문에 게임의 균형에는 아무런 변화가 없는 것이다.

−10, −10	−150, 0
0, −150	−80, −80

−1, −1	−15, 0
0, −15	−8, −8

이것을 좀더 자세히 다음과 같이 설명할 수 있다. 아래의 게임 매트릭스에서 보는 바와 같이 'payoffs'에 특정의 숫자를 대입하지 않고 'payoffs'의 상대적 크기를 PD게임의 'payoffs' 구조와 같이 일치시키면 그 균형은 여전히 변하지 않게 된다. 즉, 아래 그림과 같이 'payoffs'의 상대적 크기를 순서대로 정리해 넣으면 균형점은 전과 같이 ㉣ 가 된다는 것이다.

⟨게임 매트릭스⟩

A \ B	No 자백(부인)	자 백
No 자백(부인)	S / S ㉮	W / B ㉯
자 백	B / W ㉰	T / T ㉱ 균형점

⟨B: Best, W: Worst, S: Second T : Third⟩ ← payoffs 구조

이렇게 설명할 수도 있다. 이 게임 매트릭스는 네 가지 상황을 가정하고 있고, 이 네 가지 상황에 대하여 두 사람의 선호구조는 다음과 같이 정리할 수 있다. A가 선호하는 상황은 ㉰, ㉮, ㉱, ㉯의 순서이며, B가 선호하는 상황은 ㉯, ㉮, ㉱, ㉰의 순서이다. 따라서 이러한 선호구조가 변화하지 않는 한 균형은 항상 ㉱일 수밖에 없다.

참고자료 2

기업의 배신과 협력

이 사례는 기업의 담합에 대한 사례이다. 기업들은 자신들이 판매하는 상품의 가격을 공동으로 결정함으로써 더 큰 이익을 볼 수 있다. 아래의 사례에서 두 회사는 각각 높은 가격 혹은 낮은 가격을 설정할 수 있고, 자기 기업의 이익은 다른 기업의 선택에 의하여 영향을 받는다. 그 결과 각 기업의 선택에 따른 게임 매트릭스는 다음과 같이 결정된다.

이 게임의 구조와 의미와 관련, 필자가 모든 과정을 설명하기보다는 아래의 분석과정을 따르는 것이 독자들에게 유익할 것이다. 이 책을 찬찬히 읽은 독자라면 충분히 문제를 풀 수 있을 것으로 생각한다.

B회사 \ C회사	높은 가격	낮은 가격
높은 가격	10 / 10	1 / 15
낮은 가격	15 / 1	4 / 4

1. 이 게임의 구도는 우리가 논의해 온 어떠한 게임의 구조를 가지는가? 그리고 그 이유를 설명하라.
2. 균형은 무엇인가?
3. 개인적 합리성과 사회적 합리성을 구분하라.
4. "개인적 합리성의 결과 내쉬균형이 성립한다." 옳고 그름을 설명하라.
5. 집단적 합리성이 일어나지 못하는 이유는 무엇인가? 설명하라.
6. 협력을 보장할 수 있는 구체적 방법을 설명하라. 여기에는 ① 법률의 보호를 받는 계약을 체결하는 방법, ② 이 게임을 반복하여 진행하는 방법이 있다. 설

명하라.
7. 무한히 반복되는 게임에서는 보복(retaliation)의 개념을 도입함으로써 협력이 이루어질 수 있다. 그러나 협력이 이루어지기 위해서는 ① 미래에 대한 관심이 커야 하고, ② 약속을 어기는 행위를 관찰할 수 있어야 한다. 설명하라.
8. 하지만 무한히 반복되는 게임에서도 위에서 말한 조건이 갖추어진다고 해서 반드시 협력이 일어난다는 보장은 없다. 단지 협력이 이루어질 가능성이 높아질 따름이다. 다시 말해 단 한 번 이루어지는 게임에서의 균형이 무한히 반복되는 게임의 균형이 될 수도 있다. 그 이유는 무엇인가?

참고자료 3

미국과 소련의 핵무기 경쟁

냉전이 종식되기 전까지 미국과 소련의 가장 심각한 현안 중의 하나는 핵무기를 어떻게 감축하느냐는 것이었다. SALT라는 협정이 체결되어 단계적으로 핵무기가 감축되고 있는 것으로 알고 있지만, 그 협정이 체결되기 전까지는 미국과 소련의 핵무기 생산은 전형적인 PD게임의 사례였다.

간단한 게임을 생각해 보자. 핵무기에 관한 한 미국과 소련이 선택할 수 있는 행동은 '핵무기를 감축'하거나 '핵무기를 증가'시키는 것뿐이었다. 이러한 두 나라의 행동을 염두에 두고 게임 매트릭스를 구성하면 다음 그림과 같이 된다. 본문에서 충분히 설명했지만 여기에 제시된 'payoffs'는 그 상대적 크기가 중요한 것이지, 절대적 크기는 중요하지 않다. 다시 말해 미국과 소련이 선호하는 상황의 순서는 ① 자신은 핵무기를 증가하고 상대는 핵무기를 감축, ② 둘 다 핵무기 감축, ③ 둘 다 핵무기 증가, ④ 자신은 핵무기를 감축하고 상대방은 증가하는 것으로 된다.

미국＼소련	핵무기 감축	핵무기 증가
핵무기 감축	10 / 10	1 / 15
핵무기 증가	15 / 1	4 / 4

이 게임 매트릭스는 전형적인 PD게임이다. 그러면 균형은 무엇인가? 주지하는 바와 같이 미국과 소련 두 나라 모두 핵무기를 증가하는 것이다. 본문에서 설명한 바와 같이 둘 다 핵무기를 감축하는 보다 나은 상황이 있음에도 불구하고, 상호불신의 덫에 사로잡혀 서로 핵무기를 감축하는 결정을 내리지 못하고 있는 것이다. 왜 그런가? 만약 미국이 핵무기를 감축한다고 생각할 경우 소련으로서는 핵무기를

증가시키는 것이 자신에게 이롭기 때문이다. 똑같은 논리가 미국에도 그대로 적용된다.

그러므로 미국과 소련이 핵무기를 서로 감축하기 위해서는 두 나라가 동시에 핵무기를 감축해야 되고, 상대방이 핵무기를 정말로 감축하고 있는지 확인할 수 있는 메커니즘을 갖추어야 한다. SALT의 가장 핵심적인 사항이 바로 두 나라가 핵무기를 정말로 감축하고 있는지 어떻게 확인하느냐는 것이었다.

참고자료 4

Tit-For-Tat 게임

Tit-For-Tat 게임은 미국의 액셀로드(Axelrod) 교수가 제안한 것으로 PD게임에 있어서 상대방의 협력을 이끌어내기 위한 방편으로 고안된 것이다.

우선 무한히 반복되는 두 사람 사이의 PD게임을 생각한다. 게임을 시작하기 전에 A와 B 두 사람이 서로 협력을 하기로 했다고 가정하자. 제1기에는 두 사람 모두 약속을 지켜 협력을 할 수도 있고, 그렇지 않을 수도 있다. 가령 제1기에 A는 약속을 지키고, B는 약속을 지키지 않았다고 하자. 그러면 제1기에 있어서 B는 이익을 보고 A가 손해를 보게 된다. 그러면 제2기에서는 어떤 일이 발생하게 되나?

이러한 경우 A가 제2기 이후의 자신의 행동을 그 전의 기에 B가 한 행동을 그대로 따라하기로 결정했다고 하자. 예컨대, 제2기에 A는 B와 한 약속을 지키지 않는다. 즉, A는 그 전기(前期)에 B가 한 행동을 그대로 따라하기로 하는 것이다. 그러면 B의 입장에서는 제1기에는 다소 이익을 보았을지 모르나 그 이후에는 결코 이익을 볼 수 없게 된다.

왜 그런가? 둘 다 약속을 지키지 않을 경우 두 사람 모두 'payoffs'는 줄어들게 되기 때문이다. 이 두 사람을 미국과 소련으로 생각하고, 약속을 지키는 것은 핵무기 감축, 약속을 어기는 것을 핵무기 증가로 생각하면 이 상황은 매우 쉽게 이해된다. 미국이 그 전에 소련이 한 행동을 따라하면, 소련은 약속을 지키지 않음으로써 결코 장기적인 이익을 볼 수 없게 된다.

참고자료 5

겁쟁이 게임의 균형찾는 방법

다음의 순서대로 하면 균형을 찾을 수 있다.
1. B국이 'Swerve' 한다고 가정할 경우 A국의 최선의 행동은 무엇인가? 그 이유는?
2. B국이 'No Swerve' 한다고 가정할 경우 A국의 최선의 행동은 무엇인가? 그 이유는?
3. 경우에 따른 A국의 최선의 행동은 일정한가? 그렇지 않다면 그 이유는 무엇인가?
4. A국이 'Swerve' 한다고 가정할 경우 B국의 최선의 행동은 무엇인가? 그 이유는?
5. A국이 'No Swerve' 한다고 가정할 경우 B국의 최선의 행동은 무엇인가? 그 이유는?
6. 경우에 따른 B국의 최선의 행동은 일정한가? 그렇지 않다면 그 이유는 무엇인가
7. 이 게임의 내쉬균형은 무엇인가?
8. PD게임과 비교하여 다른 점은 무엇인가?[7]

주7) 8번은 별도의 답을 제시하는 것이 좋을 것 같아 이 지면을 통해 첨가하였다.
PD게임은 두 사람간의 의견교환을 통하여 파레토 최적인 다른 전략을 취할 수 있지만, 이 게임에서는 의견교환을 하더라도 옮겨갈 수 있는 파레토 최적인 전략이 존재하지 않는다. 즉, 이 게임에서는 최소한 어느 한쪽이 자신의 손실을 감소하지 않고서는 다른 전략을 취하는 쪽으로 옮겨갈 수 없다. PD게임에서는 내쉬균형이 하나밖에 존재하지 않지만, 이 게임에는 두 개나 존재하여 균형의 선택에 어려움이 있을 수 있다.

참고자료 6

PD게임 형태의 국제무역협상

1. B국이 장벽을 철폐한다고 가정할 경우 A국의 최선의 행동은 무엇인가? 이유는?
2. B국이 장벽을 유지한다고 가정할 경우 A국의 최선의 행동은 무엇인가? 이유는?
3. 1과 2를 결합하여 생각할 때 A국의 최선의 행동은 무엇인가? 이유는?
4. 3에서 나온 A국의 전략선택은 합리적인가? 그렇다면 그 이유는?
5. B국의 경우에서 위의 1, 2, 3, 4를 반복하라.
6. 그렇다면 이 게임의 균형은 어디인가?
7. 이 균형은 효율적(efficient)인가? 아니라면 그 이유는 무엇인가?
8. "이 균형점을 지탱하는 것은 상호불신이다"를 설명하라.
9. 효율적(efficient)인 결과가 나오기 위한 조건은 무엇인가?

참고자료 7

국가간 협력조건의 수학적 정리

이 문제를 정리하기 위해 앞의 표를 다시 인용하기로 하고 그것을 다음과 같이 정리하자. 앞의 표와 다른 점은 장벽의 철폐를 협력(Cooperation)으로 장벽의 유지를 비협력(Defect)으로 표시한 것이다.

그러면 우리의 질문은 다음과 같이 변한다.

두 국가가 장벽을 유지하는 대신 철폐하기 위한(협력하기 위한) 조건은 무엇인가?

〈협력의 조건〉

A \ B	C	D
C	S / S Ⓐ	W / B Ⓑ
D	B / W Ⓒ	T / T Ⓓ

c: cooperation(무역장벽 낮추기) / D: defect(cheating)(무역장벽 유지하기)

먼저 이 게임이 단 한 번 시행된다(one shot game)고 가정할 경우 이 게임의 상황논리에 의해 두 나라는 서로 협력하지 못하고 속이게 된다. 즉, 장벽을 유지하게 되는 구조에 빠지게 된다.

게임이 한 번 시행된다는 것은 두 나라가 무역관계나 통상관계에서 단 한 번만 만나게 되는 경우를 의미하는데, 이는 상당히 비현실적이다. 현실세계에서 무역은 매우 오래 지속된다. 여기서는 논리진행을 위해 두 나라의 관계가 무한히 계속된다(infinitely repeated game)고 가정하자. 그러면 균형은 어떻게 변하게 될까?

관계가 오래 지속될 경우에는 두 나라 중 어느 나라가 상대방을 속일 경우(무역장벽을 유지), 다음번에 그 나라는 속임을 당한 나라로부터 보복을 받을 수 있다. 그럴 경우 속임을 당한 나라가 취하는 보복은 역시 장벽을 유지하는 것으로 가정한다. 예를 들어, 두 나라가 장벽을 철폐하기로 가정해 놓고 A국이 장벽을 계속해서 유지할 경우, 다음번에 그에 대한 보복으로 B국 역시 장벽을 유지하는 행동을 취한다는 것이다.

이렇게 될 경우 두 나라는 어떠한 행동을 취하게 될까? 그것은 협력과 속임에 따른 'payoffs'의 크기에 의해 결정된다.

우선 B국의 입장에서 보도록 하자. 두 나라가 계속하여 협력할 경우 B국의 'payoffs'는 계속하여 S/S/S……가 된다. 하지만 현재(제1기로 표시하자) 속이는 행위(장벽을 유지)를 했다고 가정하면 B국의 현재 'payoffs'는 B(Best)가 된다(왜 그러한가?). 하지만 다음날부터 A국도 보복을 하기 때문에 그의 'payoffs'는 T/T/T/T……가 된다. 그러므로 계속 협력을 하기 위해서는, 협력을 한 뒤 얻게 되는 'payoffs'의 현재가치가 한 번 속인 뒤 계속하여 보복을 받게 될 경우 얻게 되는 'payoffs'의 현재가치보다 커야 한다. 여기서 현재가치의 개념[8]이 나온 것은 그 결정이 현재의 관점에서 이루어지기 때문이다.

할인율을 q로 표시할 경우 협력을 한 뒤 얻게 되는 'payoffs'의 현재가치 (Benefit)는 다음과 같이 표시된다.

$$Benefit(q) = S + qS + Sq^2 \cdots\cdots$$
$$= S(q + q^2 + q^3 + \cdots\cdots)$$
$$= \frac{1}{1-q} S$$

주8) 현재가치(present value)란 미래 어느 시점의 가치를 지금의 가치로 환산한 것을 말한다. r을 이자율이라고 할 때 현재 시점에서 100만원은 미래 어느 시점의 100만원(1+r)이 되므로, 미래 시점의 100만원이라는 것은 현재의 100만/1+r이 된다. 이 경우 1/1+r을 할인율(discount rate)이라고 한다. 따라서 현재가치를 구하기 위해서는 현재의 금액에 1/1+r만 곱하면 된다. 하지만 보통 할인율을 1/1+r로 표시하지 않고 q와 같이 간단한 형태로 표시한다.

한 번 속인 뒤 계속하여 보복을 받게 될 경우 얻게 되는 'payoffs'의 현재가치 (Cost)는 다음과 같이 표시된다.

$$\text{Cost}(q) = B + qt + q^2t + q^3t \cdots\cdots$$
$$= (B - T) + \frac{1}{1-q} T$$

그러므로 협력이 계속하여 이루어지기 위해서는 Benefit(q) > Cost(q)의 조건이 충족되어야 한다. 이것은 $S > B - T + \frac{1}{1-q} T$ 로 정리되고 이것은 다시 $q > \frac{S-B}{T-B}$ 로 정리된다. 즉, 할인율 q가 이러한 조건을 만족할 경우 두 나라는 계속하여 협력을 할 수 있다는 것이다. 이해를 돕기 위하여 특정의 숫자를 대입해서 보기로 하자. 즉, B = 5, S = 4, T = 3, W = 2 로 가정할 경우,

$$q > \frac{S-B}{T-B} = \frac{4-5}{3-5} = \frac{-1}{-2} = \frac{1}{2} \text{ 로 되고}$$

$q > \frac{1}{2}$ 일 때, 즉 할인율이 0.5보다 클 경우 두 나라는 서로 속이지 않고 협력이 가능하게 된다. 즉, 위에서 살핀 PD게임이 무한히 반복될 경우 할인율이 특정 조건을 만족할 경우 두 나라는 서로 상대방을 속이지 않고 협력하게 된다는 것이다.

바꾸어 말하면 무한히 반복되는 PD게임의 구도하에서도 이러한 조건이 충족되지 않으면 서로 상대방을 속이는 것이 장기균형이 될 수 있다는 것이다. 즉, 무한히 반복되는 게임을 가정해도 반드시 협력이 이루어지는 것이 아니라, 단지 협력의 가능성을 높이는 것에 불과하게 된다.

제2부
사람과 사람 사이

"당신은 당신 이상의 존재일 수 없다.

(You are what you are)"

1

들어가는 말
봄날은 간다?

봄날은 간다.

이영애와 유지태가 주연한 영화의 제목이라는 것을 모르는 사람은 없을 게다. 가슴아픈 사랑. 그래서 어느 땐가 우리의 기억 한 모퉁이에 자리잡고 있다 간혹 그 마음 틈새를 비집고 나와 오열하거나, 말할 수 없는 향수 혹은 비감에 젖는 것.

웬 사랑타령? 이 영화를 보고 난 누군가가 지그시 눈을 감고 위와 같이 감상조의 말을 조아리니 가만히 듣고 있던 모씨, 대뜸 다음과 같은 말로 분위기를 깬다.

"사랑이 가도 좋고, 봄날도 가도 좋은데, 도대체가 나에게는 봄날이 와야, 사랑이 와야 '간다느니' '온다느니' 할 거 아냐?"

전혀 틀린 말은 아니다. 사랑의 경험이 없는데 어찌 〈봄날은 간다〉와 같은 명작(?)을 이해할 수 있겠는가? 그러면 도대체 모씨는 왜 사랑과 같은 그런 경험을 한 적이 없는가?

이 책은, 정확히 말하면 이 책의 제2부는, 이런 모씨를 도와주기 위한 것이다. 모씨가 만약 어느 사람을 눈여겨보고 사랑이라는 것을 할 마음의 준비가 되어 있다면 이 책은 그를 혹은 그녀를 도와줄 수 있다. 이 책 제2부의 주된 목적은 그래서,

"사랑하는 사람의 마음을 어떻게 사로잡을 수 있을 것인가?"
혹은 "어떻게 그녀의 마음을 나에게 열게 할 수 있을 것인가?"
혹은 "어떻게 하면 그 사람과 결혼할 수 있을 것인가?"이다.

하지만 이 책은 연애론도 아니고, 결혼 중매를 하려는 것도 아니다. 조금 엉뚱하게 들릴지 모르지만 협상론적인 관점에서 이러한 의문에 대한 답을 마련해 주려 한다. 다시 말해 당신과 그이 혹은 그 사람과의 관계는 하나의 협상으로 파악할 수 있고, 그래서 이 협상의 구조를 잘 파악함으로써 협상을 성공적으로 타결지 수 있다는 것이다. 왠 협상이냐고 할지 모르지만, 사실 사람과 사람과의 관계는 명확히 드러나건 그렇지 않건 협상으로 파악할 수 있는 것은 사실이다. 뒤에서 하는 설명으로 분명히 이해할 수 있겠지만, 두 사람의 사랑에 대한 기대가 적절히 만남으로써 사랑이라는 협상이 타결될 수 있기 때문이다.

그러나 불필요한 오해를 피하기 위하여, 이 책의 제2부는 협상의 이러저러한 테크닉을 다루는 것이 아니라는 것을 밝혀두고자 한다. 옷을 세련되게 입으라느니, 말하기 전에 가글을 하라느니, 연속되는 꽃선물로 그녀의 마음을 사로잡으라는 그런 충고는 이 책의 관심사항이 아니다. 이 책은 다소 정공법으로 협상과 협상의 구조를 설명

하고, 그 분석틀에서 사랑이라는 인간관계를 다루어보고자 한 것이다. 그러니 이 책에서 이야기하는 '그녀 공략법'을 이해하기 위해서는 조금 지루하더라도 이 책의 내용을 차근차근 읽어가는 것이 제일 바람직하다. 그렇지 않고서는 이 책의 핵심을 놓칠 우려가 있기 때문이다.

우선, 제2장에서 도대체 무엇을 협상이라고 하는지 이해를 한 뒤 제3장에서 협상력이 무엇인지 이해해야 할 것이다. 그리고 제4장에서 제8장까지 협상력을 높이기 위한 몇 가지 전략들을 하나하나 가슴에 새겨야 한다. 그 뒤 제9장의 그녀 공략법을 읽으면 "아하!" 하는 탄성을 터뜨리거나 혹은 빙그레 미소를 지을 수도 있겠다.

하지만 세상살이가 어찌 그렇기야 하겠는가? 바쁜 사람들도 많은 세상이 아닌가. 그러니 그 결론만을 알고자 한다면 이 책 제2부의 제9장으로 바로 가서 그 내용을 차근차근 읽어나가기 바란다. 주의해야 할 사실은 여기서 제시된 결론을 절대 다른 사람에게 이야기하지 말아 주었으면 한다는 것이다. 모든 진리가 그러한 것처럼 이 책을 읽지 않고 그 결론만을 듣는다면 그 결론에 숨어 있는 오묘한(?) 뜻을 놓칠 우려가 있기 때문이다.

그리고 조금이라도 시간이 난다면 이 결론을 체계적으로 이해하기 위해 이 책의 제2장부터 다시 순서대로 읽어주기를 부탁하고 싶다. 이 책이 당신의 영혼을 살찌우지는 않을지라도 당신의 영혼이 더 높아질 수 있는 환경을 만드는 데는 일조할 수 있기 때문이다.

자, 준비가 되었으면, 다소 딱딱한 글이라도 충분히 녹일 마음의 불을 지피고 다음 장을 열어주기 바란다.

2 협상이란 무엇인가

협상의 다양성

- 대우 채권단과 GE의 대우자동차 매각협상
- 제일은행 매각협상
- 외규장각 도서반환 협상
- WTO 산하의 다자간 무역협상
- 노동자와 사용자의 노사협상
- 한국과 미국의 통상협상

이같은 협상들은 지금 우리가 일상생활에서 언론의 보도를 통해 접할 수 있는 협상의 실례이다. 이 사례에서 드러나는 바와 같이 협상이라는 용어는 개인의 이해관계를 떠나 좀더 고차원적인 무엇을 대상으로 할 때 사용되는 것이 아닌가 하고 생각하기 쉽다.

그러나 협상이란 이처럼 거창한 것이 아니라 우리의 일상생활 모든 면에 숨어 있는 것이라고 할 수 있다. 그래서 가족과의 사소한 약속, 사랑하는 사람과의 줄다리기, 심지어는 매일매일의 작은 결정까지 협상의 범주에 포함시킬 수 있다. 이렇게 협상의 외연을 넓힌다면 혹자는 의문을 가질 수도 있다. 정말 사랑하는 사람과의 줄다리기도 협상일까?

이런 의문을 풀고 협상을 보다 구체적으로 이해하기 위해 협상을 그 성격에 따라 명시적 협상과 묵시적 협상으로 구분하고자 한다. 명시적 협상이란, 매스컴에서 매일 우리가 접하듯, 가시적(可視的)인 대상과 구체적인 목적을 가지고 이루어지는 협상을 의미한다. 예컨대 서두에 제시한 협상들은 거의 전부 명시적 협상이라고 할 수 있다. 반면, 묵시적 협상이란 뒤에서 설명할 협상의 성격을 가지기는 하되, 주로 비가시적(非可示的) 대상을 상대로 암묵적으로 이루어지는 협상을 의미한다. 예를 들어 사랑하는 사람의 마음을 차지하기 위한 일련의 행동, 혹은 부모로부터 사랑과 칭찬을 얻기 위한 아이의 일련의 행동은 묵시적 협상이라 할 수 있다. 이뿐 아니다. 자신의 건강을 위해 아침 일찍 일어날 것인가, 말 것인가 망설이는 것도 묵시적 협상의 범위에 들 수 있다. 협상의 대상이 눈에 보이지 않는 사랑과 칭찬, 혹은 자신의 건강이기 때문이다.

하지만 이 개념이 칼로 무를 자르듯 명확히 구분되는 것은 아니다. 어떤 경우에는 양자가 복합되어 있기도 하기 때문이다. 그래서 협상이란 신문을 비롯한 매스컴에서 접하게 되는 자기와는 무관한 어느 사건이 아니라, 매일매일의 일상에서 경험하는 일상사가 된다. 다시 말해 이렇게 협상의 외연을 넓힌다면 모든 사람이 하루에 단 한 번이라도 협상을 하지 않고서 지나는 일은 없게 된다.

그러면 도대체 협상이 무엇이길래 이렇게 우리의 일상생활과 관련된단 말인가? 이 질문을 하나하나 설명해 나가는 것이 이 장의 목적이다.

협상이란 무엇인가

협상이란 무엇인가? 이 질문에는 연구자에 따라, 혹은 보는 관점에 따라 매우 많은 답이 있을 수 있다. 가령 다음과 같이 협상을 정의하는 것을 볼 수 있다.

"협상은 다수의 이해당사자들이 가능한 복수의 대안들 중에서 그들 전체가 수용할 수 있는 특정대안을 찾아가는 동태적 의사결정이다." [1]

"협상이란 당사자간 이해관계의 상충을 인식하는 상황에서 상호 타결의사를 가진 또는 그 이상의 당사자간에 의사소통을 통하여 합의에 이르는 과정이다." [2]

이러한 정의들은 모두 협상과 관련된 어느 측면을 부각시킨 것으로 이해당사자 혹은 이해당사자들의 합의를 중요시한다는 점에서 공통점을 가진다. 하지만 협상의 다이나믹한 요소를 담기에는 부족하다고 생각된다. 협상은 양 당사자가 '합의에 이른다'는 사실과 함께 '합의에 이르는 과정'도 그 이상으로 중요하기 때문이다. 이러한 점을 고려하여 이 책에서는 협상을 다음과 같이 정의하기로 한다.

주1) 이달곤 《협상론》(법문사, 2000년), p. 522~533에서는 Coddington의 말을 인용하여 협상을 이렇게 정의한다.
주2) 곽노성 교수는 〈2000 한국 협상교육의 현재: 현황평가와 미래발전방향〉, 《협상연구》 제6권, 제1호에서 협상을 이렇게 정의하고 있다.

이 정의와 관련 먼저 언급할 것은, 설명의 편의를 위하여 가급적 두 사람이 하는 협상을 중심으로 설명해 나갈 것이라는 점이다.

"협상이란 일반적으로 협상에 참여하는 양 당사자가 협상의 타결 (혹은 협상의 대상)에 대한 서로의 기대를 일치시켜 가는 과정으로 정의된다."

이 정의를 제대로 이해하기 위해서는 다음과 같은 설명이 필요하다.

1) 협상은 홀로 하는 것이 아니다

이 정의에서 주의를 요하는 것은 협상에는 최소한 두 명 혹은 두 그룹으로 정의되는 양 당사자가 있어야 한다는 것이다. 'ㅇㅇ협상'이라는 명칭이 부여되는 명시적 협상이건, 아니면 사랑하는 사람과의 줄다리기와 같은 묵시적 협상이건, 협상에는 양 당사자가 필요하다.

양 당사자가 있어야 한다는 것은 협상을 특징짓는 매우 중요한 속성과 관계된다. 협상은 일방적으로 이루어지는 것이 아니라 상호 의존성을 띠게 된다. 즉, 상대방의 견해와 의견을 듣고, 자신의 말과 행동에 대한 상대방의 반응을 생각하면서 이루어진다는 것이다.

2) 협상에 의해 이익을 볼 가능성이 있어야 한다

협상(대개의 경우 명시적 협상)에서 양 당사자가 협상을 시작하기 위해서는 협상의 타결에 의해 양 당사자가 이익을 볼 가능성(혹은 손실을 최소화할 가능성)이 있어야 한다. 그렇지 않으면 이러한 협상 자체가 성립할 수 없기 때문이다. 이 문제는 협상의 목적을 설명하는 자리에서 보다 자세히 설명하기로 한다.

3) 협상타결에 대한 기대와 협상대상에 대한 기대

'협상의 타결에 대한 기대'와 함께 '협상의 대상에 대한 기대'라는 표현을 함께 쓴 것은 협상이 시작될 당시 '협상의 대상'에 대한 정확한 정보가 없을 수 있기 때문이다. 즉, 협상의 대상에 대한 명확한 정보가 있는 경우에는 '협상의 타결'에 대한 기대를 일치시켜 가는 과정이 협상이며, 명확한 정보가 없는 경우에는 협상의 대상에 대한 객관적인 기대를 일치시켜 가는 과정이 협상이라 할 수 있다. 물론 협상의 대상에 대한 객관적인 기대를 일치시켜 가는 것도 넓은 의미에서는 협상의 타결에 대한 기대를 일치시켜 가는 것의 범위에 포함된다. 협상대상에 대한 객관적인 기대가 일치하지 않고서는 협상의 타결이 이루어질 수 없기 때문이다.

예를 들어보자. 당신이 전자대리점에서 100만원짜리 오디오를 사기 위해 그 가격을 협상한다고 하자. 이럴 경우 협상은 100만원짜리 오디오라는 명확한 '협상의 대상'을 가진다. 따라서 협상은 '어느 정도의 가격할인이 이루어질 것인가에 대한 양자의 기대'를 일치시켜 가는 과정으로 이해할 수 있다. 즉 오디오에 100만원이라는 정가가 붙어 있기 때문에 사는 사람이건 파는 사람이건 무한대로 할인할 수는 없고(99만원을 할인하기는 불가능하다), 따라서 할인할 수 있는 정도에 대해서 공감대만 이루어지면 그 즉시 거래는 이루어지는 것이다. 이 경우 오디오에 대해서는 100만원이라는 형태로 가치가 분명히 드러나 있다.

하지만 그 가치가 분명히 드러나 있지 않은 경우는 어떠할까? 대우자동차 채권단과 과거 포드(Ford) 사이에 이루어진 대우자동차 매각협상이 대표적인 사례이다. 이 협상에서 가장 중요한 것은 협상대상이자 매각의 대상인 대우자동차에 대한 명확한 가치가 드러나 있지 않았다는 것이다. 그러므로 이 매각협상은 채권단과 포드가 대우자동차라는 '협상의 대상에 대한 객관적인 기대' 즉, 대우자동차 가치에 대한 기대를 일치시켜 가는 과정으로 이해할 수 있다. 이럴 경우 대우자동차의 가치는 매우 가변적이다. 분명한 실체 혹은 가치가 드러나지 않았기 때문이다. 우리는 이 매각협상의 결과를 안다. 예비협상 단계에서 7조원을 제시했던 포드는 대우자동차를 실사한 뒤 꽁지가 빠지게 도망가고 말았다. 도저히 대우자동차의 가치가 7조원이 될 수 없었던 것이다. 달리 말하면, 채권단과 포드 사이의 협상이 결렬된 가장 중요한 이유는 대우자동차라는 협상의 대상에 대한 양자의 기대가 일치하지 않았기 때문이다(대우자동차 매각협상에 대한 자세한 논의는 참고자료 1 참조). 정보의 부재는 이처럼 협상의 과정에도 영향을 끼친다.

4) 기대를 일치시켜 간다

기대를 일치시켜 간다는 의미에서 협상이 시작될 경우 양 당사자가 가지는 기대와 협상이 타결된 뒤의 결과는 종종 일치하지 않을 수도 있다. 협상의 과정에서 양 당사자의 기대는 변하기 때문이다. 그리고 양 당사자의 기대가 변하는 것은 협상의 초기에는 존재하지 않았던 정보가 협상의 과정에서 드러나는 경우가 많기 때문이다. 앞에서 예로 든 대우자동차 매각협상의 경우 포드의 실사 결과 예비협상의 단계에는 드러나지 않았던 정보가 드러났기 때문에 포드와 채권단의 기대가 일치될 수 없었던 것이다.

이런 의미에서 협상의 초기에 예측하는 협상의 타결점은 결코 하나가 아니다. 이 말은 적절한 범위 내에서 협상이 타결된다는 것을 전제로 할 때 협상의 타결점은 무수히 많을 수 있다는 것이다. 즉, 무수히 많은 협상의 예상 타결점 중에서 두 사람의 기대가 정확히 일치하는 점이 눈으로 드러나는 협상의 결과가 되는 것이다.

그래서 협상의 과정을 다음과 같이 이해할 수 있다.

협상의 과정이란 수많은 타결점 가운데서 어떠한 것이 선택되어 타결될 것인가에 대한 협상가들의 기대를 일치시키는 것으로 이루어진다(The process of bargaining consists of coordinating the bargainers' expectations about which of the many possible agreements is to be reached).

이 정의에서도 '기대'라는 표현이 또 나온다. 기대는 왜 그리 중요할까? 이 기대에 대한 자세한 논의는 협상력을 논의하는 자리에서 자세히 취급하기로 한다.

자동차 거래로 살펴보는 협상

다음 하나의 보기를 들어 이 장에서 설명한 협상의 개념과 정의를 재확인하기로 한다. 이 거래는 이 장이 끝날 때까지 종종 나오기 때문에 그 기본구도를 이해해 놓는 것이 좋다.

자동차 한 대를 팔려고 한다. 파는 사람이 이 자동차의 가치가 최저 1,000원이라고 생각하며(파는 사람은 이 자동차를 넘기는 대가로 받아야 된다고 생각하는 최소금액은 1,000원이다. 즉, 1,000원 이상을 받을 경우에만 자동차를 판다), 사는 사람은 이 자동차의 최고가치를 1,100원이라고 생각한다(사는 사람이 이 자동차를 얻기 위해 지불할 수 있는 최고금액은 1,100원이다. 즉, 1,100원 이하일 경우에만 차를 산다). 그리고 이 사실을 두 사람 모두 알고 있다. 자동차가 매매되는 가격은 얼마인가?

이 협상이 묵시적 협상인가 아니면 명시적 협상인가? 이것은 매우 분명히 드러난다. 이 협상은 명시적 협상이다. 이 협상에는 눈으로 볼 수 있는 '자동차'라는 대상이 있기 때문이다. 그 다음 이 명시적 협상을 협상의 정의와 맞추어 하나하나 점검하기로 한다.

이 협상은 혼자서 진행되는 것이 아니다. 사는 사람과 파는 사람, 즉 양 당사자가 존재하기 때문이다.

두 번째로 확인해야 할 사항은 협상이 타결되면 양 당사자가 서로 이익을 볼 가능성이 있느냐는 문제이다. 이익을 볼 가능성이 없다면 자동차를 파는 사람과 사는 사람이 협상을 시작하지 않기 때문이다. 위 보기에서는 협상(의 타결)에 의한 이익이 존재한다. 즉, 사는 사람이 지불할 최고가격과 파는 사람이 수용할 수 있는 최저가격 사이에는 100원이라는 차이가 존재하기 때문이다. 그러므로 양 당사자는 협상을 시작할 유인을 가진다.

그래서 위 보기에서 제시된 협상의 기본구도는 양 당사자가 가지는 자동차에 대한 가치설정의 차이 100원을 어떻게 분배하느냐는 것으로 이해할 수 있다. 이 100원을 어떻게 분배하느냐에 따라 자동차의 가격은 1,000원과 1,100원 사이에서 결정될 수 있다. 다시 말해 두 사람이 합의하는 한(두 사람은 1,000원 미만이나 1,100.1원 이상에서는 합의할 수 없다) 협상은 타결된다는 것이다.

그리고 어느 수준에서 타결되느냐 하는 것은, 어느 정도의 금액에서 두 사람의 협상타결에 대한 기대가 일치하느냐에 따라 결정된다. 즉, 두 사람의 기대가 실질적인 협상의 타결점을 결정한다. 결국 자신이 더 많은 몫을 가지기 위해서는 그 '기대'를 어떻게 다루느냐는 것이 중요한 과제로 등장한다.

지금까지의 설명에서 분명히 드러나지만, 위 보기의 경우 협상의 초기에 예측하는 협상의 타결점(자동차가 거래되는 가격)은 결코 하나가 아니다.

3 협상의 목적은 무엇인가

우리는 앞에서 "양 당사자가 협상을 시작하기 위해서는 협상의 타결에 의해 양 당사자가 이익을 볼 가능성(혹은 손실을 최소화할 가능성)이 있어야 한다"고 언급했다.

이 언급은 협상의 목적을 가장 간략히 정리한 것이다. 국가간의 협상이건, 개인간의 협상이건, 또 협상에 참여하는 당사자의 수에 관계없이 협상을 하는 목적은 협상에 의해 상호이익(mutual gain)을 얻기 위함이다. 달리 말하면 협상을 통해 서로 이익을 볼 가능성이 없다면 누구도 협상의 테이블에 나오지 않을 것이다.

그러므로 협상이 성공적으로 타결되기 위해서는 우선 협상의 자리에 협상의 당사자가 나올 수 있어야 한다. 즉, 협상이 시작될 수 있어야 한다는 것이다. 협상이 시작되기 위해서는 ① 협상의 타결로 인해 발생하는 이익(파이)이 있어야 하고, ② 협상의 타결로 인해 자신에게 이익이 생길 수 있다는 기대가 있어야 한다.

하지만 협상이 시작되기 위한 전제조건을 이렇게 이해할 경우 다음과 같은 반론이 제기될 수 있다. 협상의 타결이 항상 협상에 참여한 당사자들에게 이익을 보장하는 것은 아니지 않느냐는 것이다. 예컨대 미국의 강요에 의해 이루어지는 미국과 개도국과의 통상협상을 예로 들자. 이 경우 개도국이 어떠한 이익을 기대할 수 있는가? 다시 말해 이런 경우 개도국은 협상의 타결로 인해 자신에게 이익이 생길 수 있다는 기대를 할 수 없는 것이 아니냐는 것이다.

하지만 분명히 이 경우에도 개도국은 이익을 본다. 단지, 그것이 일종의 기회비용으로 드러날 뿐이다. 개도국이 기대할 수 있는 이익은, 협상에 참여하지 않았을 경우 받을 수 있는 불이익과의 차이로 이해할 수 있다. 즉, 협상에 참여함으로써 그렇지 않을 경우에 비하여 손실을 최소화할 수 있고, 그 손실의 최소화 역시 '일종의 이익'으로 간주될 수 있다는 것이다. 바로 이런 점에서 앞에서 협상이 시작되기 위해서는 협상으로 '이익을 볼 가능성' 혹은 '손실을 최소화할 가능성'이 있어야 한다고 언급한 것이다.

어떻게 협상이 시작될 가능성을 높일 것인가

상호이익을 얻기 위해 협상을 한다면 협상의 가능성은 상호이익의 크기에 따라 변할 수 있다. 즉, 협상을 통해 얻을 수 있는 상호이익이 크면 클수록 두 당사자가 협상을 시작할 가능성은 높아진다는 것이다.

예컨대 제2장에서 제시한 첫 번째 보기(자동차 거래)를 다시 생각해 보자. 이 협상에서 기대할 수 있는 이익은 100원에 불과하다. 그런데, 매매를 통해 이루어지는 이익을 정부가 전부 세금으로 거두어들인다면 어떤 일이 발생할까? 당연히 누구도 이 매매에 참여하지 않으려 할 것이다. 거래라는 협상을 통해 얻을 수 있는 이익이 하나도 없기 때문이다. 하지만, 이 경우라도 협상이 시작되게 할 수 있는 방법이 없는 것은 아니다. 가령 이 거래를 통해 얻을 수 있는 이익이 200원이나 300원으로 늘어난다면, 100원을 세금으로 납부하더라도 거래는 이루어질 수 있을 것이다. 협상을 통해 여전히 상호이익을 기대할 수 있기 때문이다.

그러므로 협상이 순조롭게 시작되기 위해서는 협상의 결과로 생길 이익을 확대하는 노력이 필요하다. 그 결과 예상되는 상호이득이 커지면 커질수록 양 당사자가 협상을 시작할 유인은 더 커지고, 또 그와 비슷한 정도로 협상이 타결될 가능성도 커지게 된다.

제2장에서 제시된 첫 번째 보기, 즉 자동차 거래에서 협상에 의한 상호이득을 증가시킬 수 있는 방법은 무엇일까? 그것은 다름아닌 자동차의 객관적 가치를 크게 하는 것이다. 중고차이지만 일정기간 동안의 워런티를 부여한다거나, 양 당사자가 일치하는 방법으로 자동차의 가치를 증대시킬 수 있다면 상호이득은 더 커질 수 있다. 구체적 예를 들자면 50원의 돈을 들여 자동차를 수리하거나 새로 페인트칠을 할 경우 자동차의 가치는 올라갈 수 있고, 상호이득은 100원 혹은 그 이상으로 증가할 수 있다.

협상은 결코 단순한 제로섬 게임이 아니다

우리는 협상을 종종 제로섬 게임으로 간주한다. 협상의 결과 기대되는 상호이득이 존재한다 해도, 협상의 결과 두 사람이 그 이득을 단순히 나누는 것으로 혹은 빼앗는 것으로 이해하기 때문이다. 그래서 내가 더 많이 가지기 위해서는 상대방이 나보다 덜 가져야 하고, 상대방이 더 가지기 위해서는 내가 덜 가질 수밖에 없다. 이 경우 협상은 명백한 제로섬 게임이다. 협상을 통해 새롭게 창출되는 가치가 없고, 현재 있는 것을 서둘러 나누기 때문이다.

하지만 협상에 임하기 전 두 당사자의 합의에 의해 새로운 가치를 창출할 수 있다면 협상은 결코 단순한 제로섬 게임이 아니다. 위에서 예로 든 바와 같이 중고 자동차 매매에 있어서 서로 비용을 분담하는 조건으로 자동차를 수리하거나 정비할 수 있다면, 협상에 의한 상호이득은 더 커지기 때문이다.

개인간의 거래뿐 아니라 국가간의 무역거래도 이러한 차원에서 이해할 수 있다. 즉, 두 나라가 모든 상품을 다 생산한다면 이 두 나라가 거래를 통해 얻을 수 있는 이익은 매우 제한될 수밖에 없다. 모든 상품을 다 생산한다면 그 양이 얼마되지 않기 때문이다. 그러나 합의에 의해서건 혹은 중재에 의해서건, 두 나라 모두(다른 나라에 비하여) 상대적으로 더 저렴하게 생산할 수 있는 품목을 특화하여 생산한다면 그 결과는 어떻게 될까? 당연히 이 두 나라는 무역거래에 의해 기대할 수 있는 이익이 그렇지 않은 경우에 비하여 많아질 것이다.

이것이 국제경제학에서 말하는 비교우위이론이다. 이렇게 본다면 비교우위이론은 국가간의 무역협상의 가능성을 높이는, 즉 협상에 따르는 파이를 높이는 것으로 이해할 수 있다. 이럴 경우 비교우위이론에 의한 무역거래는 제로섬 게임이 아니라 윈윈(win-win)게임으로 바뀌게 된다. 비교우위에 특화하여 생산을 함으로써 그렇지 않은 경우에 비하여 더 많은 상호이익을 기대할 수 있다는 것이다.

4 협상력이란 무엇인가

우리는 앞에서 협상을 '협상에 참여하는 양 당사자가 협상의 타결(혹은 협상의 대상)에 대한 서로의 기대를 일치시켜 가는 과정'으로 정의하였다. 그리고 이러한 협상이 시작되기 위해서는 협상의 결과 양 당사자가 상호이익을 얻을 수 있는 가능성이 있어야 한다고 강조하였다. 이렇게 협상을 이해한다면, 협상은 협상에 참여한 당사자들이 협상의 이익(gains from trade)을 나누는 과정으로 이해할 수도 있다. 즉, 협상의 이익을 어떻게 배분할지에 대한 양 당사자의 기대가 일치하는 과정이 협상이라는 것이다.

그러면 협상의 기대이익은 어떻게 나누어질까? 당연한 이야기지만 협상의 이익을 나누는 과정에서 협상가들이 어떠한 태도와 전략을 취하느냐에 따라 각자에게 돌아가는 몫이 달라질 수 있다. 그래서 협상력(bargaining power)은 다음과 같이 정의된다.

"협상의 각 당사자들에게 돌아갈 몫을 결정하는 전략 혹은 자신에게 돌아올 몫을 상대적으로 더 많게 하는 능력."

그런 의미에서 바게닝 파워, 혹은 협상력이란 협상에 참여하는 상대방의 협상타결에 대한 기대를 자신에게 유리한 방향으로 변경시킬 수 있는 능력을 의미한다(The ability to manipulate the rival's expectation in the direction of one's favor).

협상의 결과를 결정하는 기대

여기서 다시 기대라는 용어가 나온다. 기대가 왜 중요할까? 그것은 협상의 결과를 결정하는 것은 예상되는 협상의 결과에 대한 태도이기 때문이다. 너무 진부한 이야기일지 모르지만, 협상에서는 당신이 그렇다고 생각하면 그렇게 되는 경향이 있다. 심리적 메커니즘이 작용하지 않을 수 없기 때문이다.

예컨대 당신이 연봉협상 테이블에 앉아 있다고 생각해 보라. 당신의 보스가 절대 당신에게 연봉을 인상시켜 주지 않을 것이라고 당신이 기대(생각)한다면(정확히 말하면 당신의 보스가 어떤 방법을 사용해서건 당신으로 하여금 그렇게 생각하도록 만들었다면), 당신은 결코 높은 연봉을 받을 수 없을 것이다. 왜냐하면 당신이 그렇게 기대하여 믿고 있기 때문이다. 달리 말하면, 당신이 높은 연봉을 받을 거라고 기대한다고 해서 반드시 그런 연봉이 주어지는 것은 아니지만, 높은 연봉을 빋을 거라는 생각조사 하지 않고서는 그런 연봉이 주어질 가능성은 매우 희박하기 때문이다.

이런 의미에서 협상에 참여한 사람의 몫을 결정(협상이익의 배분)하는 것은 협상의 양 당사자들이 각각 협상 상대방에 대한 믿음(belief; 인간적인 믿음을 의미하는 것이 아니라, 상대방이 서로 어떻게 행동할 것인가에 대한 믿음을 의미함)을 어떻게 형성하느냐에 달려 있다고 할 수 있다. 즉, 협상에서 중요한 것은 서로 '상대방의 자신에 대한 믿음' 혹은 '자신의 상대방에 대한 믿음'을 어떻게 변화시키느냐 하는 것이기 때문이다. 달리 말해 당신이 협상의 테이블에서 어떠한 사항을 믿고 있다면(혹은 믿도록 만들어진다면), 그 믿음이 협상이익의 배분을 결정하는 주요 요소가 될 수밖에 없다는 것이다.

다시 강조하지만, 여기서 제시하는 믿음은 신뢰를 의미하는 'trust'가 아니라 있는 그대로의 사실을 받아들이는 'belief'를 의미한다.

어느 여인이 당신의 사랑을 구하면서, "저의 사랑을 받아주지 않으면 죽어버릴 거예요"라고 말할 때, 당신은 어떠한 태도를 취할까? 당신이 그 여인의 호소(이건 완전히 협박이 아닌가)가 사실이라고 믿을 경우(혹은 사실이라고 믿게 될 경우) 당신이 원하건 원하지 않건 당신은 그 여인의 사랑을 받아들일 수밖에 없을 것이기 때문이다.

그래도 받아들이지 않는다고? 그러면 당신은 살인자라는 오명을 일평생 가지거나, 혹은 세상에 별 여자 없는데 그렇게 지극히 나를 사랑하는 여자를 죽게 만들다니 하는 죄의식을 가지게 될 것이다.

협상력은 상대방의 믿음을 변화시키는 능력

이 믿음의 변화라는 측면을 위에서 제시한 첫 번째 보기, 즉 자동차 거래를 통해 설명해 보자.

이 자동차 거래는 판매자와 구매자가 자동차에 대해 생각하고 있는 평가액의 차이 즉, 100원을 나누는 협상이다. 그러므로 양 당사자가 매매를 통해서 이익을 얻으려고 하는 한 이 협상의 균형은 파는 사람과 사는 사람이 100원을 어떻게 나누는가에 달려 있다. 다시 말해 두 사람이 합의하는 한 100원을 나누는 모든 방법이 균형이 될 수 있다. 예를 들어, 파는 사람이 93.5원을 요구할 것이며 파는 사람이 결코 자기의 입장을 바꾸지 않을 것이라고 사는 사람이 생각한다면, 파는 사람은 93.5원의 이익을 가지며 사는 사람은 6.5원의 이익을 가지게 된다. 이 경우 균형은 93.5원에서 성립하게 된다.

여기서 중요한 것은 93.5원이라는 금액이 아니라 파는 사람의 요구에 대한 사는 사람의 믿음이다. 만약, 사는 사람이 파는 사람에 대한 그러한 믿음(파는 사람이 93.5원의 이익을 가지지 않으면 결코 자동차를 팔지 않을 것이라고 믿는 것)을 가지고 있지 않다면, 사는 사람은 파는 사람의 93.5원이라는 요구를 허풍이나 거짓이라고 생각할 수 있고, 따라서 93.5원에서 균형이 성립하지는 않을 것이다. 바꾸어 말해, 파는 사람이 사는 사람에게 그러한 믿음을 심어줄 수 있는 한 균형이 93.5원에서 성립하게 된다. 그래서 만약 파는 사람이 사는 사람에게 그러한 믿음을 심어줄 수만 있다면 파는 사람은 이 협상을 통해 상당한 이익을 실현할 수 있다.

그러한 믿음을 심어주는 능력이 바로 협상력이고, 그러한 믿음을 심어주는 방법을 혹은 믿음을 변화시키는 방법을 협상전략이라고 부르기도 한다. 그러므로 협상력은 어떠한 협상전략을 사용하는가가 주요한 변수로 작용한다. 이 협상전략에 대해서는 다음 장부터 자세히 설명할 것이다.

협상력은 실체가 있는가

하지만 어떤 이론가들은 협상력 혹은 'bargaining power'의 개념이 매우 애매모호하기 때문에 사용하지 말아야 할 개념이라고 이야기하기도 한다. 정확히 측정하거나, 이론적으로 선명한 형태로 드러낼 수 없기 때문이다. 하지만, 협상이 존재하는 한 그리고 협상의 결과 배분할 협상이익이 존재하는 한 협상에서 좀더 유리한 위치를 차지하기 위한 방법은 끝없이 논의될 것이고, 그로 인해 협상의 몫이 부단히 변할 것이라는 것은 부정할 수 없는 사실이다. 그런 점에서 협상력이라는 것은 만질 수도 없고 눈에 보이게 측정할 수 없다고 할지라도, 어떤 형태로든 분명히 존재한다는 것은 분명하다.

기대와 협상력까지 설명하였으니 한 가지 물어보고자 한다. 우리는 탄력적으로 행동하고 융통성있는 사람을 높게 평가하는 경향이 있다. 그러면 이런 태도가 협상력에 어떠한 영향을 미칠까? 협상력을 높일까, 낮출까?

잠깐 생각한 뒤 그 답을 알고 싶으면 〈참고자료 2〉를 읽어보기 바란다.

5

협상의 전략 1
대안을 구하라

"협상을 시작하기 전에 그 협상에 대한 대안(Alternative)을 가지고 있다면 현재의 협상에서 유리한 위치를 차지할 수 있다. 그러므로 가능하면 현재의 협상에 목을 매지 말고 느긋하게 임하라."

자동차 거래로 살펴보는 협상전략

앞에서 제시한 자동차 거래의 내용을 조금 바꿀 경우 이 협상의 본질이 어떻게 변하는지 생각해 보기로 하자.

위 거래가 진행되는 도중에, 자동차를 팔려고 하는 사람이 다른 사람으로부터 이 차를 1,040원에 사겠다는 제의를 받았다고 가정하자. 그리고 자동차를 사려고 하는 사람 역시 최대 1,090원만 지불하면 이와 똑같은 차를 구입할 수 있는 데를 알게 되었다고 가정하자. 그리고 이러한 사실을 파는 사람과 사는 사람이 서로 알고 있다고 가정하자.

그러면 이 협상의 본질은 어떻게 변해버리는가? 앞서 이야기한 바와 같이 이 자동차 거래의 본질은 협상의 이익(매매이익 또는 거래이익) 100원을 나누는 협상이다. 그러나 판매자와 구매자가 모두 위와 같이 새로운 가능성을 가지게 되면 이 게임의 매매이익 혹은 거래이익은 100원에서 50원으로 줄어들게 된다. 즉, 자동차를 팔려고 하는 사람은 새로운 정보 덕분에 1,000원 대신 1,040원이 자동차를 팔게 되는 최소금액이 되었고, 자동차를 사는 사람 역시 새로운 정보 덕분에 1,100원 대신 1,090원이 자동차를 구입할 수 있는 최대금액이 되어버린 것이다. 그렇기 때문에 협상의 본질은 매매이익 100원(새로운 정보가 있기 전 1,100원과 1,000원의 차이)에서 매매이익 50원(새로운 정보가 입수된 뒤 1,090원과 1,040원의 차이)을 나누는 협상으로 변해버리게 된다. 파는 사람이 원래의 게임에서 1,040원을 받지 못하면 파는 사람은 새로 알게 된 판매처에 차를 팔아버리면 되고, 사는 사람 역시 1,100원으로 차를 사야 된다면 추가로 알게 된 구매처에서 1,090원으로 차를 사면 되기 때문이다.

하나만 더 예를 들기로 하자.

만약 파는 사람이 다른 사람으로부터 1,070원으로 이 차를 사겠다는 제의를 받았고 이 사실을 사는 사람이 알고 있다면 이 게임의 본질은 어떻게 변해 버리는가? 파는 사람은 원래의 게임 이외에 새로운 판매처를 가지게 되었지만, 사는 사람은 새로운 구매처를 가지지 않게 되었다. 그러면 이 게임의 본질은 거래이익 30원을 나누는 협상으로 변하게 된다. 즉, 파는 사람이 자동차를 팔기 위해 기대할 수 있는 최소의 금액 1,070원과 사는 사람이 자동차를 사기 위해 지불할 수 있는 최대의 금액 1,100원의 차이, 30원을 나누는 협상이 된다는 것이다.

다른 기회는 협상력의 원천

이러한 두 가지의 사례가 보여주는 것은 무엇일까?

그것은 파는 사람과 사는 사람 모두 자동차를 더 유리한 가격에 팔거나 살 기회가 있게 된다면, 그것은 원래의 협상을 더 유리하게 이끌어나갈 유인으로 작용하게 된다는 것이다. 즉, '다른 기회가 존재한다는 것은 협상력의 원천이다(Alternative opportunities are a source of bargaining power)'라는 것이다. 달리 말해, 지금 협상에 임하고 있는 것과는 다른 협상의 대안이 존재한다면, 이 협상의 대안은 지금 진행되고 있는 협상을 유리하게 이끌 수 있는 힘이 된다는 것이다.

그러므로, 협상력을 제고하기 위한 가장 일반적인 방법은 현재의 협상에 대한 대안을 찾는 것이다. 역설적으로 협상의 상대방이 협상의 대안을 찾지 못하게 만들거나 협상의 대안이 불가능한 환경을 만든다면 자신에게 유리한 방향으로 협상을 이끌 수 있다.

이러한 원칙이 보여주는 또다른 협상의 시사점은 특정협상에 목을 매고 있으면 결코 유리한 협상을 할 수 없게 된다(Necessity never made a good bargain)는 것이다. 즉, 파는 사람이 계속하여 자신에게 더 유리한 판매처를 찾고 있는 가운데, 사는 사람은 현재의 협상(위에서 제시한 협상사례)에만 몰두하고 있다면 사는 사람은 결코 유리한 협상을 진행할 수 없다는 것이다.

협상에서의 폴백

협상의 대안과 유사한 협상력의 원천 하나를 생각해 보자. 위에서 제시된 사례에서 자동차를 파는 사람과 사는 사람 모두 자동차 거래에 실패할 경우 상당한 곤란을 겪게 된다고 가정하자. 예컨대 파는 사람은 자동차를 팔지 못할 경우 당장 끼니를 걱정해야 되고, 사는 사람은 자동차를 사지 못할 경우 그 다음날부터 걸어서 출근해야 한다고 가정하자. 그리고 이 사실을 두 사람이 다 알고 있다고 하자. 그러면 어느 사람이 좀더 유리한 위치에서 협상을 할 수 있게 될 것인가? 당연히 사는 사람이 유리하게 되는 것이 아닌가. 하루 이틀 걸어서 출근하는 것이야 다소의 불편을 감수하면 되지만, 먹지 못하면 살 수 없기 때문이다.

그런 의미에서 지금 하고 있는 협상이 실패할 경우 협상의 양 당사자에게 어떠한 일이 발생할 것인가 하는 점도 현재의 협상에 상당한 영향을 끼치게 된다. 현재의 협상이 실패할 경우에 생기는 사건 혹은 상황을 '폴백(fallback)'으로 정의할 수 있는데, 이 폴백이 자신에게 유리하면 할수록 현재의 협상을 유리하게 이끌 수 있다. 바꾸어 말해, 현재의 협상을 유리하게 만들기 위해서는 자신에게 유리한 폴백을 만들거나 찾아야 하고, 상대방의 폴백을 가능한 한 불리하게 만들어야 한다. 이 폴백의 개념은 국가간의 통상협상을 설명하는 부분에서 유용하게 사용될 것이다.

대안을 구하라

여기서 논의된 요소를 정리하면 다음과 같다.

① 협상에 임하는 어느 한 당사자가 그 협상에 대한 대안을 가지고 있을 경우 그 당사자는 현재의 협상에서 유리한 고지를 차지할 수 있다. ② 협상이 실패로 끝날 경우 협상의 어느 한 당사자가 더 많은 피해를 받게 되거나, 불리한 상황에 처하게 된다면 그 당사자는 결코 협상에서 유리한 고지를 차지할 수 없다.

또다른 예: 연봉협상에서의 대안은

연봉협상의 예를 들기로 하자.

연봉협상에 임할 때, 당신의 고용주는 가급적 당신의 연봉을 낮추려 하고, 당신은 가급적 높이려 한다. 그럴 때 우연히 다른 회사가 지금보다 더 높은 연봉으로 당신을 스카우트하려 한다면, 이 사실은 지금의 연봉협상에 어떠한 영향을 미치게 될까? 이 답은 너무 쉽지 않은가? 당연히 당신은 현재의 연봉협상에서 유리한 위치에 서게 된다. 당신의 상사가 제시하는 연봉이 다른 업체가 제시하는 연봉보다 적다면 당신은 현재의 직장을 떠나 다른 업체로 옮기면 되기 때문이다.

그러나 같은 값이면 다홍치마라고 당신이 다른 업체에서 제시하는 연봉을 받으면서 지금의 회사에 근무하고 싶다면 어떻게 해야 할까? 방법은 없을까? 아주 간단하다. 어떤 경로를 통해서 당신의 상사가 당신이 다른 업체로부터 스카우트 제의를 받았다는 사실을 알게 하면 된다. 다시 말해 당신의 스카우트에 대한 정보를 당신의 상사가 알게 해야 한다는 것이다. 입소문을 통해서건 헤드헌터를 통해서건 슬며시 그런 정보를 흘리는 것이다. 그러면 당신이 정말 괜찮은 사람이라면 당신은 현재의 직장에서 다른 업체가 주려는 연봉을 받을 수도 있게 될 것이다.

자, 그러면 연봉협상에 임하기 전에 협상을 유리하게 진행해 나가기 위해 당신이 할 수 있는 방법은 무엇일까? 헤드헌터에게 새로운 직업을 찾아달라고 부탁하는 것? 결코 나쁘지 않다. 아니 새로운 대안을 얻기 위해서는 마땅히 그렇게 해야 한다. 그러나 더 중요한 것은 현재의 연봉보다 더 높은 연봉을 제시하는 직장이 나타난다면, 그 사실을 현재의 직장 상사에게 넌지시 알리는 것이다. 앞서 제시한 예로써 설명한다면 자동차를 사는 사람과 파는 사람이 새로운 판매처와 구입처가 생겼다는 사실을 서로 알고 있어야 한다는 것이다.

한 가지 중요한 것은 이렇게 정보를 흘리고 싶다면 결코 드러나지 않게 슬며시 정보를 흘리도록 해야 한다는 것이다. 만약, 당신의 보스가 당신이 이러한 목적을 위하여 아주 고의로 정보를 흘린 사실을 알게 된다면 당신에게 결코 이로울 수 없기 때문이다.

6

협상의 전략 2
협상의 거부

"때때로 협상 자체를 거부하는 것이 최선의 협상전략일 수 있다 (Take it or leave it)."

협상에 대한 일반적인 오해 중의 하나는 협상이란 반드시 무엇인가 '주고받아야' 한다고 생각하는 것이다. 이러한 생각은 협상을 타결하기 위해서는 서로 반드시 양보하는 것이 필요하다는 가정에 근거한다. 그렇지 않으면 협상을 일종의 '검은 흥정'으로 생각하는 데서 이러한 오해가 일어나게 된다. 하지만, 정말 협상을 제대로 하기 위해서는 '주고받는' 것을 포기하거나, 혹은 협상 자체를 거부하는 경우도 있을 수 있다.

Take it or leave it!

앞에서 제시한 자동차 거래가 진행되는 도중 갑자기 파는 사람이 다음과 같은 말을 했다고 하자.

"나는 이 자동차를 1,095원 이상을 받지 않고서는 팔지 않겠소. 당신은 나에게 1,095원을 주고 이 자동차를 사든지, 아니면 우리 거래가 없었던 것으로 합시다."

물론 현실의 거래에서는 파는 사람이 이러한 태도를 취하면 거래가 성립되지 않을 수 있다. 왜냐하면 사는 사람이 자신의 자존심[3] 때문에 이러한 제의를 모욕으로 간주할 수 있기 때문이다. 다시 말해, 사는 사람은 다음과 같은 생각을 할 수도 있기 때문이다.

"아니 저 사람이 나를 뭘로 알고 저토록 괴팍한 제의를 다 하나. 내가 겨우 5원의 이익을 보기 위해 자동차를 산다고 생각을 하고 있나?"

그러나 합리적 행동이라는 가정하에서는, 만약 사는 사람이 파는 사람의 이러한 입장천명이 거짓이 아니라 진실이라고 믿게 된다면 이 가격에 물건을 사는 것에 동의하게 된다. 구매자는 1,100원까지

주3) 협상이라는 관점에서 자존심이라는 주관적인 요소는 가급적 배제한다. 현실의 협상에서 자존심이라는 심리적 요소가 중요하지 않아서가 아니라 지극히 주관적인 요인을 객관적인 방법으로 정형화할 수 있는 방법이 없기 때문이다. 바꾸어 말해 어느 정도의 금액을 제안하는 것이 상대방의 자존심을 상하지 않게 하는지 불확실할 뿐 아니라 개인마다 차이가 나기 때문이다.

지불할 용의가 있기 때문에 1,095원에 사게 되면 5원을 절약하는 것이 되기 때문이다.

그러므로 이러한 제의의 핵심은 사는 사람으로 하여금 정말 파는 사람이 그 가격 이하로는 자동차를 팔지 않을 것이라는 믿음을 어떻게 심어주느냐는 것이다. 만약 파는 사람이 사는 사람에게 이러한 믿음을 심어주지 못한다면 이 전략은 전혀 효과적이지 못하며, 오히려 파는 사람이 불리한 입장에 처하게 될 수도 있다.

이런 전략은 사는 사람이 사용할 수도 있다. 사는 사람은 협상도중 다음과 같은 말을 던지고 협상의 자리를 박차고 나올 수도 있다.

"나는 이 자동차를 1,005원 이상으로는 사지 않겠소. 이 가격에 나에게 자동차를 팔든지 아니면 거래가 없었던 것으로 합시다."

이러한 태도에 대한 결과는 어떠할까? 그 답은 매우 간단하다. 만약 파는 사람이 '사는 사람이 정말 이 가격 이상으로는 자동차를 사지 않을 것'이라고 믿는다면 1,005원에 자동차는 팔리게 된다. 파는 사람으로서는 1,000원에 팔 용의도 있는데 1,005원에 팔게 되면 5원의 이득을 얻을 수 있기 때문이다.

그러므로 이러한 제의의 핵심은 사는 사람이 정말 그 가격 이상으로는 자동차를 사지 않을 것이라는 믿음을 어떻게 파는 사람에게 심어주느냐는 것이다. 만약 사는 사람이 파는 사람에게 이러한 믿음을 심어주지 못한다면 이 전략은 전혀 효과적이지 못하며, 오히려 사는 사람이 불리한 입장에 처하게 될 수도 있다.

이러한 경우를 요약하면 다음과 같다. 협상에서 유리한 고지를 차지하기 위한, 그래서 협상이익(매매이익) 중 자신에게 돌아오는 몫을 늘리기 위한 최선의 협상전략 중 하나는 협상 그 자체를 거부해

버리는 것이다. 즉, 협상에서 우위를 누리기 위한 역설적인 전략의 하나는 협상 또는 바게닝 자체를 거부하는 태도를 취하는 것이다.

하지만 이 협상전략의 숨은 뜻은 'commitment'라는 전략을 통해서 드러난다. 이것은 잠시 뒤에 설명될 것이다.

7

협상의 전략 3
시한을 활용하라

"협상이 깨어지지 않는 범위 내에서 협상의 타결을 지연시켜라. 그리고 가능한 한 마지막에 자신의 입장을 밝혀라."

협상에서 시한(deadline)이 주는 중요성을 검토하기 위하여 다음과 같은 게임을 생각해 보기로 한다.

㉮와 ㉯ 두 사람은 다음과 같은 순서로 100원을 나누기로 한다.
제1단계: ㉮는 100원 중에서 자신이 가질 몫을 결정한 뒤 ㉯에게 제시한다. ㉯가 이것을 받아들이면 게임은 끝난다. ㉯는 ㉮가 제시한 나머지를 가진다. ㉯가 ㉮의 제안을 거부하면 게임은 제2단계로 넘어간다.
제2단계: 이 단계에서 나누어야 할 돈은 90원으로 줄어든다. 이번에는 ㉯가 자신이 가질 몫을 결정한 뒤 이것을 ㉮에게 제시한다. ㉮가 이것을 받아들이면 게임은 끝나고 ㉮는 ㉯가 가진 뒤의 나머지 돈을 가진다. ㉮가 이것을 거부하면 두 사람은 서로 아무 것도 가지지 못하고 게임은 끝나버린다.

이런 구도하에서 ㉮가 제1단계에서 제시하는 몫은 얼마가 될 것인가?

자, 여러분이 이 협상의 ㉮라면 최초의 제1단계에서 얼마의 돈을 제시하겠는가? 잠시 이 글을 읽는 것을 멈추고 천천히 생각해 보기 바란다.

우선 이 협상의 순서를 따라 차근차근 생각하기로 하자. 먼저 ㉮가 제1단계에서 제시할 금액을 결정하기 위해서는 제2단계의 구조를 좀더 검토해야만 한다. 단, 돈의 단위는 1원으로 가정하기로 한다. 이론적으로 1원 이하의 돈도 존재하지만 논의의 편의를 위해 1원 이하의 돈은 없는 것으로 가정하자.

제2단계에서 ㉯는 다음과 같은 사실을 안다. 제2단계의 협상이 결렬되면 ㉮와 ㉯는 아무것도 가지지 못한다. 여기서 우리가 확인해야 할 사실 하나는 앞서 이야기한 자존심의 문제는 잠시 미뤄두자는 것이다. 예컨대 "1원 더 가지려고 치사하게 그런 짓은 안한다"와 같은 말은 하지 말자는 것이다. 합리적인 인간이라면 돈이 한 푼도 없는 것보다는 1원이라도 있는 것이 훨씬 더 낫기 때문이다. 따라서 제2단계에서 ㉯가 할 수 있는 최대 제안은 ㉯가 89원을 가지고 ㉮가 1원을 가지는 것이다. ㉮의 입장에서는 한 푼도 못 건지는 것보다는 1원이라도 있는 것이 낫기 때문에 이것을 받아들이게 된다.

㉮는 이제 제2단계에서 일어날 수 있는 일을 알기 때문에 제1단계에서 자신의 제안을 결정해야 한다. 어떻게 하는 것이 자신에게 최선의 것이 될까? 그것은 ㉯에게 최소한 제2단계에서 얻을 수 있

는 금액을 확보해 주어야 한다는 것이다. 즉, ㈏는 제2단계에서 자신이 얻을 수 있는 최대금액이 89원이라는 것을 알고 있기 때문에 제1단계에서 89원 이상을 얻지 못하면 협상을 당연히 거부할 것이기 때문이다.

여기서 이런 의문이 제기될 수 있다. 제1단계의 89원과 제2단계의 89원을 어떻게 비교하느냐는 것이다. 일반적으로 돈을 은행에 맡기면 시간이 지남에 따라 이자가 붙는다. 따라서 이자를 고려할 경우 제1단계의 89원은 제2단계의 89원보다 크다. 제1단계의 89원을 은행에 맡겨 제2단계가 되면 최소한 얼마간의 돈이 붙는 것을 기대할 수 있기 때문이다.

따라서 ㈎는 제1단계에서 자신은 11원을 가지고 ㈏가 89원을 가지라는 제안을 하게 되는 것이다.

시한(時限)의 마술

이 게임이 보여주는 것은 무엇인가? 그것은 많은 협상에 있어서 최후로 제안을 제시할 수 있는 사람이 협상에 의한 실익을 거의 독차지한다는 것이다. 위의 사례로 설명하면 ㈏가 100원의 89%에 해당하는 89원을 가지게 된다는 것이다. 이렇게 ㈏가 협상의 이익을 독점할 수 있는 것은 대개의 경우 시간이 흐를수록 협상의 타결로 얻을 수 있는 이익은 줄어드는 경향을 보이기 때문이다. 위의 사례로 설명하면 ㈎는 제1단계에서 11원을 가질 수 있지만, 제2단계에서는 1원을 가질 수 있고, 제2단계의 협상이 무산되면 전혀 돈을 가질 수 없게 된다는 것이다.

이 협상사례가 보여주는 또다른 시사점은 '시한'이 매우 분명할 경우 그 시한을 앞두고 협상이 타결되는 경우가 매우 많다는 것이다. 왜냐하면 시한이 다가올수록 협상이 결렬될 경우 자신에게 어떠한 불이익이 돌아오는지 분명해지기 때문이다. 하지만 실제의 협상에 있어서 누가 마지막으로 제안을 할 수 있을지는 반드시 결정되어 있지 않다. 따라서 자신의 제안이 시한을 앞둔 최후의 제안이라고 확신할 수 있을 때에만 협상이익을 독점할 수 있다. 그렇지만 실제로 시한이 언제인지는 대개의 경우 매우 불확실하다. 그래서 협상이익을 독점하기 위하여 가급적 시한을 연장하고 시한의 바로 직전에 제안을 하는 이러한 전략은 매우 위험하다. 협상이 계속하여 지연될 경우 협상 자체가 없는 것으로 될 수도 있기 때문이다.

협상을 지연시켜라

자, 이제 이런 차원에서 다음과 같은 문제를 생각해 보자. 협상의 상대방에게 여러분이 바쁘다는 핑계로 조금만 기다려달라는 말을 무수히 반복할 때 이러한 행위가 협상에 끼치는 영향은 무엇일까? 이러한 행위는 알게 모르게 협상의 타결을 지연시키는 효과를 가진다. 그리고 시한 직전 적당한 시기에 여러분이 마지막 제안을 하게 된다면 협상의 이익을 독점할 가능성을 높이게 된다.

그러나 명심하라. "조금만 기다려주시겠습니까?"라는 말을 너무 자주 사용할 경우 협상의 상대방은 당신과의 협상을 포기하고 자리를 떠날 수도 있다. 즉, 협상 자체가 없어질 수도 있다.

앞에서 본 자동차 거래를 다시 생각해 보기로 하자. 만약 이 자동차 거래가 지연될 경우 사는 사람이나 파는 사람의 어느 한쪽이 상당한 손해를 보게 된다면 어떤 일이 발생할까? 협상이 지연될 경우 어느 한쪽이 손해를 본다는 사실을 양 당사자가 다 알고 있다면, 협상의 지연으로 손해를 보는 당사자는 협상에서 상당한 손실을 감수할 수밖에 없다. 즉, 협상력이 약하다는 사실을 감수할 수밖에 없다.

서로 각도가 다소 다르기는 하지만, 이 두 가지 사례가 시사하는 바는 무엇일까?

"협상을 하고 있다면 그 협상이 깨어지지 않는 범위 내에서 그 협상을 가급적 지연시켜라. 그리고 적절한 시점에 마지막 제안을 하면, 협상의 이익을 독점할 가능성은 높아진다."

그러나 말이다, 전지전능하지 않은 이상 그 적절한 '시점'을 어떻게 파악할 수 있는가?

8

협상의 전략 4
확약을 활용하라

"여건과 분위기를 고려하여 적절한 확약(commitment)을 하라. 그리고 상대방을 꼼짝 못하게 제약하는 힘은 스스로를 구속할 수 있는 힘에 의존함을 기억하라."

확약이란

협상의 전략과 관계된 입장표명 중 확약(commitment)에 관해서는 가장 많은 설명을 필요로 한다. 확약은 일반적으로 일종의 광범위한 약속을 의미하는데 협상과 관련해서는 '상대방의 행위나 기대에 영향을 미치는 특정의 행위' 정도로 이해할 수 있다. 이 용어에 대한 적절한 번역이 아직 없기 때문에 여기서는 확약이라는 단어를 사용하기로 한다.

확약과 관련된 가장 주요한 사실 중의 하나는 다음과 같다. 협상의 과정에서 협상의 상대방은 할 수 없지만 자신은 확약을 할 수 있다면 이것은 협상에 유리한 방향으로 작용할 수 있다. 이 말 중 중요한 것은 확약이 효과를 가지기 위해서는 협상에 임하는 한쪽 당사자만 할 수 있어야 혹은 해야 한다는 것이다.

확약의 구체적인 예는 다음과 같다.

"내가 이 자동차를 1,090원 이하로 판다면 나는 앞으로 자동차 거래를 다시는 하지 않을 것이오."
"내 목숨을 걸고 이것이 사실이라는 것을 증언합니다."
"내 가문에 맹세코 나는 그런 일을 한 적이 없습니다."

즉, 이러한 형태로 이루어지는 맹세, 서약, 약속, 입장천명 등이 확약이라고 할 수 있다.

all or nothing으로서의 확약

확약이 중요한 이유는 이것이 상대방의 협상에 대한 기대에 영향을 미치기 때문이다. 그리고 기대에 영향을 미치기 위해서는 이러한 확약은 반드시 'all or nothing'의 태도를 취해야 한다. 예컨대 "당신이 내 약속을 들어주지 않으면 당신을 고발하는 것을 고려해 보겠어"라는 협박이 이 범주에 속한다. 다시 말해 부분적인 확약은 아무런 의미가 없다. 즉, "당신이 내 약속을 들어주지 않으면 당신을 고발할 수도 있고 안 할 수도 있어"라는 말은 진정한 의미에서의 확약에 속하지 않는다. 그러므로 앞서 협상전략의 하나로서 지적한 '거부(take it or leave it)'는 이러한 확약의 하나이다. 당연히 위에서 든 몇 가지 구체적인 예도 모두 'all or nothing'의 범주에 속한다.

상대방의 기대를 바꾸는 확약

그리고 이러한 확약이 효과가 있는 것은 이러한 태도가 협상과 관련된 상대방의 기대를 바꾸기 때문이다. 바꾸어 말해 확약이라는 입장을 취하더라도, 그 사실을 상대방이 믿지 않으면 효과가 없다는 것이다. 상대방이 당신의 확약을 믿지 않으면 오히려 당신의 협상력은 떨어지게 된다.

이제 상대방으로 하여금 당신의 확약을 믿게 만드는 구체적인 전략을 설명하기로 하자. 예컨대 다음과 같이 판매자가 협상의 거부(take it or leave it)를 천명했다고 가정하자.

"나는 이 자동차를 1,095원 이상을 받지 않고서는 팔지 않겠소. 당신은 나에게 1,095원을 주고 이 자동차를 사든지, 아니면 우리 거래가 없었던 것으로 합시다."

판매자는 어떠한 방법을 사용하여 이러한 자신의 입장이 사실이라는 것을 구매자에게 믿게 할 수 있는가? 바꾸어 말하면 어떻게 해서 거부라는 확약을 효과적으로 시행할 수 있는가 하는 점이다.

일반적으로 다음과 같은 방법을 들 수 있다.

1) 자신의 명성과 연결하라

첫 번째는 자신의 명성, 혹은 평판과 연결시키는 것이다(To put his/her reputation at stake). 판매자가 자동차 매매를 단 한 번 하는 것이 아니라 계속해서 한다면, 판매자는 위에서 말한 자신의 태도를 지키지 않을 수 없게 된다. 만약, 지키지 않게 되면 다음의 거래에서 불이익을 당하게 되기 때문이다. 즉, 이러한 전략을 거짓으로 사용하게 되면 구매자는 그 다음 번에 이 판매자와는 거래를 하지 않으려 할 것이기 때문이다.

그래서 확약에 관한 언급이 자신의 명성 혹은 평판과 직결되는 것일 때에는 구매자는 그것이 매우 실현가능한 것으로 생각한다. 다시 말해 "내 평판을 걸겠소"라고 말할 때 그 평판이 그 분야에서 그의 성공과 연결되는 것이라면 그 확약은 매우 실현가능한 것이 된다. 따라서 구매자는 판매자의 말을 믿게 되고, 판매자의 확약은 성공하게 된다.

우리가 흔히 하는 말 중에 "~하지 않으면 내 성을 갈겠소" 하는 말은 이러한 전략의 변형된 형태이다. 그러나 이러한 전략이 과연 통할까? 그것은 성이라는 'last name'이 그 사회에서 가지는 의미와 관계되어 있다. 그럼 지금 우리 사회는 어떨까? 그것은 당신이 잘 알고 있지 않은가?

2) 대리인을 선정하라

두 번째는 자신을 대리하여 협상에 참여하는 대리인을 선정하고 그 대리인으로 하여금 자신이 정한 원칙이나 절차를 따르도록 하는 것이다(To hire an agent, and require the agent to follow a set of procedures that are publicly known). 즉, 파는 사람이 대리인을 고용하여 1,095원 이하로는 팔지 못하게 하고, 사는 사람은 대리인과만 협상하도록 하는 것이다.

사는 사람이 좀더 싸게 팔라고 요청할 때마다 대리인은

"나는 모르오. 나보고 이 자동차의 거래를 대신해 달라고 부탁한 사람이 1,095원 이하로는 팔지 못하게 하오. 그러니 그 이하로는 절대 안 되오."

하고 답한다. 심지어는 파는 사람의 인척, 심지어는 가족이 오더라도 같은 대답이 나오게 한다.

이렇게 대리인을 고용한다면, 사는 사람은

"아, 저 자동차를 사기 위해서는 정말 1,095원 이상을 지불해야 하구나."

하는 생각을 할 수밖에 없게 된다. 그렇게 기대가 바뀐다면 파는 사람의 확약은 성공하게 된다.

대리인을 고용하게 되면 이렇게 파는 사람이 효과적인 확약을 할 수 있게 된다. 박찬호가 스콧 보라스라는 에이전트를 고용함으로써 얻는 효과는 무엇인가? 박찬호가 직접 LA 다저스나 텍사스 레인저스와 협상할 때보다 훨씬 더 편안하고 효과적으로 협상하게 된다는 것이다. 누가 박찬호에게 연봉에 대하여 이러쿵 저러쿵 말할 때마다 박찬호가 하는 말은 정해져 있다.

"보라스에게 물어보라."
"아직 보라스와 그 문제에 대해서는 상의하지 못했다."
"나는 모른다."

민간인이 정부와 협상하는 경우 정부가 종종 대리인을 내세우고 그 대리인이 절차상의 원칙을 들어 매우 완고하게 행동하는 것도 이와 관련된 대표적인 예이다. 망원동의 수해(水害)를 보상받기 위해서 정부 또는 서울시에 소송을 제기한 망원동 사람들은 다음과 같은 말을 수없이 들어야 할 것이다.

"그것은 우리의 소관사항이 아닙니다."
"수해보상을 위해서는 ○○과로 문의하시기 바랍니다."
"지금의 행정규칙상 수해보상을 위해서는 다음과 같은 절차를 거쳐야 하며 그러기 위해서는 우선 인지대 ○○원을 제시해야 합니다."

이러한 정부의 태도에 분통이 터지는가? 그렇더라도 화를 내면 당신만 손해일 뿐이다. 그럴 때는 당신도 대리인을 고용하고 정부에 맞서는 것이 최선의 방법이다. 그리고 그럴 경우 소장에 다음과 같은 사항을 첨부하는 것을 절대로 잊어서는 안 된다.

"수해보상의 지체로 인해 일어나는 모든 손해는 정부가 보상을 해야 한다."

3) 빠져나올 퇴로를 차단하라

그 다음은 자신의 뒤에 있는 다리를 태워버리는 방법이다(To burn bridges behind). 예컨대 자신이 한 말을 그대로 실행하지 않을 경우 스스로 심각한 처벌이나 불이익을 받도록 환경을 조성한다는 것이다. 위에서 예로 든 자동차 판매의 경우, 파는 사람이 위와 같은 거부전략을 천명하면서 다음과 같은 조건에 대해 공증인을 통하여 객관적으로 보증받게 하는 방법이 그것이다.

"만약 내가 이 자동차를 1,095원 이하로 판매한다면 내가 가지고 있는 나머지 자동차를 전부 공짜로 나누어주겠다."

이와 같이 자신이 내건 조건에 대한 공증인의 보증이 있을 경우, 파는 사람이 1,095원 이하로 판매하면 자신의 재산을 몽땅 날리게 된다. 그래서 사는 사람은 "파는 사람이 자신의 재산을 몽땅 날리기보다는 지금 협상하고 있는 차를 정말 1,095원에 팔겠구나" 하는 생각을 하게 된다. 즉, 자신의 전재산을 전부 자신의 확약에 대한 담보로 걸면, 그것은 충분한 설득력을 가진다는 것이다.

테러에 대한 대응에 확약을 적용하면

확약은 테러범과 싸우는 정부의 경우에도 그대로 적용될 수 있다. 테러범이 비행기를 납치하여 자신의 동료를 풀어달라는 조건 혹은 일정한 금액을 요구한다고 가정하자. 어떻게 하는 것이 이러한 테러범의 범죄를 줄이는 지름길이 될까?

많은 나라들이 인질들의 목숨을 위하여 테러범들과의 협상에 나선다. 그러나, 장기적으로 볼 때 수많은 인명을 구할 수 있는 가장 확실한 방법은 테러범들로 하여금 인질들이 속해 있는 정부가 자신들과의 협상에 나서지 않을 것이라고 믿게 만드는 것이다. 이러한 취지를 살려 대다수의 정부는 테러범들과의 협상에 나서지 않는다는 원칙을 정하고 있다. 하지만 이 원칙은 인질들의 인명이 달려 있을 경우 종종 지켜지지 않고 있다.

그러면 어떻게 하면 이러한 원칙이 잘 지켜질 수 있게 될까? 그 방법은 테러범과의 협상을 금지한다는 규정을 헌법이나 그와 버금가는 효력을 가지는 방법으로 명시하는 것이다. 정부가 협상불가의 원칙을 헌법으로 규정해 버릴 때 테러범들은 정부의 의지가 어느 정도인지, 그리고 현 정부가 위헌의 소지를 안고서, 자신들과 협상을 하지는 않으리라는 것을 알게 된다. 예컨대 테러범과 협상하는 정권은 퇴진해야 한다는 조항이 헌법에 있다면 테러범은 그 정부의 결의가 어느 정도인지 잘 알 수 있게 된다. 왜냐하면 뒤로 물러설 수 없는 환경을 조성해 놓았기 때문이다.

스스로를 제어하는 것이 협상력의 원천

지금까지 살펴본 이러한 협상전략이 가지는 힘의 본질은 무엇일까? 이것을 토마스 쉘링은 다음과 같이 이야기한다.

"상대방을 꼼짝 못하게 제약할 수 있는 힘은 스스로를 구속할 수 있는 힘에 의존한다(The power to constrain an adversary depends on the power to bind oneself)."

이 얼마나 엄청나게 모순되는 말인가? 협상력의 강화는 자신을 구속할 수 있는 힘에 의존한다니. 그러나 한편으로 이해하지 못할 것도 아니다. 사람의 기대 혹은 믿음을 바꾸는 것이 그렇게 호락호락한 일은 아니기 때문이다. 하지만 이러한 힘의 원천이 외부에 있는 것이 아니라 바로 자신에게 있다는 것은 하나의 희망이다. 스스로를 관리하고 스스로를 제어하는 것이 바로 협상력의 원천이기 때문이다.

어렵지만 쉽고 쉽고도 어려운 문제이다.

확약의 남발은 패가망신의 지름길

그러면 이러한 방식으로 확약을 할 수 있다면 그것은 과연 항상 최선의 방법인가? 이러한 방식에는 아무런 위험이 없고, 혹은 이러한 방식을 무효로 할 수 있는 다른 방도는 없는 것일까?

상대방의 확약을 무력화시킬 수 있는 방법은 그 확약이 거짓말이라든지 혹은 과장인지를 밝히는 것이라고 할 수 있다. 하지만 이 장에서 제시된 방법을 활용하여 효과적으로 확약을 한다면 그것이 과장 혹은 거짓말임을 밝히는 것은 정말 어렵다. 그러나 그 확약이 과장이거나 거짓이라는 것이 밝혀진다면, 확약은 매우 위험한 전략이 되고 만다. 예컨대 자신의 뒤에 있는 다리를 태워버리는 전략을 사용하였음에도 불구하고, 상대방이 그것을 믿지 않게 된다면 그 전략을 구사한 사람은 정말 자신의 다리가 불타버리는 비운을 맞이하게 되는 것이다.

확약 전략이 가지는 또다른 위험성은 자신만이 확약을 하는 것이 아니라 상대방이 다른 종류의 확약을 하게 될 경우 그 결과는 상호 패배(Mutual Defeat)로 끝날 수 있다는 것이다. 즉, 협상에 참여하는 양 당사자가 서로 다른 방향으로 확약을 하게 되면, 이 협상이 타결될 소지는 전혀 없게 된다. 가령 다음과 같이 파는 사람과 사는 사람이 확약을 하는 경우를 생각해 보자.

"나는 이 자동차를 1,095원 이하로는 결코 팔지 않겠다."(파는 사람)

"나는 이 자동차를 1,050원 이상으로는 결코 사지 않겠다."(사는 사람)

그 결과는 어떠할까? 그렇다. 협상은 완전히 결렬되고 만다.

그래서 함부로 확약을 하는 것은 현명하지 못하다. 상황과 분위기를 파악한 뒤에, 그리고 이 전략이 반드시 자신만이 시행할 수 있다는 믿음하에서 시행되어야 한다. 그렇지 않고서는 '패가망신'으로 가는 지름길이 될 수도 있다.

마지막으로 강조하고 싶은 것은 개인간의 협상에서 확약의 효과를 제대로 얻기 위해서는 '자신이 어떠한 사람인지' 객관적으로 볼 필요가 있다는 것이다. 평소의 말과 행동이 자신의 확약에 대한 성과를 결정하기 때문이다. 그 이유가 궁금하면 〈참고자료 3〉을 차근히 읽기 바란다.

9

사랑은 어떻게
오는가, 혹은 얻는가

　자, 이제 이 책의 제2부 제1장에서 제시한 질문에 답할 차례가 되었다. 제1장을 읽은 뒤 지금까지 이 책을 꾸준히 읽어온 독자라면 나름대로 그 답을 제시할 준비가 되어 있을지도 모르겠다. 그렇다면 이 책의 결론과 한번 비교를 하는 것도 재미있을 것이다. 그렇지 않고, 제1장에서 제9장으로 바로 건너온 독자라면, 제발 숨을 좀 돌리라고 권유하고 싶다. 이 장에서 제시하는 결론이 그리 만만하지 않을지 모르기 때문이다. 어떤 경우든 이 책의 구성대로 하나씩 따라가기로 한다.

　설명을 하기 전에 이 장에 등장하는 두 인물을 '선영'이라는 여자와 '동수'라는 남자로 설정하고, 동수가 선영의 마음을 얻기 위해 무척 애쓰고 있다고 가정한다.

동수의 선영이 마음얻기는 협상인가

그렇다. 동수의 선영이 사랑얻기는 협상이다. 왜 협상으로 볼 수 있는지 하나하나 살피기로 하자. 협상은 제2장에서 다음과 같이 정의하였다. 협상에 참여하는 양 당사자가 협상의 타결(혹은 협상의 대상)에 대한 서로의 기대를 일치시켜 가는 과정이다.

우선 사랑얻기는 혼자서 하는 것이 아니라 두 사람이 하는 것이다. 그리고 동수와 선영이라는 두 당사자는, 상대방이 있을 경우 자기 마음대로 행동하는 것이 아니라, 서로 상대방의 반응을 보면서 자신의 말, 행동과 태도를 결정한다. 다시 말해 자신의 행위를 일방적으로 결정하는 것이 아니라 상호의존의 방법으로 결정하고 있다는 것이다. 선영의 스쳐지나가는 말 한마디에 동수의 마음은 천당과 지옥을 경험하고 있지 않은가?

그러면 협상의 대상은 무엇인가? 그것은 사랑이다. 조금 달리 표현하면 마음이다. 그러니 협상이 성공적으로 끝나면 동수는 선영의 사랑 혹은 마음을 얻는 것이고, 협상이 실패로 끝나면 동수는 선영의 사랑 혹은 마음을 얻지 못하는 것이다. 그러므로 여기서의 협상은 두 사람의 사랑에 대한 기대가 일치함으로써 이루어지고, 사랑에 대한 기대가 일치하지 못할 경우 협상은 실패로 끝나고 만다. 그러므로 관건은 어떠한 협상전략을 사용하여 선영의 사랑에 대한 기대를 동수의 사랑에 대한 기대와 일치시키도록 하는가이다. 따라서 여기서 협상력이란 '선영의 사랑에 대한 기대를 동수의 기대와 일치시키게 하는 동수의 능력'을 의미한다.

한 가지 명심할 것은 이러한 마음얻기 협상은 제2장의 표현을 빌면 명시적 협상이 아니라 묵시적 협상에 속한다는 것이다. 협상의 대상도 손에 잡히지 않는 무형적인 것이고, 협상의 결과도 가시적인 것이 아니기 때문이다. 그러나 조금 전에 설명한 바와 같이 이 마음얻기 협상은 우리가 협상의 정의에서 살펴본 모든 구조를 가지고 있다.

자, 그러면 동수는 어떤 전략을 사용함으로써 선영의 사랑에 대한 기대를 자기에게 유리하게 바꿀 수 있는가? 이 책에서 설명한 방법들을 하나하나 검토하기로 하자.[4]

대안을 사용하는 것이 효과적인가

동수가 선영의 마음을 얻기 위하여 대안(代案)을 강구한다? 여기서의 대안이란 결국 선영이 외에 다른 여자를 구하는 것을 의미한다. 예컨대 동수는 아무리 애를 써도 선영의 마음이 움직이지 않자 선영의 질투심을 자극하기 위한 지극히 고전적인(?) 방법을 사용하기로 한다.

이 방법은 효과가 있을까? 전혀 그렇지 않다. 마음이라는 무형의 협상대상을 두고 볼 때 대안을 구하는 협상전략은 전혀 효과적이지 않다는 것이다. 우선 동수가 선영에게 마음을 빼앗겨 있으면서도, 선영이 외의 다른 여자를 찾는다는 것은 일종의 거짓이다. 설사 다른 여자를 찾았다 하더라도 자신의 마음을 채우지 못하는 공허한 일에 불과하다. 그보다는 선영의 마음이 동수에게 완전히 기울어지지 않은 상태에서 선영의 마음을 자신에게로 돌리기 위해 다른 여자를 찾았다면, 혹은 찾았다고 선영에게 시위를 한다면 선영은 어떤 태도를 보일까? 아마, 가장 부드러운 표현을 쓴다고 해도 이 정도가 아

주4) 한 가지 명심할 것은 여기서 제시된 방법들이 협상력을 높이기 위한 모든 방법을 망라한 것은 아닐지라도, 가장 중요한 방법들은 모두 망라하고 있다는 것이다.

닐까?

"저 남자, 정말 웃겨!"

시한을 설정하면 어떨까

동수가 선영의 마음을 구하기 위하여 시한을 설정하는 전략을 구사하기로 결정한다. 그래서 어느날 용감하게 신체검사를 받고, 머리를 깎고 군대에 가기로 결정한다. 선영을 만날 때마다 군대갈지 모른다는 암시를 주다 드디어 어느 날 다음과 같은 폭탄선언을 한다.

"나 2개월 뒤에 군대간다."

자, 선영은 어떤 반응을 보일까? 자기를 줄기차게 쫓아다니는 남자가 드디어 군대를 간다니 한편으로는 서운할지 모른다. 그래서, 마음이 좀 착한 여자라면, 동수가 군대가기 전까지는 옛날과는 조금 다르게 따뜻하게 대해 줄지도 모른다. 하지만 거기까지다. 군대를 간다는 선언만으로 선영은 결코 동수에게 마음을 주지 않는다. 약간의 서운함이 어찌 사랑과 연결될 수 있느냐는 계산을 하면서.
그래서 군대를 간다는 시한을 설정한다는 그 자체로는 결코 선영의 마음을 빼앗을 수 없다. 아니, 세상에 서로 사랑하는 사이에 갑자기 영장이 나와 울며 불며 애인을 군대로 떠나보내도 군대 2년 그 사이를 못 참아 고무신 거꾸로 신는 여자가 얼마나 즐비한데, 어딜 감히?
그러니 동수가 군대간다는 선언을 하면 선영은 다소 서운해 하면서, 그리고 한편으로는 이제 혹을 뗐다는 안도와 함께 다음과 같은 말을 하지 않을까?

"잘 가라!"

확약의 방법을 사용한다면

선영만 생각하면 뛰는 가슴을 숨기지 못하는 동수는 며칠 밤을 세우다 드디어 선영이 없이는 도저히 못살겠다는 결론을 내린다. 그래서 선영을 만난 어느 날 다음과 같은 고백을 한다.

"선영이, 내 마음을 받아줘! 나는 세상의 누구보다도 너를 사랑하고 내 생명이 다하는 날까지 너를 아껴줄게. 정말 받아줘! 만약, 그렇지 않으면 나는 너를 떠날 수밖에 없어."

자, 이러한 사랑고백을 들은 선영은 어떠한 태도를 보일까?
선영의 태도를 분석하기 전에 이러한 고백은 일종의 협상거부에 속한다는 것을 명심해야 한다. 즉, 나를 받아주지 않으면 떠나겠다는 것이니 말이다. 우리는 앞에서 이러한 협상거부는 전형적인 확약(commitment)의 하나임을 설명하였다. 그래서 이 책을 찬찬히 읽어 온 독자라면 이미 알고 있겠지만, 이 선언 자체가 가지는 의미는 중립적이다. 이 선언의 효과는 이러한 확약을 뒷받침하기 위해 동수가 사용한 협상전략에 전적으로 의존하기 때문이다.
자, 이제 확약의 전략을 살피자.

1) 동수는 협상전략의 하나로 대리인을 구한다

그리고 대리인에게 선영에게 가서 위와 같은 자신의 마음을 밝히고, 선영의 마음을 얻어오라고 부탁한다. 이 전략은 효과적일까? 예를 들어 동수가 자신의 친구나 이모 혹은 고모에게, 자신의 마음을 담은 편지를 전하면서 선영의 마음을 얻어달라고 하면 선영의 마음이 움직일까? 그렇지 않다. 박찬호를 대리하는 스콧 보라스와는 달리 동수의 대리인은 선영에게 간절히 부탁을 할지 모르나, 대리인이 선영의 마음을 움직이기를 기대하기는 어렵다.

아니, 단 한 가지의 방법이 있을 수 있다. 그러나 그것은 대리인과는 관계가 없는 것이기에, 뒤에 다시 논의하기로 한다. 그러니 마음을 얻기 위해 대리인을 고용하는 행위 자체가 우습다. 다시 말하지만 마음이라는 무형의 가치가 협상의 대상일 때는 우리가 살핀 협상전략은 종종 실패한다. 묵시적 협상은 그래서 어렵다.

2) 명예와 평판을 걸면 어떨까?

동수는 대리인을 고용하는 대신 자신의 명예와 평판을 건다.

"선영아, 내 명예와 평판을 걸고 너에게 내 마음을 고백한다. 받아다오."

라고 말한다. 선영은 어떠한 반응을 보일까? 명예와 평판은 그것이 객관적으로 상당하다고 증명되지 않는 한 매우 불확실한 것이다. 그러니 이 경우 동수의 명예와 평판이 과연 객관적으로 어느 정도의 가치가 있을 수 있느냐가 문제가 된다. 사람들 대부분은 이러한 정도의 명예와 평판은 없다. 혹은 자신은 있다고 생각할지 모르나 그것은 착각일 가능성이 많다. 그래서 동수가 자신의 명예와 평판을 걸고 사랑 고백을 한다면 아마 선영은 다음과 같이 말하지 않을까? 냉수 한 잔을 건네면서,

"정신 차려!"

3) 그래서 남은 마지막 전략은 퇴로를 차단하는 것이다

자신의 붉은 마음을 밝혔음에도 불구하고 선영의 마음은 조금도 움직이지 않는다. 그래서 드디어 단단한 결심을 하고 다음과 같이 말한다.

"선영아, 네가 나의 마음을 받아주지 않으면 나는 정말이지 죽을 수밖에 길이 없을 것 같아."

자, 드디어 동수가 자신의 생명을 담보로 걸고 나왔다. 이것은 앞 장에서 본 바와 같이 자신의 퇴로를 차단하는 것이다. 즉, 뒤에 있는 자신의 다리를 불태우는 것이다.

대개 유형의 대상을 목표로 한 협상의 경우, 뒤에 있는 자신의 다리를 불태우면, 협상 상대방의 기대를 움직이고 협상에 유리한 고지를 차지할 수 있다. 하지만, 무형의 가치가 협상의 대상인 경우에도 그러할까?

불행히도 동수가 자신의 생명을 담보로 걸고 나왔음에도 불구하고, 선영은 동수의 이러한 고백이 정말로 자신의 뒤에 있는 다리를 불태우는 전략이 아니라고 생각할 수 있다. 쉽게 말해 거짓이라는 것이다. 동수가 내건, 아니 동수가 불태울 다리가 가짜일 수 있다는 것이다. 그래서 선영은 거짓으로 알고 배시시 웃기만 한다.

그러나 우리의 동수, 그 모양을 보고 정말 자신의 다리를 불태워 버린다. 동수가 자신의 다리를 불태워 병원에 있다는 소식을 들은 우리 선영의 가슴에 미묘한 파문이 일기 시작한다. 이때 동수의 이

모가 대리인을 자청하여, 동수가 밤새워 쓴 일기를 가져와 눈물지으며 선영에게 건넨다. 그 순간, 선영 가슴의 파문은 쓰라림으로 변한다. 그래서 그 일기를 보며, 다리를 불태운 동수를 생각하는 순간 선영은,

"아, 정말이었어!"

하는 탄식을 내뱉는다. 그때야 비로소 선영은 알 수 없는 애달픔에 사로잡히며, 속으로 다음과 같이 외친다.

"제발 살아만 다오, 그러면 네 마음을 받아줄게."

중요한 것은 무엇일까

가상적인 상황이었지만[5] 마지막 순간에 동수의 사랑에 대한 기대와 선영의 사랑에 대한 기대가 일치하게 된 요인은 무엇이었을까? 즉, 어떠한 힘이 작용하여 동수의 사랑에 대한 기대를 선영이가 수용하게 되었을까?

그것은 다름아닌 진실, 즉 거짓 없음이다. 동수가 선영을 향하는 마음이 사실이었다는 그 진실이 선영의 마음을 움직인 것이다. 대리인이 전달한 것도 동수의 진실이었던 것이다. 이 경우 대리인의 역할은 동수의 진실을 전달함으로써 동수의 협상력을 훌륭히 제고시켰다.

하지만, 동수는 마지막 다리를 불태움으로써만 자신의 고백이 진실이라는 것을 증명할 수 있었다. 이것은 너무 지나치지 않은가? 자

주5) 이 상황은 협상론의 관점에서 상황을 설정한 것이기 때문에 반드시 이러한 일이 일어난다고 말하는 것은 아니다. 이 점을 반드시 이해해야 한다. 즉, 협상론의 관점이라는 단서가 반드시 있어야 한다.

신의 생명을 건다는 그 고백이 왜 거짓으로 받아들여지는가? 바꾸어 말해 마지막 다리를 불태우지 않고, 마지막 다리를 불태울지 모른다는 자신의 고백만으로 선영의 기대를 바꾸는 방법은 없었을까?

그 방법은 단 하나밖에 없다.

그것은 동수가 어떠한 사람이냐에 달려 있다. 다시 말해 동수의 평소 행동과 말이 건달과 다름없이 형편없고, 약속 어기기를 밥먹듯이 하는 사람이라면, 아무리 진지하게 표정을 잡고 자신의 다리를 불태우겠다고 말해도 그 말이 정말이라고 믿을 사람은 없다는 것이다. 그 대신 선영이 항상 봐온 동수는, 비록 자신의 이상형은 아닐지라도, 말과 행동에 신뢰를 주고 모든 사람이 좋아하는 사람이었다면 동수의 고백에 대해 선영은 최소한 한 번은 더 생각했을지도 모른다. 그래서 동수가 다리를 불태우는 상황까지 가지 않았을 수도 있었을 것이다.

자, 이제 결론을 내릴 때다. 세상의 모든 연인은 사랑하는 사람의 마음을 얻기 위하여 행동과 말로써 자신의 감정을 전달한다. 그 감정이 절실할수록 그 행동과 말은 '뒤에 있는 다리를 불태우는 것'이 되기 쉽다. 그러나 '다리를 불태우는' 말과 행동의 성과는 당신이 정말 어떠한 사람이냐에 의존할 수밖에 없다.

그러면, 협상론적인 관점에서 사랑하는 그녀의 마음을 빼앗기 위한 최선의 방책은 무엇일까?

"To be a nice guy!"

당신이 이 결론을 보았을 때 어떠한 표정을 지을까? 당신이 약간

감탄의 표정을 지었다면 당신은 사랑하는 사람의 마음을 얻을 가능성이 매우 높다. 그렇지 않고, "에이, 이게 뭐야" 하는 말을 하였다면, 당신은 보통의 노력을 하지 않고서는 사랑하는 사람의 마음을 얻기 어려울 것이다.

기혼자의 경우에는, 역설적으로 이런 말도 성립한다. 당신의 배우자는 당신을 비추는 또다른 거울이며, 당신이 그 정도의, 혹은 그렇게 훌륭한 사람이었기에, 그 정도의, 혹은 그렇게 훌륭한 배우자를 얻을 수 있었다는 것이다.

마지막으로 한 가지만 더 강조하자.

이 제2부는 다양한 개인간의 협상을 주제로 삼아왔다. 그래서 개인간의 협상에 있어서 협상력을 높이기 위한 가장 바람직한 협상전략을 제시하면서 제2부를 끝내고자 한다.

"자신의 협상력을 높이기 위한 제일 좋은 전략은 정신적으로나 육체적으로 더 멋있고 훌륭한 사람이 되는 것이다."

참고자료 1

대우자동차 매각협상^{편집자주)}

'아니 그럴 수가' 혹은 '세계적 대기업이 국제 상도의(商道義)를 저버리다니…'. 이것은 포드자동차가 대우자동차 인수를 포기하기로 했다는 말을 듣고 우리 국민 혹은 매스컴이 보인 반응이다. 그러나 이런 반응은 '약속은 반드시 지켜야 한다'는 우리네 도덕 교과서의 가르침에 따른 반응일 뿐, 서릿발처럼 냉엄한 국제 비즈니스 협상을 전제로 한 반응은 아니다.

'협상론'의 관점에서 볼 때, 협상이란 협상에 참여하는 두 당사자가 협상의 타결에 대한 서로의 기대를 일치시켜 가는 과정으로 정의된다. 바꾸어 말하면, 협상의 타결은 협상의 대상에 대한 양자의 기대가 일치할 때 이루어진다. 따라서 협상의 결과는 협상이 시작될 당시와는 전혀 다른 모습으로 드러나기도 한다. 협상 당사자의 '기대(expectation)'는 변하기 때문이다.

지난 6월 29일 대우입찰 사무국이 대우자동차 매각의 우선 협상대상자로 포드를 선정한 것은, 대우자동차 매각에 대한 양자의 이해가 일치함으로써 이루어진 것이다. 채권단 측으로선 가장 유리한 인수조건(즉, 가격)을 제시한 업체를 선정한 셈이고, 포드로선 지난 번 기아자동차 입찰 때와 같은 실수를 되풀이하지 않은 셈이다.

그러나 채권단은 여기서 하나의 중요한 실수를 한다. 협상의 시작에 지나지 않는 우선 협상대상자 선정을 '사실상의 협상타결'로 간주해 버리려 한 점이다. 협상대상자를 복수로 선정하지 않고 포드의 오퍼를 아무런 법적 구속력이 없는 사항(Non-Binding Offer)으로 한 점은, 매스컴의 표현대로 협상의 ABC도 모르는

편집자주) 이 글은 중앙일보에서 발간하는 경제주간지 《이코노미스트》 제555호(2000년 10월 3일)에 게재된 필자의 글로서 협상에 대한 이해를 돕기 위해 그 전문을 다시 게재합니다.

짓이다. 바꾸어 말하면 포드와의 협상이 반드시 타결될 것이라는 채권단의 믿음은 비즈니스협상의 가장 기본규칙, 즉 폴백(fallback)도 마련하지 않은 철부지 짓이라는 것이다.

하지만, 가장 중요한 것은 6주간의 실사 끝에 포드가 왜 'No' 라는 결론을 내렸느냐는 것이다. 포드가 'Yes' 라고 했다면 채권단과 대우구조조정위원회의 '자동차 메이저에 대한 순진한(?) 믿음' 은 다시 한번 찬사를 받았을 수도 있었기 때문이니까. '협상론' 이라는 관점에서 보면 포드의 결정은 자신의 대우에 대한 기대와 채권단의 포드에 대한 기대가 일치하지 않았다는 것을 의미한다. 쉽게 말해 6주간의 실사 뒤에 포드가 제시한 금액이 채권단으로서는 도저히 받아들이기 어려운 금액이었으리라는 것이다. 포드가 'No' 라는 결정을 내린 근거로 파이어스톤 타이어 리콜에 대한 자금사정 악화를 거론하기도 하나, 이것은 여러 정황으로 보아 사실에 근거한 것이 아닌 것으로 보여진다. 폴 우드 포드자동차 대변인의 말대로 '대우차 인수포기는 순전히 업무상의 결정(business decision)' 이었을 따름이고, 타이어 리콜에 의한 자금사정이 언론에 거론되도록 한 것은 채권단을 고려한 포드의 마지막 배려(?)라고 해석하는 것이 타당하다.

그러니 정말 중요한 것은 6주간의 실사 끝에 포드가 목격한 '대우자동차' 는 무엇이었냐는 것이다. 협상론의 관점에서 볼 때 포드는 실사(實査) 결과, 채권단이 협상의 대상으로 내세운 처음의 대우자동차와는 다른 대우자동차를 목격하였으리라는 것이다. 그것은 외국 증권사 경제분석가의 얘기대로 '수많은 불합리와 비효율' 의 벌레들이 우글거리는 것일 수도 있고, '분식회계와 잠재부실로 가득찬' 깡통에 가까운 것일 수도 있다. 그래서 포드가 'No' 라는 결정을 한 이후 GM이 표명한 다음과 같은 입장은 매우 시사적이다. "GM은 대우를 너무 잘 알고 있다. 포드의 대우차 포기는 GM이 당초 제시한 인수가격이 적정했음을 확인한 것으로 볼 수 있다."

달리 말하면, 우선 협상대상자가 선정된 이래 포드와 채권단은 '서로 다른 협상의 대상' 을 두고 동상이몽을 하고 있었던 것이다. 채권단은 대우를 포드에 인수시킴으로써, 약간의 돈도 돌려받고, 은근슬쩍 세계 자동차 재편에 능동적으로 뛰어들려는 야무진 꿈을 꾸고 있었고, 포드는 가급적 가격을 후려치려는 생각을 하고 있었던 셈이다. 그러니 '협상의 대상'도 서로 다르게 된 상황에서 신기루 같은 서로의 기대를 일치시키는 것이 어떻게 가능했겠는가? 그래서 포드의 'No'는 필연적이라고 할 수 있다.

악몽 같은 포드의 결정이 난 지금, 포드에 대해 비분강개하기보다는 어떻게 하면 대우자동차를 제대로 처분할 수 있을지 그 방법을 신중히 생각하는 것이 더 급하다.

문제의 핵심은 여전히 대우의 채권단이 쥐고 있다. 대우를 처분해야 되는 입장에서, 만약 채권단이 생각하는 대우자동차와 인수 후보자가 생각하는 대우자동차가 같지 않다면 포드와 같은 전철은 필연적이다. 그러니 채권단이 해야 할 가장 기본적인 일은 '현재 대우자동차의 가치가 어느 정도인가'를 분명히 아는 일이다. '협상의 대상'을 분명히 인식하라는 말이다.

그 다음 '협상의 목적'을 내부적으로 분명히 할 필요가 있다. 협상의 목적에 따라 채권단이 받아들일 수 있는 대우의 인수가에 차이가 날 수 있기 때문이다. '내부적으로'라는 단서를 단 것은 섣불리 그 목적을 대외적으로 공표할 필요는 없다는 것이다. 대우자동차를 처분하는 목적이, 과거의 대우구조조정위원회처럼 단지 새로운 주인을 찾아주고 채권단은 돈 몇 푼을 건지려는 것인지, 아니면 대우자동차를 해외에 처분함으로써 한국의 국제신인도를 높이고 재벌 구조조정을 마무리지으려는 것인지, 그것도 아니라면 대우자동차를 세계적 자동차회사로 발전시키려는 것인지. 일석삼조(一石三鳥)는 안 되냐고? 차라리….

마지막으로 채권단이 명심해야 할 일은, 그들이 정말 대우자동차를 협상에 의해 처분하기를 원한다면 제발 말을 삼가해야 한다는 것이다. '선인수 후정산', '한 달 이내 매각', '현대의 단독입찰 허용', '분리매각 허용'과 같은 채권단의 입장표명은 협상을 하지 않겠다는 의사표명에 다름 아니다. 채권단의 의도가 분명한 상황에서, 인수후보자의 의지대로 협상이 매듭지어질 여지는 너무 많지 않은가. '협상론'이라는 아카데믹한 잣대는 아예 필요없다.

그러니 정말 대우자동차를 조금이라도 비싸게 팔기를 원한다면, 지금이라도 채권단 대표는 호텔 하나 잡아서 합숙연구를 시작하라. 그러면서 성명 하나 발표하면 되지 않겠는가.

"우리는 대우자동차의 정상화(처분이 아니다)를 위한 모든 조치를 원점에서 다시 강구할 것이다. 물론 공기업화와 해외처분도 고려의 대상이다."

참고자료 2

협상에 임하는 기본 태도

협상에는 어떠한 태도로 임해야 할까? 탄력적인 태도가 좋을까? 그렇지 않으면 비탄력적인 태도가 좋을까?

이 문제는 조금 깊이 생각해 볼 필요가 있다. 우리는 어떤 경우이든 탄력적으로 대처하는 것이 바람직하다는 교육을 상당히 받아왔다. '상황에 유연하게 대처하라' 느니, '자기의 의견을 지나치게 고집하지 마라' 느니 하는 것이 대표적인 예일 것이다. 이러한 지침은 윤리적인 관점에서 보았을 때는 매우 유용한 것이라고 할 수 있다. 하지만 협상에서는 어떨까?

우리는 협상의 일차적 포인트는 '기대' 라는 것을 강조하였다. 그리고 그 기대를 자신에게 유리하게 변화시키는 능력을 협상력이라고 정의하였다. 자, 이제 본론에 들어가자. 협상이 시작되기 전에 탄력적인 태도를 취하는 것이 좋을까, 비탄력적인 태도를 취하는 것이 좋을까? 여기서 강조할 것은 '협상이 시작되기 전' 이라는 시점이다. 따라서 이 시점에서의 관심사는 협상 그 자체를 있게 만들어야 하는 것이다. 협상이 시작도 되지 않았는데 당신이 어떻게 협상력을 발휘할 수 있겠는가? 그러면 어떻게 해야 할까? 그렇다. 협상이 시작되기 전에는 탄력적인 자세를 유지함으로써 협상 그 자체를 있게 만들 필요가 있다. 그러니 협상이 시작되기 전에는 탄력적인 태도를 취하는 것이 바람직하다.

그러면 협상중에는 어떠한 태도를 취하는 것이 바람직할까? 협상중에는 당연히 어떻게 하면 협상력을 높일 수 있을 것인가에 관심이 집중되어야 한다. 협상중에 당신이 지나치게 탄력적인 태도를 취할 경우 협상의 상대방은 당신을 상대하기 쉬운 사람으로 간주할 수 있다.

예를 들어보자. 당신이 지나치게 탄력적으로 나올 경우, 협상의 상대방은 자신의 목적을 달성하기 위하여 무리한 요구를 할 수도 있다. 상대방이 무리한 요구를 할 경우, 당신은 당연히 거절을 할 것이다. 하지만 그 거절은 협상 자체를 실패로 몰아갈 위험성이 있다. 상대방은 당신이 거절할 경우 '당신은 협상에 있어서 일관성을 가지지 않고 있다'고 생각할 수 있기 때문이다. 이러한 협상 상대방의 기대 혹은 믿음은 당신이 지나치게 탄력적인 태도를 취함으로써 자초한 것이다. 즉, 자업자득인 것이다. 그러니 협상중에는 적당히 비탄력적인 태도를 취하는 것이 좋다. 이것이 당신의 협상력을 높이는 결과가 된다.

참고자료 3

행동과 신뢰

개인간의 협상에서 확약이 가질 수 있는 효과는 다음과 같은 문장에 집약되어 있다.
"상대방을 설득시키기 위해서는 평소의 훌륭한 행동이 필요하다."

왜 그럴까? 그 이유는 비교적 간단하다.
상대방을 설득시킨다는 것은 어떤 특정 견해에 대해 당신이 하는 말을 상대방이 납득하도록 해야 한다는 것이다. 협상의 관점에서 이야기하면, 설득된다는 것은 특정견해에 대한 자신의 생각이 변한다는 것이고, 그러기 위해서는 특정견해에 대한 자신의 생각 혹은 기대가 상대방의 말에 의하여 바뀔 수 있어야 한다. 자신의 생각 혹은 기대가 변할 수 있기 위해서는 상대방의 말이 '믿음직' 해야 한다. '믿음직' 이라는 요소는 상대방이 자신을 설득할 때 실어보낼 수 있는 신호인 것이다. 그러기 위해서는 상당 기간 동안 축적된 신뢰의 행동이 필요한 것이다.
너무 어렵게 이야기한 것은 아닌가? 쉽게 이야기하자.

국회의원이 방송에 나와 "사후 장기기증은 훌륭한 행위이니 여러분도 장기기증을 해주시기 바랍니다" 하면 당신은 어떠한 반응을 보일까? 아마 이 정도 아닐까?
"흥, 너나 해!"
하지만 김수환 추기경이 방송에 나와 "사후 장기기증은 우리 인류를 사랑하는 매우 실천적인 행위입니다. 여러분도 동참해 주시기 바랍니다"라고 하면 당신은 어떨까? 사람에 따라 다르겠지만, "맞아, 맞는 말이야. 한번 생각해 볼까?" 하지 않을까?

제3부
사회적 갈등

"살아 있는 것에 어찌 갈등이 없을 수 있는가?"

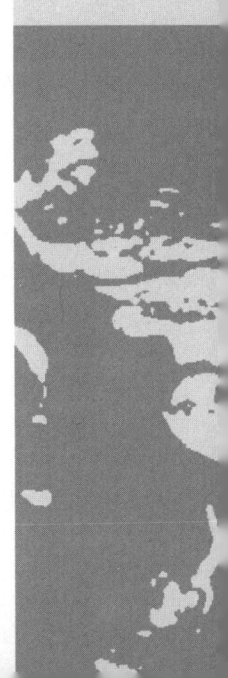

1
누가 어떻게
양보를 하나

　지은 지 오래 된 아파트 단지에는 대개 차를 댈 만한 장소가 충분하지 않다. 그래서 대부분 차를 댈 공간을 확보하기 위해 차가 나가고 들어오는 차선을 제외하고는 모든 방법을 동원하여 가급적 많은 차가 주차할 수 있도록 머리를 쓰고 있다. 이런 아파트를 가보면 정말 조심해서 운전해야겠다는 생각이 절로 난다. 그만큼 운전할 수 있는 여백이 부족하다는 것이다.
　다음 〈그림 1〉은 이런 아파트에서 자동차가 들어오고 나가는 과정에서 발생할 수 있는 사소한 사건을 묘사한 것이다. 〈그림 1〉에서 보는 바와 같이 아파트 앞의 모든 공간은 주차용으로 할애되어 있고 오직 한 개 반의 차선만이 나가고 들어오는 자동차를 위해 확보되어 있다. 한 개 반의 차선이라 한 것은 다음과 같은 이유 때문이다. 그림에서 보는 바와 같이 하나의 차선은 완전히 확보되어 있지만, 나머지 한 개의 차선은 반 정도가 주차용이고, 나머지 반만이 자동차

〈그림 1〉 아파트에서의 주차분쟁

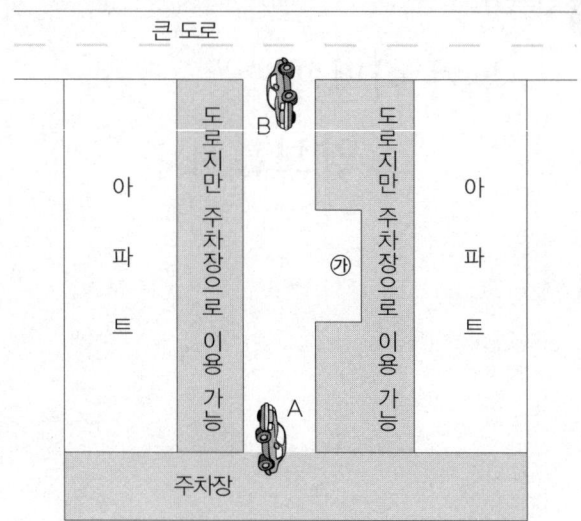

가 옆으로 비켜서서 다른 차가 지나갈 수 있도록 되어 있다. 이 반 정도의 공간을 ㉮라고 하자.

아파트에서 외부로 나가려는 자동차를 A라고 하고, 외부에서 아파트로 들어오려는 자동차를 B라고 하자. 보통의 경우 두 대의 자동차가 아파트를 빠져나가고 들어오는 데는 그리 큰 문제가 없다. B가 아파트로 들어오려 할 때 외부로 나가려는 자동차 A가 없다면 B는 한 개의 차선을 이용하여 그대로 들어오면 되기 때문이다. 또 A가 아파트를 빠져나가려 할 때 아파트로 들어오려는 자동차 B가 없다면 A는 한 개의 차선을 이용하여 그대로 외부로 나가면 되기 때문이다.

마주선 자동차, 누가 양보할 것인가

문제는 두 대의 자동차가 동시에 아파트를 들어오고 나가려 할 때 발생한다. 즉, 그림에서 보는 바와 같이 두 대의 자동차가 한 대는 외부로, 한 대는 아파트로 들어오려 할 때이다. 하지만 이런 경우에도 어느 한 대가 ㉮의 공간에 가까이 와 있다면 별다른 문제는 발생하지 않는다. ㉮의 공간에 가까이 온 차가 그대로 ㉮의 공간에 들어가고, 그 사이에 나머지 차가 한 개의 차선을 이용하여 이동하면 되기 때문이다.

정말 문제가 되는 것은 두 대의 자동차가 거의 동시에 한 대는 아파트로 진입하고, 한 대는 외부로 빠져나가려 할 경우이다. 그림에서 보는 바와 같이 A와 B가 거의 동시에 이동할 경우 두 대의 자동차는 어떻게 마찰을 일으키지 않고 들어오고 나갈 수 있을까? 물론, 이 경우에도 어느 한쪽이 양보하여 먼저 ㉮의 공간으로 들어간다면 두 대의 자동차는 쉽게 이동할 수 있다. 하지만 여러분도 경험한 일일 수도 있지만 이러한 양보가 항상 일어나는 것은 아니다.

이러한 가상의 상황을 가정하여, 학부 4학년으로 구성된 학생들(총 40명)에게 설문조사의 형태를 빌어 다음과 같이 물어보았다.

"여러분이 자동차 A를 운전하고 있다고 할 경우 여러분은 이런 상황에서 어떻게 하겠습니까?"

그 결과는 다음과 같다.

1) 내가 먼저 양보하겠다(16명)
2) B가 양보할 때까지 기다리겠다(19명)
3) 모르겠다(5명)

이 자료가 보여 주는 바와 같이 A 혹은 B가 항상 양보를 하는 것은 아니고, 따라서 이럴 경우 두 대의 자동차는 ㉮가 있는 공간의 앞에서 서로 마주보며 차를 세울 수밖에 없다. 무슨 일이 발생할까? 몇 가지 시나리오를 예상할 수 있다.

어떤 방식으로 해결할까

1) 자율적인 해결방법 1: 나이

우선 두 운전자의 나이가 큰 차이가 있다고 가정하자. 그러면 나이가 많은 운전자가,

"나이도 어린 사람이 양보 좀 하면 안 되나?"

하고 훈계성 어린 질책을 할 수 있고, 나이 어린 사람이 그 말을 그대로 받아들이면 문제는 쉽게 풀린다. 나이 어린 사람이 ㉮로 들어가면 되기 때문이다. 하지만 나이 어린 사람이,

"나이가 많은 것하고 양보하는 것하고 무슨 상관이야?"

하고 대든다면 그때는 어떻게 할까? 장시간의 설전 끝에 두 사람 중 한 사람이 잔뜩 기분이 상한 채로 양보를 할 수밖에 없다. 나이 많은 사람이 양보를 하게 되었다면 "세상 참 말세야" 하는 한탄을 했을 테고, 그 반대라면 "나이 들었다는 게 무슨 훈장이야" 하는 불평을 했을 수도 있다.

2) 자율적인 해결방법 2: 힘

두 운전자의 체격에 큰 차이가 있다고 가정하자. 한 사람은 조폭처럼 험상궂게 생겼고, 다른 한 사람은 그렇지 않다고 하자. 조폭처럼 생긴 사람이 인상을 지으면서,

"야, 차 안 빼?"

하면 그 위세에 눌려 혹은 신체에 대한 위협 때문에 체격이 약한 사람이 ㉮로 이동할 수밖에 없다. 하지만, 이 경우에도 체격이 약한 사람은 "오늘 재수 옴 붙었어" 하고 기분이 상할 수밖에 없다.

3) 자율적인 해결방법 3: 논리

두 운전자의 나이도 비슷하고 체격도 비슷하다고 가정하자. 그래서 차에서 내린 두 사람이 논리적으로 설전을 벌인다. 먼저 B가 다음과 같이 말한다.

"여보시오. 우리가 차를 세운 곳은 ㉮라는 공간 때문에 두 개의 차선이 되는 것 아니오. 그리고 당신도 아는 바와 같이 차는 우측통행이지 않소. 그러니 당신이 양보해야 되는 것 아니오?"

일견 논리적으로 보인다. 하지만 A도 만만치 않다.

"이 사람이 참. 여기는 차가 다니는 도로가 아니고, 이 공간도 완전한 두 개의 차선이 아니지 않소. 그리고 이런 경우에 반드시 우측통행을 해야 한다는 법이 어디에 있소. 오히려 조금 먼저 들어선 당신이 ㉮로 들어가야 되는 것 아니오?"

이렇게 팽팽하게 맞설 경우 문제는 어떻게 해결될까? 두 사람 중 어느 한쪽이 다른 사람의 논리에 완전히 승복하지 않는 한 이 갈등은 앞의 두 사례로 돌아가기 쉽다. "나이도 어려 보이는 사람이…" 하는 말이 나온다면, "야, 당신 몇 살이야"라는 형태로 나이와 힘을 기준으로 해결책을 모색하는 방향으로 갈 수도 있다. 이럴 경우 결국 누군가가 양보를 해야 되고, 두 사람 모두 유쾌하지 못한 기분으로 돌아설 수밖에 없다.

4) 비자발적 해결방법: 외부의 도움

어떤 방식으로 해결되건 이 문제로 승강이를 벌였던 두 사람은 결코 유쾌하지 않다. 기분이 엉망이 되었거나, '힘'으로 문제를 해결한 경우에는 신체의 어느 곳이 욱씬욱씬하고 아플 수 있기 때문이다. 이런 불유쾌한 경험없이 이 문제를 해결하는 방법은 없을까?

당연히 있다. 그리고 해결책은 매우 간단하다. A와 B 두 대의 자동차가 한 개의 차선으로 들어서는 것을 본 이 아파트의 수위 아저씨가 미리 ㉮로 나와 있다가, 자신이 보기에 조금 먼저 ㉮로 들어오는 자동차에 대해 ㉮로 들어오라고 손짓만 하면 된다. 수위 아저씨가 B 자동차를 ㉮로 들어서게 했다고 하자. 혹 B를 운전하는 사람이 가볍게 불평을 할 수 있을지도 모르나 그 정도 작은 일에 감정을 드러내지는 않는다. 그리고 당연히 A는 수위 아저씨의 역할에 만족하게 된다. 그리고 다른 경우에 수위 아저씨가 자기 차를 ㉮로 들어서게 했을 경우 별다른 불평없이 따르게 된다.

문제가 이렇게 해결되는 것은 수위 아저씨가 A와 B, 어느 쪽도 편들지 않고 공정한 제3자의 역할을 했기 때문이다. 여기서 중요한 것은 '공정한'이라는 말과 '제3자'라는 말이다. 수위 아저씨가 공정하지 않게 아파트에서 나가는 자동차에 대해서만 유리하게 했다면,

그리고 그 사실이 밝혀진다면 아파트에 들어오는 차들은 아무도 이 수위 아저씨의 지시를 따르지 않을 것이다. '제3자'라는 것은 A와 B 어느 쪽과도 개인적인 이해관계를 가지지 않고 있다는 것을 의미한다. 따라서 당연히 문제를 객관적으로 볼 수 있게 된다.

이런 예는 종종 발견된다. 두 개의 차선으로 통행하던 도로가 공사 때문에 한 개의 차선으로 줄어들 경우, 오고가는 자동차들이 자발적으로 순서를 지켜 한 대씩 빠져나가는 것은 어렵다. 이 경우 공사회사의 관계자가 손으로 순서대로 자동차를 정리해 준다면, 손쉽게 자동차가 빠져나갈 수 있다.

사회적 갈등과 제3자

지금까지 아파트 주차장에서의 분쟁을 예로 들어 갈등해결에 있어서 제3자가 어떠한 역할을 할 수 있는지 살펴보았다.

사회적 갈등은 주차장에서의 분쟁처럼 간단하지 않고 매우 복잡한 구조를 가진다. 그러나 그 어느 경우에도 분쟁의 당사자와 개인적인 이해관계가 없는 제3자가 개입하여 문제를 객관적으로 정리할 경우, 그렇지 않은 경우에 비하여 문제해결이 손쉬워진다. 특히, 분쟁에 개입된 당사자가 두 사람 혹은 두 집단이 아니라 여러 사람 혹은 여러 집단일 경우 제3자의 도움은 더욱 필요하다.

하지만, 제3자가 개입한다고 해서 항상 문제가 해결되는 것은 아니다. 제3자가 어떻게 분쟁해결에 도움을 줄 수 있는가는 그 분쟁의 성격, 그리고 제3자가 주는 도움의 성격, 그리고 그것을 받아들이는 이해당사자들의 태도에 따라 달라지기 때문이다. 그런 의미에서 제3자의 개입은 효과적인 분쟁해결과 사회적 갈등해결의 충분조건은 아니지만 필요조건이라고 할 수 있다.

2 공공의 비극
(The Tragedy of the Common)

사회적 갈등의 효과적인 해소를 위해서는 정부가 공정한 제3자로서 활동하는 것이 필수적이다. 만약 그렇지 않다면 공정한 제3자의 역할을 할 수 있는 다른 존재가 필요하다. 왜 그럴까?

다음과 같은 경우를 생각해 보자.

누구든지 자유롭게 사용할 수 있는 목장이 있다. 그래서 원하는 만큼 자기 소를 데리고 와 누구의 간섭도 받지 않고 소에게 풀을 먹일 수 있다고 하자. 소의 주인들은 공짜로 풀을 먹일 수 있기 때문에 가급적이면 자기 소를 많이 몰고 와서 먹이려고 할 것이다. 많은 사람들이 이렇게 생각하기 때문에 목장에 들어오는 소는 점점 더 많아질 것이다. 물론 소를 많이 몰고 오면 목장이 혼잡해지는 것은 당연하다. 하지만, 목장이 조금 혼잡해진다고 해서 자기가 손해보는 것은 아니다. 자기 소를 한 마리 더 목장에 들여올 경우 거기에 따라 목장 전체의 혼잡이 증가한다 해도, 그 혼잡에 따른 불편함은 목장에 들어와 있는 모든 소들이 함께 나누기 때문이다. 따라서 소 주인들은 어떻게 계산해도 소를 더 많이 들여오는 것이 유리하다. 하지만 목장의 목초는 제한되어 있기 때문에 어느 수준 이상의 소가 들어오게 되면 목장은 그 기능을 상실할 수밖에 없다.

이게 공공의 비극이다. 좀더 정확히 말하자면 공공재의 비극이라고 할 수 있다. 공공재라는 것이 무엇인가? 모든 사람이 아무 제한 없이 사용할 수 있는 것이기는 하지만, 누구도 자발적으로 그 재화를 공급하려 하지 않는 것이다. 혹은 그 공급에 따른 비용을 부담한다고 해도 공공재의 공급에 따른 혜택에 상응하는 정도로 비용을 부담하는 것은 아니다. 예컨대 국방과 같은 것이 가장 대표적이다. 모든 사람이 국방의 혜택을 받지만, 국방의 혜택에 상응하는 만큼의 비용을 부담하는 것은 아니기 때문이다. 위 예에서 본 대로 소 한 마리가 추가되는 데 따른 혼잡비용은 결과적으로 모든 소들의 주인이 함께 부담하기 때문이다.

그래서 공공재를 제대로 공급하기 위해서는 국가가 국민으로부터 받은 세금으로 공급할 수밖에 없다.

공공의 비극을 해결하는 방법은

공공재와 같은 경우에까지 문제를 확대하지 않고 위에서 제시한 것과 같은 목장의 문제를 어떻게 해결할 것인지를 논의하자. 목장의 문제를 해결하는 데는 두 가지의 방법이 있다. 하나는 간접적인 방법이고, 또다른 하나는 직접적인 방법이다.

먼저 간접적인 방법. 이 문제는 모든 사람이 사용할 수 있는 목장에 소유권을 부여하는 방법이다. 그러면 소유권이라는 보이지 않는 손이 문제를 해결하게 된다. 예컨대, 지방 유지나 지주들에게 이 목장에 대한 소유권을 인정하게 되면 이들은 결코 과거처럼 목장을 방치하지 않을 것이다. 이들은 무엇보다 먼저 자신의 소득이 최대가 되는 방향으로 목장을 관리하게 될 것이고, 그 경우 목장에 들어가는 소에게 목장 사용료를 부과하는 방법이 최선의 방법이라는 것을 발견하게 될 것이다. 따라서 어느 경우에도 목장의 목초가 고갈되는 일은 없게 된다. 실제 15, 16세기의 영국에서 이런 방법이 사용되기도 했다.

다음은 보다 직접적인 방법이다. 국가가 이 농장 목초를 고갈시키지 않는 형태위 목장 관리방안을 강구하고, 그에 따라 농장에 들어올 수 있는 소를 제한하는 것이다. 즉, 농장의 목초를 고갈시키지 않고 목초를 먹일 수 있는 소의 최대치를 계산한 다음, 그 숫자를 초과하지 않는 범위 내에서 소의 목장 입장을 허용하는 것이다. 따라서 목장에는 항상 일정한 수 이하의 소만 있게 된다. 목장에 들어오는 소에 대하여 입장료를 부과할 수도 있고 그렇지 않을 수도 있다. 혹은, 입장료는 부과하되 일반적으로 적정하다고 생각되는 값 이하로 입장료를 부과할 수도 있다.

하지만, 간접적인 방법에도 국가 혹은 공공기관이 개입하지 않는 것은 아니다. 누가 어떠한 방법으로 소유권을 인정해 주는가는 공정하고 객관적인 제3자만이 할 수 있기 때문이다. 그런 의미에서 이 문제를 해결하기 위한 가장 바람직한 방법은 국가 혹은 이와 동등한 권리를 가진 기관이 공정하고 객관적으로 개입하는 방법밖에 없다.

사회적 갈등과 공공의 비극

　사회적 갈등이 공공의 비극과 비슷한 성격을 가지게 되는 것은 목장에 소를 들여놓는 주인의 탐욕성이라는 요인 때문이다. 여러 집단이 동시에 자신의 이익만을 추구할 경우, 자신의 이익극대화를 제외한 다른 요인은 결코 고려되지 않기 때문이다.
　이런 경우에도 외부의 도움없이 스스로의 노력에 의해 갈등을 해소할 수 없는 것은 아니다. 가령 협상에 의하여 자신들의 몫을 결정할 수 있는 경우라면, 협상력의 우위에 따라 그 결과가 결정될 수 있다. 하지만, 사회적 갈등이 두 집단 사이의 문제가 아니라 많은 집단의 문제일 경우 자발적인 협상에 의해 갈등을 해소하기란 어렵다. 수많은 집단의 이해관계를 조정하고 그 공통분모를 만들어내기란 결코 쉽지 않기 때문이다. 또 하나, 스스로 이런 공통분모를 만들어내는 과정에서 자신들의 목표를 객관적으로 보기란 매우 어렵기 때문이다.
　대부분의 사회적 갈등의 경우, 갈 데까지 가는 상황이 오지 않고서는 자신들의 목표를 재조정하지 않으며, 상당한 손실을 치르고 난 다음에도 자신들의 목표를 쉽사리 포기하지 않는 속성을 가지고 있다.
　그런 점에서 문제가 악화되기 전에 제3자의 객관적인 평가와 도움을 받을 필요가 있다. 그런 의미에서 공공의 비극을 해결하기 위해 국가라는 제3자가 필요한 것처럼 사회적 갈등을 해소하기 위해서도 국가라는 공정한 제3자가 필요하다.

3

사회적 갈등의
자발적 해결방안

지금까지 사회적 갈등해소를 위해서는 객관적이고 중립적인 제3자가 필요하다는 것을 설명해 왔다. 아파트에서의 주차전쟁, 공공의 비극의 예에서까지 제3자가 필요하다는 것을 강조했다.

하지만 사회적 갈등해소, 보다 폭넓게는 분쟁해결을 위해 반드시 이러한 제3자가 필요한 것은 아니다. 제1장에서도 설명했지만 분쟁의 당사자끼리 문제를 해결할 수 있으면 그 이상 바람직한 것은 없기 때문이다.

따라서 사회적 갈등해소를 위한 방법은 크게 제3자가 필요없는 자발적 해결방안과 제3자의 도움을 필요로 하는 비자발적 해결방안으로 구분된다.

자발적 해결을 위한 조건

말 그대로 사회적 갈등을 야기시킨 두 당사자 혹은 당사자 집단끼리 서로 합의에 의해 문제를 해결하는 것이다. 이렇게 문제를 해결하기 위해서는 몇 가지의 전제조건이 필요하다. 이 전제조건들을 일목요연하게 정리한 것이 〈그림 2〉이다.

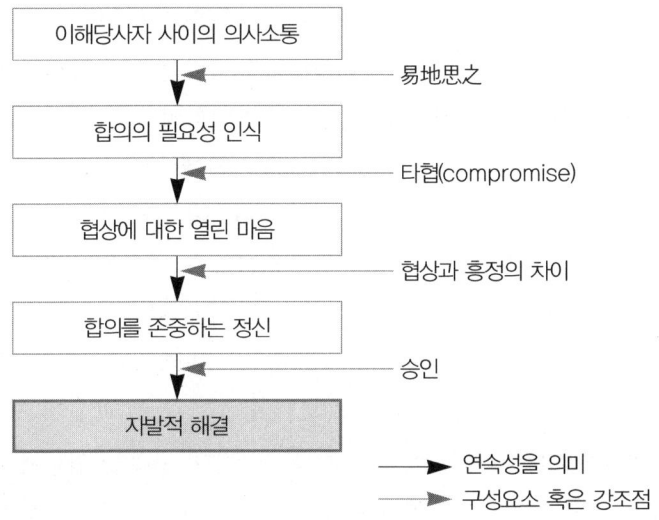

이 그림에서 보는 바와 같이 사회적 갈등의 자발적 해결을 위해 무엇보다 먼저 필요한 것은 당사자 사이의 의사소통이 원활히 이루어져야 한다는 것이다. 아니면 최소한 의사소통이 원활하게 이루어질 수 있는 메커니즘을 스스로 만들 수 있어야 한다. 의사소통은 당사자 사이의 인식 차이를 객관적으로 볼 수 있는 기회를 제공하며,

상대방의 입장을 역지사지(易地思之)의 관점에서 바라볼 수 있게 해준다. 의사소통이 이루어진다고 해서 갈등이 저절로 해결되는 것은 아니지만, 의사소통없이 자발적으로 갈등이 해결되기를 기대하는 것은 연목구어(緣木求魚)에 지나지 않는다.

그 다음 필요한 것은 타협에 의한 합의를 부끄러워하지 않아야 한다는 것이다. 갈등이 해결되기 위해서는 합의가 필요하다는 것은 누구나 알고 있다. 그러나 합의를 위해서 타협이 필요해질 경우, 그 타협을 부끄럽게 생각하는 분위기가 있을 수 있다. 하지만 자기 입장만 일방적으로 반영되는 합의란 기대하기 어렵다. 따라서 적절한 합의를 위해서는 꼭 동등한 정도는 아닐지라도 자신이 상대적으로 중요하지 않게 생각하는 것은 양보할 수 있다는 인식이 있어야 한다. 타협이란 'compromise'의 영어번역인데 이 말의 정확한 의미는 '조화를 위한 합의'에 가깝다는 것을 생각해야 한다.

나아가 이러한 분위기하에서 기꺼이 협상에 나설 수 있는 분위기가 필요하다. 우리는 협상이 무엇을 의미하는가를 제2부에서 자세히 설명하였다. 그래서 이 책에서 설명한 대로 협상을 자신의 입장을 더 효과적으로 상대방에게 이해시키는 방법, 혹은 자신의 몫을 더 많이 하기 위한 과정으로 이해할 수 있다.

하지만 협상과 흥정을 혼동해서는 안 된다. 흥정을 합의에 이르기 위한 단지 주고받는 행위로 이해한다면 협상에는 흥정이 있을 수 있지만, 흥정이 있다고 해서 반드시 협상이 있다고는 할 수 없다. 효과적인 협상을 위해서는 주고받는 행위가 있을 수 있지만, 무분별하고 비합리적인 흥정은 협상이 아니기 때문이다. 다시 말해 흥정이란 말은 무엇인가 비도덕적인 분위기를 가질 수도 있다는 것이다. 또 하나 강조하고 싶은 것은 협상을 위해서는 '반드시 주고받아야 한다'는 고정관념을 가지지 말아야 한다는 것이다. 이 책에서 살핀 대로 효과적으로 협상을 하기 위해서는 아무것도 주지 않는 것이 최상의 전략일 수 있기 때문이다.

사회갈등의 자발적 해결을 위해 마지막으로 필요한 것은 타협에 의한 합의 혹은 협상에 의한 해결의 결과를 이행하고자 하는 의사가 있어야 한다는 것이다. 상호합의를 존중하지 않거나 조령모개(朝令暮改) 식의 입장변경이 있다면 그 해결책은 결코 자발적인 해결책이 될 수 없다. 또, 이러한 과정이 반복된다면 사회 전체적으로도 갈등의 자발적 해결책을 우습게 보는 분위기가 지배하게 되고, 이것은 다시 갈등의 자발적 해결을 저해하는 악순환을 가져오게 된다.

자발적 해결을 어렵게 하는 우리 협상문화

지금까지 자발적 해결이 이루어지기 위한 일반적인 요건들을 설명하였다. 이 요건들을 조금 꼼꼼히 본 사람이라면 이 조건들이 동시에 충족되기가 얼마나 어려운지 쉽게 이해할 수 있다. 의사소통 하나만 있어서도 안 되고, 타협에 의해 쉽게 합의만 이루어져서도 안 되고, 협상만능으로 협상만 강조해서도 안 되기 때문이다. 이 모든 요건이 동시에 순차적으로 만족되어야만 하는 것이다. 그만큼 사회적 갈등의 자발적 해결은 어렵다.

한편, 이런 요건들을 다시 한번 살펴보면 이들이 한 사회의 전반적인 분위기와 밀접한 관계를 가지고 있다는 것을 발견할 수 있다. 별다른 노력을 하지 않더라도 의사소통이 자연스럽게 이루어지는 사회가 있는가 하면, '침묵은 금'이라는 격언처럼 침묵을 높게 평가하는 사회 분위기 때문에 효과적인 의사소통이 이루어지기 어려운 사회도 있다. 나아가 타협을 긍정적으로 인식하는 사회가 있는가 하면, 타협 그 자체를 원칙의 훼손 혹은 지조의 훼손과 동일시하여 바람직하지 못한 것으로 인식하는 사회도 있다. 더 나아가선 협상을 흥정과 동일시하여 자신의 입장을 절대 바꾸지 않는 것을 교묘하게 조장하는 사회도 있을 수 있다.

   사회적 갈등의 자발적 해결과 관련된 이러한 사회적 분위기는 그 사회의 협상문화와 깊은 관계가 있다. 즉, 협상이 자연스럽게 이루어지기 위해서는 협상당사자 사이의 의사소통이 필수적이며, 서로 중요하지 않게 생각하는 것을 교환할 수 있는 분위기와 합의한 결과를 존중하는 정신이 있어야 한다는 것이다. 이런 점에서 사회적 갈등의 자발적 해결정도는 그 사회의 협상문화가 어떤 정도인지를 판단함으로써 어느 정도 짐작할 수 있다.

   대개의 경우 사회가 개방될수록 사회의 협상문화는 성숙해지고, 그 반대의 경우도 성립한다. 또, 유교적 전통 때문에 동양보다는 서양의 협상문화가 좀더 성숙되어 있고 따라서 사회갈등의 자발적 해결도 서양에서 더욱 빈번하게 이루어진다.

   그러면 우리 한국의 협상문화는 어떨까?

4
한국의 협상문화 1
장유유서와 권위주의

협상문화란 협상을 가능하게 하는 혹은 어렵게 하는 사회적 분위기를 의미하며, 한 나라의 역사·문화와 밀접한 관계를 가지고 있다. 사람들이 일상생활에서 보고 느끼고 행동하는 모든 패턴이 협상문화와 관련을 가진다는 것이다. 그런 점에서 한국의 협상문화를 설명하는 자리에 장유유서와 같은 유교적 이념은 결코 빠질 수 없다.

어른 말은 무조건 들어? – 장유유서

장유유서(長幼有序).

무어라고 번역하면 좋을까? 아마 "어른과 아이 사이에는 순서가 있다" 정도일 것이다. 다시 말해 무슨 일을 하건 어른이 먼저하고 아이가 나중에 해야 한다는 어르신 공경의 원칙을 일컫는 말이다. 한국사람치고, 이 말의 의미를 제대로 이해하지 못하는 사람은 없을 것이다. 나이드신 분들을 공경하고 그 분들의 지혜와 경륜을 높이 평가하는 이 말은 참으로 아름다운 생각이 아닐 수 없다.

이러한 장유유서가 한국의 협상문화에 미치는 영향은 다음과 같이 정리할 수 있다.

첫째, 장유유서는 나이에 따라 사람을 서열화함으로써 사회구성원 내의 의사소통에 심각한 영향을 끼친다. 앞서 밝힌 바와 같이 사회 내부에서 협상이 활성화되기 위해서는 의사소통이 원활히 이루어져야 한다. 하지만 사회구성원 사이에 서열이 매겨지면 이러한 의사소통은 매우 제한되게 된다.

자유롭게 의견을 개진하는 대신,

"어린 놈이 왜 이리 말이 많아."

하는 말이 나오고, 이 말이 효과가 있다면 자기 의견을 제시하려는 낮은 서열의 사람, 즉 나이가 어린 사람은 제대로 의견을 밝히지 못하게 된다.

둘째, 그런 점에서 장유유서하에서는 활발한 협상문화를 기대하기 어렵다. 협상을 요구하거나 협상이 이루어진다는 그 자체가 바로 장유유서에 대한 도전으로 간주되기 때문이다.

"그 놈들은 어른도 없어."

이 한마디로 문제해결을 위한 협상시도는 물건너가게 된다. 따라서 상명하복의 문화가 만연하게 되고, 무사안일과 책임회피가 번지게 된다.

셋째, 하지만 장유유서는 역설적으로 사회적 갈등을 해결하기 위

한 유용한 장치가 될 수도 있다. 만약 사회 내부적으로 어떤 갈등이 발생한다고 해도,

"어른의 뜻!"

이라는 한마디만 있으면 그 갈등은 해결되고 만다. 서로의 입장과 처지를 따지고 양보와 협상에 따라 문제가 해결되는 것이 아니라 나이에 따라 문제가 해결되는 것이다. 이런 의미에서 보면 장유유서는 참으로 평등한 사회갈등 해결수단이라고 할 수 있다. 누구나 나이를 먹기 때문이다.

하지만 윗사람의 의견과 견해가 반드시 합리적이지 않을 수 있다는 점에서 문제가 발생한다. 그래서 장유유서에 의한 사회적 갈등해소는 진정한 '갈등의 해소'가 아니라 '갈등의 미봉'으로 간주될 수도 있다.

나를 따르라! 단, 무조건 – 권위주의

장유유서라는 이념은 그 혼자서 독자적으로 존재하는 것이 아니라 한국사회를 오랫동안 지배해 온 삼강오륜이라는 유교적 이념의 하나로서 존재한다. 따라서 장유유서 역시 유교적 이념의 큰 틀을 벗어나기는 어렵다.

유교적 이념을 여러가지 다양한 측면에서 분석할 수 있지만, 협상문화라는 관점에서 볼 때는 권위주의가 가장 중요한 요인으로 등장한다. 이때의 권위는 후천적으로 획득한 것이 아니라 선천적으로 주어진 것이다. 따라서, 토론과 합의보다는 지시와 복종이 당연한 것으로 이해되고, 자신의 지시에 따르지 않는 행위는 불경스러운 것

으로 간주되고 만다.

이러한 권위주의 사회에서는 마땅히 외부로 드러나야 할 사회적 갈등이 무시되거나 회피될 수밖에 없다. 갈등이 있다는 자체는 사회의 권위가 유지되고 있지 않다는 증거이고, 갈등을 협상한다는 그 자체 역시 사회의 권위가 실추되었다는 의미로 여겨지기 때문이다.

유교적 이념에 근거한 권위주의가 정치적인 세력과 연결될 경우 그것은 사회적 억압의 형태로 드러나게 된다. 박정희 정권하에서 이 양자가 적절히 결합되어 사회적 갈등이 어떻게 억압되어 왔는지 우리 모두 알고 있다.

권위주의적 정치세력이 한국의 협상문화에 남긴 또다른 흔적은 '흑백논리'의 확산에서 찾을 수 있다.

중용이란 없다 – 흑백논리

협상은 상대방의 입장에서 나를 보는 것을 요구하고, 상대방 역시 나의 입장에서 자신을 뒤돌아볼 것을 요구한다. 이렇게 역지사지의 정신을 강조하면 "자기가 반드시 옳은 것도 아니며 그렇다고 상대방이 반드시 틀린 것도 아니다"라는 것을 발견할 수 있다. 바꾸어 말하면 적과 아군의 구분이 불분명해질 수 있다는 것이다. 중요한 것은 적과 아군의 구분이 아니라 나의 견해와 상대방의 견해가 합치될 수 있는 지점 혹은 합치될 수 있는 방법을 찾는 것이다. 이런 점에서 협상문화는 흑백논리와는 다소 거리가 있을 수밖에 없다.

하지만 권위주의적 정치세력이 지배하는 사회에서는 사회적 문제에 대해 알게 모르게 편가르기를 강요당하게 된다. 예컨대, 권위주의적 정치세력을 찬성하든지 그렇지 않으면 반대해야 한다는 것이다. 그렇지 않고 이 정치세력이 하는 일에 사안별로 찬성을 하거나 반대를 한다는 것은 회색분자나 기회주의자와 다름없다는 것이다. 민주화를 추진하는 과정에서 이러한 편가르기는 민주화세력의 힘을 더 강하게 하는 효과를 가져왔을지도 모른다. 그러나 이러한 편가르기는 우리사회에서 협상문화를 위축시키는 부작용을 가져왔음은 지극히 분명한 사실이다.

혹자는 이러한 논리가 지금도 그대로 유지되고 있다면서 다음과 같이 말한다.[1]

"이런 전통(중용이나 타협이 악과 동일시되는 것)이 문민정권이 집권한 이후에도 지속되고 있다. 김영삼 정부를 노태우 정권의 연장으로 이해하는 김대중 정권으로서는 이전 정권과의 차별성을 더욱 뚜렷이하고자 하므로, 민주화 이후에도 여전히 흑백논리가 사라지지 않고 힘을 발휘하고 있는 것이다. 결국 고도의 협상력을 필요로 하는 김대중 정부의 개혁이 이러한 흑백논리에 기초하여 개혁대상과 협상을 하기보다는 이들을 타도대상으로 몰아붙였기 때문에 ……."

과거의 질서를 바꾸어라

현재 한국사회에는 과거와는 비교가 안 될 정도로 유교적 가치질서가 쇠퇴하고 있다. 장유유서를 바탕으로 한 권위주의는 과거와 같은 힘을 발휘하지 못하고 있으며, 흑백논리 역시 민주화 이래 상대적으로 약화된 것이 사실이다.

그래서 이러한 과거의 질서를 대신하여 이 책에서 살핀 바와 같은 협상의 필요성이 확산되고 있음을 부인할 수 없다. 그것은 우리

주1) 조기수, 〈세계화와 협상체제의 과제〉, 《한국대학의 협상강의안 분석》, 한국협상학회 2001 동계학술대회, 2001년 12월 14일, P. 1260에서 인용

사회의 민주화 이후 다양한 사회적 갈등이 분출되고 있으며, 이 사회적 갈등의 합리적 해결책으로서 협상의 필요성이 제기되고 있기 때문이다. 그런 점에서 사회적 갈등을 해결하기 위한 수단의 하나로서 협상이 강조되는 것은 지극히 당연하다.

하지만, 협상의 필요성을 강조하는 것만으로 사회적 갈등을 해소할 수 있는 것이 아니다. 협상문화를 키울 수 있는 사회적 기초를 마련하는 일은 그래서 무엇보다 긴요하다.

이 사회적 기초를 마련하는 일은 두 가지 관점에서 파악할 수 있다. 가장 바람직한 것은 역사적 관점에서의 접근이다. 인터넷과 디지털 혁명으로 대표되는 현 세계의 변혁을 염두에 두면서, 과거의 낡은 장유유서식 권위주의를 없애고 그 대신 합리적이고 평등한 문화를 만들어내는 것이다. 하지만, 그런 방법을 제시하는 것은 이 책의 범위 밖이다. 아니 이 문제만을 위한 또다른 책을 필요로 한다. 그러니 이러한 접근은 잠시 접어두자.

그 다음은 개인적 관점에서의 접근이다. 21세기 대한민국에 살고 있는 우리가 협상과 관련된 사소한 일에 어떻게 반응하는지를 보면서 그 행동패턴을 수정하는 일이다. 물론, 이 방법이 협상문화의 활성화를 위한 사회적 기초를 어느 정도 마련할지는 매우 불분명하다. 하지만, 최소한 협상문화의 활성화를 위한 단초(端初)는 제공할 수 있을 것이다. 이 문제는 다음 장에서 다루기로 한다.

5
한국의 협상문화 2
조폭기질과 비합리성

제1장의 아파트에서의 주차난으로 다시 돌아가자. 여러분이 이 자동차에 타고 있었다면 어떠한 반응을 보였을까?

높아지는 목소리

아마도 여러분은 제1장에서 제시한 대로 나이, 힘, 혹은 논리를 내세웠을지 모른다. 그러나 내세운 방법과는 상관없이 처음에는 조용조용히 이야기했을지 모르나, 열에 아홉은 시간이 지남에 따라 목소리를 높일 가능성이 높다. 이런 관행은 비단 아파트의 주차분쟁에만 국한되는 것이 아니다. 가벼운 접촉사고건 아니면 사소한 시비거리건 시간이 지남에 따라 반드시 이런 현상을 발견하게 된다. 곧, 목소리가 올라가게 된다.

목소리가 커지면 커질수록, 거기에는 나이도 없어지고, 힘도 없어지고, 논리도 없어진다. 오직 한 사람 혹은 두 사람의 격양된 감정만이 남을 따름이다. 아니 한 사람만이 소리를 높일지 모르나, 성인군자가 아닌 다음에야 상대방의 올라가는 목소리에 계속하여 소리를 낮출 사람은 아무도 없다. 그래서 결국은 "야"와 "XXX"로 대변되는 감정만이 남게 된다.

사석에서 우리는 농담조로 이런 말을 하는 것을 듣는다.

"목소리 큰 사람하고는 싸울 생각을 마."

아니면, "한국에서 살아남기 위해서는 목소리를 좀 키워야 해."

조폭식 해결방법

목소리 크기에 의한 문제해결 패턴은 조폭의 문제해결 방법과 매우 흡사하다. 이러한 문제해결에는 논리와 합리 대신 억지라는 속성이 끼어들기 때문이다.

조폭의 문제해결 방식은 힘에 바탕을 두기는 하나 단순히 힘만으로 문제해결을 시도하는 것은 아니다. 오히려 힘만으로 문제를 해결한다면 차라리 귀여운 애교일 수 있다. 조폭적 문제해결은 개인의 감정에 기초를 둔 협박과 위협, 그리고 거친소리를 배경으로 마지막에 힘이 나서는 것이다. 이것은 문제를 해결하는 것이 아니라 문제를 비틀어 쥐어짜 자기가 원하는 방향으로 내모는 것이다.

목소리를 높임으로써 문제를 해결하려 한다는 것. 우리는 이러한 조폭식 문제해결 방식을 개인간의 갈등해소를 위해 무의식적으로 사용하고 있다. 전통적인 문제해결 방식이 흔들리고 새로운 방식이 자리를 잡기 전에 나타나는 과도기 현상인지는 모르나, 이를 은연중에 조장하는 현상도 있음을 간과할 수 없다.

신은경의 돌려차기로 유명한 〈조폭 마누라〉, 집단패싸움의 〈신라의 달밤〉, "많이 묵었다 아이가, 이제 고마해라"의 〈친구〉에 이르기까지….

목소리를 낮추자

목소리를 낮추어야 한다. 낮은 목소리에는 결코 격한 감정이 실리는 법이 없고, 문제해결을 강요하는 무리가 따르지도 않는다. 사회적 갈등의 해결도 결국 당사자가 포함된 협상에 의존할 수밖에 없는데, 그런 때에도 당연히 낮은 목소리가 바람직하지 않겠나. 목소리를 낮출 때 그 경우에 억지 대신 논리와 합리가 자리잡을 수 있게 된다.[2]

협상문화를 흐리는 비합리성

우리사회에서 협상문화가 제대로 확산되지 않은 것은 사회 저변에 만연되어 있는 비합리성과 밀접한 관련이 있다. 제대로 된 협상문화가 정착되기 위해서는 사람과 사람 사이의 관계, 사람과 일의 관계, 그리고 일과 일의 관계가 합리적으로 이루어질 필요가 있는데, 현재 그러한 합리성이 많이 왜곡되어 있다.

어떠한 종류의 협상이건 결국 사람과 사람이 하는 것이다. 이 경우 그 사람이 어떤 사람이냐에 따라, 다시 말해 어떤 협상전략을 구사하고 어떠한 경쟁력을 가지고 있느냐에 따라 협상은 전혀 다른 결

주2) 물론 목소리를 낮추는 것만으로 억지와 비합리가 사라지고 곧바로 논리가 들어서는 것은 아니다. 합리와 논리로써 문제를 해결하기 위한 분위기를 만드는 것은 개인의 힘으로는 어렵기 때문이다. 다시 말해, 목소리를 낮추는 것이 문제를 제대로 해결하는 지름길이라는 보편적 인식을 주기 위해서는 일종의 사회변혁이 필요하다는 것이다. 여기서는 그러한 문제를 깊이 추구하기보다는 개인적인 관점에서 목소리를 낮출 필요성을 지적하는 것에서 그치려 한다.

과를 가져오게 된다. 그래서 정말 중요한 것은 협상에 참여하는 그 사람이 어떤 사람이냐는 것이다. 이 점은 제2부의 제9장에서 이미 강조하였다.

하지만 협상력과 관계없는 비본질적인 요소가 협상에 중요한 요소로 작용하게 된다면, 그 협상은 그리고 그것을 허용하는 협상문화는 결코 합리적이라는 평가를 받을 수 없다. 또, 협상에 참여하는 사람이 어느 특정 지역이라는 이유 하나로 그 사람의 제안 혹은 역량이 제대로 평가받지 못한다면 한국의 협상문화는 결코 성숙된 것이라 할 수 없다. 다시 말해 "우리가 남이가" 하는 지역주의와 연고주의는 한국의 협상문화 확산에도 걸림돌이 될 수밖에 없다는 것이다. 사람을 있는 그대로 평가하지 않기 때문이다.

사람과 일의 관계에 대해서도 마찬가지다. 사회적 갈등은 대부분 사람이 행한 일 혹은 사건으로부터 시작된다. 혹은, 어느 특정집단의 특정견해로부터 시작되게 마련이다. 이 경우 사회적 갈등을 해결하기 위한 가장 바람직한 방법은 그 사람과 일 혹은 특정집단과 특정견해를 분리하여 생각하는 것이다. 사회적 갈등의 대상은 조금만 더 깊이 파고들어가면 사람이 아니라 사람이 행한 사건 혹은 어느 집단이 가진 견해라는 것이 드러나기 때문이다. 그래서 사회적 갈등을 합리적으로 해결하기 위해서는 사람과 일을 분리하고, 집단과 견해를 분리하여, 사람의 '일' 과 집단의 '견해' 만을 다루어야 한다. 사람과 문제를 한묶음으로 처리해서는 안 된다는 것이다.

어느 개인 혹은 어느 집단을 사회적 갈등과 동일시하는 것은 그 개인과 집단에 대해 편견을 가지는 것과 같다. 그리고 편견이 있을 경우 사회적 갈등을 해소하는 데 걸림돌이 됨은 너무나 명확하다.

일과 일의 관계는 일의 경계에 대한 것이다. 이것은 사회적 갈등이 대부분 일과 관계된다는 면에서 그 일을 누가 책임지느냐는 것과 밀접한 관계를 가진다. 일과 일의 관계가 합리적으로 조절되지 않을 경우, 사회적 갈등의 해소과정에서 누구를 상대로 혹은 누가 나서서 문제를 해결해야 할지 매우 불분명할 수 있기 때문이다. "잘되면 자기 탓이고 못 되면 다른 사람 탓"이라는 말은 이런 경우에 사용된다. 생색을 내야 할 일이 있으면 자신을 내세우고, 책임을 지거나 조정해야 할 일이 있으면 다른 사람에게 떠넘긴다는 것이다. 이것은 일종의 시기심과도 일맥상통한다.

하지만, 이런 세 종류의 비합리성, 즉 사람과 사람 사이, 사람과 일 사이, 일과 일 사이의 비합리성은 명확히 구분되는 것은 아니다. 사람과 사람 사이의 비합리성이 나머지 두 종류의 비합리성을 유도할 수도 있기 때문이다. 그런 점에서 사람과 사람 사이의 비합리성을 만연시키는 지역주의는 한국의 협상문화 확산을 저해하는 한 요소이기도 하다.

그런 점에서 한국의 협상문화를 성숙시키는 가장 좋은 방법은 한국사회 자체의 병폐를 고치는 것이다.

6

사회적 갈등의
비자발적 해결방안

 사회적 갈등을 자발적으로 해결하지 못할 경우 그 갈등을 어떻게 해소할 수 있을 것인가? 비자발적 해결방안을 제시하기 전에 일반적으로 제시될 수 있는 의견들을 검토해 보기로 한다. 우선 두 가지의 사회적 갈등을 예로 들자.

사건 ㉮: 수몰지구 이주비용과 관련하여 이주민들은 일인당 300만원을 요구하고 있는 반면, 해당 지자체는 일인당 200만원밖에 지급하지 못한다고 주장할 경우
사건 ㉯: 전력부족을 해결하기 위하여 정부는 특정지역에 원자력발전소를 건설해야 한다고 주장하는 반면, 환경단체를 포함한 민간단체는 수력발전소를 건설해야 한다고 주장할 경우

 우선 이 두 사건에 대하여 자발적으로 갈등을 해결하지 못할 경

우 이해당사자들을 향하여 "왜 50 대 50으로 서로 양보하여 타협하지 않느냐"고 비판할 수 있다. 하지만, 무조건 50 대 50으로 양보하여 타협하라는 요구는 비현실적이다. 예컨대, 사건 ㉮의 경우 일인당 200만원을 주겠다는 지자체와 일인당 300만원을 달라는 이주민들의 요구는 일인당 250만원을 주는 것으로 타결할 수 있다. 하지만, 수력발전소를 세워야 한다는 주장과, 원자력발전소를 세워야 한다고 주장하는 사건 ㉯의 경우는 50 대 50을 적용하여 타결할 수 없다. 중간지점을 적용할 수 없는 사안이기 때문이다.

혹자는 다수결의 원칙을 들면서 다수결의 원칙에 승복하라고 주장한다. 여기서 발생하는 문제는 두 가지이다. 먼저, 왜 다수결의 원칙에 승복해야 되느냐는 문제이다. 이것이 민주적이기 때문이라고 할지 모르나, 이해당사자들이 다수결로 문제를 해결하겠다고 합의하지 않는 한 다수결의 원칙을 주장하는 것은 일종의 비민주적 강요에 지나지 않는다. 또다른 문제는, 다수결의 원칙을 적용한다고 해도 누구를 대상으로 투표를 행할 것인지의 문제가 여전히 남는다. 사건 ㉮의 경우 일인일표주의가 채택되면 당연히 이주민들의 주장대로 문제가 해결되게 된다. 이 경우 일인일표주의의 타당성에 대한 의문이 제기될 수 있다. 사건 ㉯의 경우, 수력발전소와 원자력발전소 설립문제가 대립할 때 두 견해를 대변하는 집단은 자기들에게 유리하게 표결할 수 있는 사람들을 대상에 포함시키기를 원한다. 따라서 누구를 대상으로 표결할 것인지를 결정하지 않는 한 다수결에 따른다는 것도 문제의 해결책이 아니다.

그래서 양 당사자가 문제를 해결하지 못할 때, 혹은 문제를 해결하기 위한 원칙에는 합의를 했는데 그 합의를 구체화시키기 위한 논의를 진행해 나가지 못할 때 이들은 중립적인 제3자의 도움을 필요로 한다.

중립적인 제3자가 어떠한 역할을 수행하는지(혹은 수행할 수 있는지) 살피기 전에 자발적 해결이건 비자발적 해결이건 합의된 해결책이 가져야 할 특성이 무엇인지를 검토해 보기로 하자.

바람직한 해결책이 가져야 할 네 가지 특성

바람직한 해결책이 가져야 할 특성은 공정성(fairness), 효율성(efficiency), 현명성(wisdom), 안정성(stability)과 같이 네 가지로 구분할 수 있다.

1) 공정성

공정성은 합의에 이르는 과정과 관련된 것이다. 그래서 흔히 공정성을 검토하기 위해서는 다음과 같은 질문을 던진다.
1) 합의에 이르는 과정에 참여하기를 희망하는 모든 이해당사자들에게 참여의 기회가 보장되었는가?
2) 합의에 이르는 과정에 참여한 모든 이해당사자들에게 그들이 원하는 기술적인 정보(technical information)가 제공되었는가?
3) 모든 이해당사자들에게 자신의 견해를 표명할 기회가 제공되었는가?
4) 절차에 대한 정당한 불평이 처리될 수 있는 수단이 제공되었는가?

이런 모든 질문에 대해 '그렇다'라는 답이 나온다면 일단 그 합의는 공정성을 띠고 있다고 할 수 있다. 그래서 분쟁의 당사자들이 시종일관 참여할 수 있도록 분쟁해결절차 혹은 문제해결과정이 개방되어 있다면, 일단 이러한 절차 혹은 과정은 공정하다고 할 수 있다.

2) 효율성

하지만 공정성만으로는 충분하지 못하다. 만약 어떤 해결책이 공정하다는 평가를 받을지라도, 이러한 해결에 이르기까지 지나치게 많은 시간이 소요되었다면 이 해결책은 결코 바람직하지 못하다. 즉, 이러한 해결책은 효율적이지 않다고 평가되는 것이다. 그런 의미에서 공정성과 효율성 사이에는 상호배반의 관계(trade off)가 성립한다. 공정성을 살리기 위해서는 효율성이 다소 저해될 수 있으며, 효율성을 살리기 위해서는 공정성이 다소 희생될 수도 있다는 것이다.

이 문제를 해결하기 위해서는 이 두 가지 기준에 대한 적절한 균형감각이 필요하다. 예컨대, 어떤 문제를 해결하기 위한 절대적인 시간제한이 있다면, 이 경우에는 공정성보다는 효율성에 초점을 둘 수밖에 없다. 공정성은 이 정해진 시간 내에서 최대한 보장되는 방향으로 적용되어야 한다. 가령 사건 ⓑ의 경우 발전소 건설의 지연으로 심각한 전력난을 가져올 경우, 전력난을 가져오지 않는 범위 내에서 공정성을 보장해 줄 수밖에 없다는 것이다. 효율성과 관련된 또다른 기준은 아무에게도 손해를 끼치지 않으면서 모든 사람 혹은 집단에게 이익이 되는 다른 해결책이 있다면 기존의 해결책은 효율적이지 못하다는 것이다. 이것은 경제학에서 말하는 파레토 옵티멈(pareto optimum)의 개념을 원용한 것이다.

3) 현명성

현명성이란 무엇인가? 해결책에 있어서의 현명성이란 해결책을 발견하거나 해결책에 합의할 당시에 파악되는 것이라 그 해결책이 실제로 시행되고 난 뒤에야 판단되는 것이다. 예컨대 "아, 합의할 당시 이렇게 했더라면 더 좋았을 텐데…" 하는 탄식이 나온다면 그 해결책은 결코 현명한 해결책이 아니라는 것이다.

이렇게 시간이 지난 뒤에야 현명함이 판단되는 것은 대부분의 해결책이 실제로 시행되는 데는 상당한 시간을 요하기 때문이다. 혹은 해결책에 대한 영향을 평가하는 데도 역시 시간이 필요하기 때문이다. 사건 ㉯의 경우 화력발전소 대신 수력발전소를 설립하기로 합의했다 하더라도 그 해결책이 현명한 해결책인지 그렇지 않은지는 수력발전소가 지어져 실제로 가동되어야만 알 수 있다.

하지만, 해결책을 모색할 당시 가급적 사후 현명성(wisdom)을 높이기 위한 방법이 없는 것은 아니다. 가장 바람직한 것은 해결책을 결정하기 전에, 그 시점에서 입수할 수 있고, 활용가능한 모든 정보를 구하고, 그 정보를 충분히 활용하여 해결책을 모색하는 것이다. 즉, 현명성은 해결책 혹은 합의사항과 관련한 정보를 어느 정도 모을 수 있느냐에 달려 있다.

4) 안정성

합의에 이르기 위한 절차가 공정하다고 평가되고, 합의안이 불필요하게 시간을 낭비하지 않고 효율적으로 합의되었으며, 그리고 사후적으로 현명한 것으로 드러났다 하더라도, 그 해결책이 계속하여 실행될 수 없는 것이라면 그것은 결코 만족스러운 해결책이라고 할 수 없다. 해결책이 만족스러운 것으로 평가되기 위해서는 계속해서 실행될 수 있는 안정성(stability)을 가져야 한다. 그런 의미에서 갈등을 해소하는 합의나 분쟁을 해결하는 방안은, 당연히 '실현가능한 것(feasibility)'이어야 한다. 한편, 합의의 이행은 합의에 참여한 당사자들의 공동행위를 필요로 하기 때문에 이들이 지킬 수 없는 약속을 하거나 너무 지나친 약속을 할 경우 해결책의 실현가능성은 상대적으로 줄어들 수밖에 없다.

이같은 실현가능성을 확보하기 위해서는 합의를 이행하기 위한 시간표를 현실적으로 작성해야 한다. 하지만, 어떤 시간표를 작성하더라도 그 해결책의 시행과정에서 발생할 수 있는 모든 경우를 완벽히 예측하기란 힘들고, 또 그 모든 경우에 빈틈없이 대처하기란 사실상 불가능하다. 따라서 모든 해결책이 합의될 때의 내용 그대로 100% 실현된다고 할 수는 없다. 그러므로 합의가 제대로 이행되기 위해서는 재협상의 가능성이 반드시 보장될 필요가 있다. 재협상의 가능성이 보장되면, 합의나 해결책의 안정성이 매우 높아지기 때문이다.

당연한 이야기지만, 재협상의 가능성은 협상의 과정에서 이해당사자들이 어떠한 관계를 형성하느냐에 달려 있다. 좋은 관계를 형성할수록 재협상의 소지를 높일 수 있고, 이것은 자연히 해결책의 안정성을 높이게 된다.

사회적 갈등의 비자발적 해결책 – 제3자

이해당사자들끼리 갈등을 자발적으로 해결하지 못할 경우 중립적인 제3자의 도움이 필요하다. 하지만 '도움이 필요하다' 는 것과 '도움을 요청한다' 는 것과는 다르다. 제3자가 갈등해소나 분쟁해결을 도와주기 위해서는 무엇보다 이해당사자 혹은 이해당사자들이 제3자의 필요성을 느끼고 도움을 요청해야 한다. 이해당사자들이 제3자의 필요성에 합의를 하고 도움을 요청한다면 제3자는 아무런 부담없이 이들을 도울 수 있다.

하지만 필요성을 느끼면서도 종종 제3자를 요청하는 데 주저하는 것을 볼 수 있다. 그것은 두 가지 이유 때문이다.

첫째, 협상이 교착상태에 빠졌을 경우 모두 제3자의 필요성을 느끼기는 하지만, 어느 한쪽이 그러한 필요성을 상대방에게 먼저 알릴 경우 상대방이 그 사실을 악용할 가능성이 있기 때문이다. 팽팽한 협상에서 외부의 도움이 필요하다는 사실을 먼저 나타내게 되면, 자신의 입지가 그만큼 약하다는 증거로 해석될 수 있기 때문이다.

이런 경우 이해당사자가 제3자의 도움을 청하기보다는 이해당사자들과는 관계없는 업저버가 제3자에게 도움이 필요하다는 사실을 알리는 것이 바람직하다. 또, 제3자가 직접 자기가 도움을 주겠다는 의사를 밝힐 수도 있다. 예컨대, 사회적 영향이 매우 큰 갈등이 오랫동안 계속될 경우 정부가 직접 나서 중재의사를 밝힐 수도 있다는 것이다.

둘째, 이해당사자가 제3자의 중립성에 대한 확신을 가지지 못하기 때문이다. 하지만, 중립성에 의심이 들 경우 언제라도 제3자의 도움을 거절할 수 있기 때문에 이러한 의문은 실제적으로 큰 장애가 되지 않는다.

제3자의 도움과 관련하여 이해당사자들이 흔히 가지는 오해는 제3자의 도움을 받을 경우 그가 제시한 합의안이나 해결책에 대해 반드시 동의해 주어야 한다는 것이다. 즉, 자신이 문제의 해결책에 대해 자유롭게 의사표시를 할 수 없게 된다는 것이다. 하지만 이것은 전적으로 잘못 생각한 것이다. 뒤에서 자세히 설명하겠지만, 이해당사자들이 제3자의 도움을 필요로 한다는 것은 말 그대로 해결을 위한 도움을 얻겠다는 것이지 제3자가 제시하는 해결책에 반드시 동의해야 한다는 것을 의미하지 않는다. 달리 말해, 이해당사자들이 완전히 동의하지 않는 한 제3자가 제시한 해결책은 결코 완전한 해결책이 될 수 없다는 것이다.

제3자가 기본적으로 해야 할 일

어떤 방식으로든 제3자가 분쟁이나 갈등의 해결을 도우려 한다면 그가 가장 염두에 두어야 할 일은 제로섬(zero sum)과 같은 협상의 상태를 서로 이익을 볼 수 있는 윈윈(win-win) 상태로 바꾸는 일이다.

이렇게 협상의 성격을 바꾸기 위해서는 대개 다음과 같은 절차가 필요하다.

① 이해당사자들의 이해관계 파악, ② 서로 의견을 교환할 수 있는 공통의 토대와 분위기 마련, ③ 서로의 차이점을 발견하고 그 차이점에 근거하여 공통의 이익을 발견해 내는 것.

이 중 가장 중요한 것은 이해당사자들의 이해관계 구조(즉, 쟁점 사항에 대해서 서로 어떻게 판단하고 있느냐는 것)를 파악하고, 교환(trade)의 가능성을 발견해 내는 것이다. 이런 과정이 충분히 진행되어야 이해당사자들이 공동의 이익을 얻을 가능성이 높아진다. 하지만 공동의 이익이 가능하다고 해서 그 이익이 항상 균등하게 배분되는 것은 아니다. 균등한 배분을 위해서는 새로운 타협과 합의를 필요로 한다.

7

중립적 제3자의 역할

세 종류의 제3자

분쟁을 도우러 나선 제3자라 하더라도 그들이 모두 같은 역할을 하는 것은 아니다. 이해당사자들이 어떠한 도움을 청하느냐에 따라 제3자가 하는 역할은 달라지게 된다. 제3자가 하는 역할은 그가 어떠한 도움을 주느냐에 따라 합의과정에의 도움(facilitation), 중재(mediation), 구속력없는 조정(nonbinding arbitration) 등으로 나눌 수 있다.

그러나 이러한 구분이 명확히 이루어지는 것은 아니다.[3] 갈등해소나 문제해결을 도우는 과정에서 이 세 가지 기능은 서로 혼재될

주3) 이러한 구분은 로렌스(Lawrence Susskind) 교수의 분류에 따른 것이다. 자세한 것은 이 교수의 《Breaking the Impasse》(1987)라는 책을 참고하기 바란다.

수 있기 때문이다. 특히 '중재'는 '합의과정에서의 도움'을 기반으로 이루어지기 때문에 양자를 명확하게 구분할 필요가 없다는 지적도 있다. 중재는 합의과정에서의 도움이라는 단계를 거쳐야 한다는 것이다.

합의과정에의 도움

합의과정에서의 도움(facilitation)이란 제3자가 할 수 있는 가장 단순한 형태의 도움을 의미한다. 이 단계에서 제3자가 하는 일은 거의 전적으로 협상의 '과정'에 집중된다. 기본적으로 협상의 장소와 시간은 합의되었는지, 협상할 수 있는 공간은 적절하게 배치되었는지, 그리고 협상과 관련된 의사록은 제대로 구비되어 있는지 등을 점검한다. 그래서 이 단계에서의 일은 우선 협상이 시작될 수 있도록 도와주는 것으로 이해할 수 있다.

이러한 성격 때문에 '합의과정에서의 도움'이란 별로 중요하지 않다고 생각할 수 있다. 하지만 반드시 그런 것은 아니다. 예컨대 다음과 같은 경우를 생각해 보자. 자발적 협상을 계속해오다 서로 감정이 상하여 누구도 먼저 다음 번 협상의 장소와 시간을 정하기 위한 연락을 하지 않는다고 가정하자. 이럴 경우, 그대로 내버려두면 협상은 교착상태에 빠질 수 있다. 하지만, 위와 같은 기능을 하는 제3자의 도움이 있다면 이같은 상태를 쉽게 빠져나올 수 있다.

결론적으로 '합의과정에서의 도움'이란 이해당사자들이 제3자의 도움을 필요로 하기는 하되, 그 도움이 토의과정 그 자체에 집중될 때 제3자가 제공하는 기능으로 이해할 수 있다. 이때 제3자는 모든 이해당사자들과 원만한 관계를 유지해야 하며, 만약 어느 한 이해당사자라도 이 제3자의 도움에 만족하지 못하면 이 제3자의 도움을 거부할 수 있다.

중재

이해당사자들이 합의과정에서의 도움(facilitation)에 만족하지 못할 경우 이들의 요청에 의해 중재(mediation)라는 행위가 도입된다. 다시 말해 제3자가 협상의 과정을 단순히 돕는 것으로는 이해당사자들 사이의 견해가 충분히 조정되지 않을 때, 보다 구체적인 도움이 필요하게 된다. 이러한 의미에서 중재는 매우 적극적인 의미를 가진다. 그리고 이러한 중재기능을 제공하는 자를 중재인이라 한다.

분쟁이나 갈등에서 중재인을 필요로 하는 것은 이해당사자를 대신하여 중립적인 제3자가 이해관계를 조정해야 하기 때문이다. 여기서 강조되어야 할 사항은 이해를 조정한다는 것이다. 즉, 중재인의 가장 큰 역할은 상반된 이해를 여러가지 기준에 의하여 분류하고 재해석하면서 서로 합의할 수 있는 가능성을 찾아내는 것이다. 이러한 기능을 행하기 위해서는 중재인은 문제가 되는 분쟁 혹은 갈등에 대해 충분한 지식을 가지고 있어야 한다. 이러한 지식이 전제되어야 이해당사들과의 개별적인 회동을 통하여 그들의 진정한 목적이 무엇인지, 그들의 이해관계가 어떻게 조화될 수 있는지를 판단할 수 있다.

한편 이해당사자들이 제3자에게 중재의 기능을 요청할 때에는 어떤 형태로든 합의안이나 해결책을 요구하는 경향이 있다. 이 합의안이나 해결책은 한두 번의 만남을 통해 이루어지는 것이 아니라 상당히 오랜 시간이 필요할 수도 있다. 구체적으로 중재인이 이러한 합의안을 만들기 위해서는 〈표 1〉에서 제시된 바와 같은 역할을 수행할 필요가 있다.

협상 전단계에서 중재인이 해야 할 가장 중요한 사항은 해당되는 분쟁 혹은 갈등과 관계되는 이해당사자들 모두를 만나는 일이다. 그래서 우선 이들에게 자신의 중재가 어떠한 형태로 이루어질 것인지를 설명해야 한다. 그 뒤 각 이해당사자들의 이해관계를 파악하고, 거기에 기초하여 이 분쟁이 어떻게 해결될 수 있을지 개략적인 그림이라도 그려주어야 한다.

이러한 예비적 단계가 끝나면 본격적인 협상에 들어간다. 본격적인 협상의 단계에서 가장 중요한 것은 이해당사자들이 협상을 통하여 공통의 이익을 얻을 수 있는 여건을 조성하는 일이다. 달리 말해,

〈표 1〉 중재인의 역할

	협상 전단계(prenegotiation)
협상의 준비	사회적 갈등과 관계가 있는 당사자들과 만남. 이 만남을 통하여 각 당사자들의 이해관계를 파악하고, 이들에게 본격적인 중재가 어떻게 이루어질 것인지를 설명. 각 이해당사자들이 협상에 임하지 않을 경우에 발생할 수 있는 결과들을 파악할 수 있도록 도움
대표인의 선정	이해당사자들이 자신들을 대변할 대변인이나 대표자를 선정하도록 단체모임을 가지도록 함. 이 모임에 참석하지 못한 이해당사자들을 파악하도록 그들과 공동으로 노력. 이와 함께 이해당사자들의 다양한 이해관계를 대변할 수 있는 전략을 마련하기 위하여 그들과 공동으로 노력
예비적 합의문 (protocol) 초안의 작성	과거의 경험과 각 이해당사자들의 관심사항을 고려하여 예비적 합의문 초안을 작성하고 이를 논의의 출발점으로 삼도록 함. 이 과정을 통해 의제를 선정하는 과정을 조정
협상과 관련된 객관적 사실(fact)의 공동확인	협상과 관련된 객관적 사실을 공동으로 파악하는 작업을 도움. 이해당사자들을 기술적으로 도울 수 있는 사람이나 그들에게 조언을 해줄 수 있는 사람을 파악하도록 함. 협상과정에 소요되는 기금을 모으고 관리하도록 함. 비밀이나 외부로 누출되면 안 되는 정보를 관리하는 역할을 하도록 함

협상의 단계(negotiation)	
대안들을 개발	이해당사자들이 협상과 관련 새로운 아이디어를 모색하도록 조정. 이해당사자 그룹들에게 협상타결을 위해 고려할 수 있는 대안들을 제시. 대안들을 개발할 수 있는 소위원회를 효과적으로 운용
분류함 (packaging)	이해당사자들과 개별적으로 만나 쟁점이나 합의사항을 교환할 수 있는지 가능성 타진. 각 이해당사자 그룹들에게 이러한 패키지를 제공하고 그 실현가능성을 생각해 보도록 함
합의사항의 서면 작성	합의문 초안을 만들기 위해 소위원회와 공동으로 작업. 가능하면 한 종류의 문서만을 만들어 이를 수정하면서 합의에 이르도록 하는 방식(a single-text procedure)을 채택하고, 이 한 종류의 문서를 수정하기 위한 초안을 만들도록 함
합의사항 이행을 도움	중재인이 이해당사자들 그룹의 합의사항을 이행할 수 있도록 도움. 중재인이 이러한 역할을 할 수 없을 경우에는 그러한 역할을 할 수 있는 외부인을 구하도록 함
승인을 받도록 함	이해당사자들 역시 어떠한 사람들을 대변하고 있다면 이해당사자들은 자신들의 합의에 대한 승인을 받아야 하며, 중재인은 그 과정에서 승인을 순조롭게 받도록 도움. 중재인은 승인을 받아야 하는 모든 이해당사자들이 하나도 빠지지 않고 승인을 받도록 도움

협상 뒤의 단계(postnegotiation)	
이행을 점검함	합의사항을 이행하는지 점검하는 역할. 필요할 경우 합의문의 이행을 점검할 별도의 그룹을 만들 수 있으며 운영할 수 있음
재협상	합의문 작성 뒤 예기치 못한 미합의사항이 발생할 경우 이해당사자들을 다시 불러모으도록 함. 재협상과정에서 순조롭게 합의가 이루어질 수 있도록 처음 협상에 임할 당시의 의도를 떠올리도록 도움

출처: Lawrence Susskind and Jeffrey Cruikshank, 《Breaking the Impasse》, Basic Books, 1987, p. 142~143

자신들의 희망사항과 상대방의 희망사항을 객관적으로 비교하여 상호 주고받을 수 있는 부분이 없는지를 파악할 수 있도록 해야 한다는 것이다. 이 과정에서 가능하면, 중재인은 이해당사자들이 스스로 그러한 가능성을 찾아내도록 해야 한다. 이러한 과정이 끝나면 합의를 어떻게 구체적으로 실천에 옮길 것인가를 결정해야 한다. 그 뒤 만약 이러한 합의에 대해 세부적인 승인이 필요하다면 당연히 그러한 승인이 가능하도록 힘써야 한다.

협상 뒤의 단계에서 중요한 것은 예기치 못한 환경변화에 대응할 수 있도록 해야 한다는 것이다. 중재인이 아무리 노력하더라도 본격적인 협상의 단계에서 모든 변수를 다 고려할 수는 없기 때문이다. 그래서 재협상의 가능성이 충분히 보장되도록 해야 한다.

이들 각각의 단계에서 중재인이 해야 할 구체적인 역할은 〈표 1〉을 참고하기 바란다.

구속력없는 조정

구속력없는 조정(nonbinding arbitration)이라는 제3자의 기능은 '합의과정에서의 도움' 과 '중재' 가 효력을 발휘하지 못할 경우에 생각할 수 있는 대안이다. 여기서 주의를 요하는 것은 '구속력이 없다' 는 것과 '조정' 이라는 두 용어이다.

우선 여기서의 '조정' 이란 일종의 법적인 판단과 비슷한 의미를 가진다. 조정을 받는다는 것은 이 갈등 혹은 분쟁에 대한 법적 판단을 한번 받아보자는 것이다. 이러한 법적 판단까지 필요하게 된 것은 이해당사자의 주장이 객관적으로 보기에는 매우 비현실적인데 당사자들만 그것을 깨닫지 못하는 경우가 많기 때문이다. 따라서 법적인 판단을 통해 자신의 주장의 비합리성을 깨닫고 현실적인 제의를 하도록 유도하려는 것이다. 이런 의미에서 이 법적인 판단의 목적은 다음과 같이 정리할 수 있다.

1) 분쟁 혹은 사회적 갈등의 요인을 핵심적인 사항 위주로 정리하는 것(이런 과정을 통하여 이해당사자들이 자신들과 상대방의 주장을 보다 명료하게 이해할 수 있게 된다)
2) 이해당사자들간의 일대일 면담을 촉진시키는 것
3) 좀더 현실성있게 협상이 타결되지 못할 경우의 결과를 이해하도록 하는 것
4) 이런 예비과정을 거쳐 실제적으로 이러한 분쟁이 법률적 송사로 번지지 않도록 예방하는 것

두 번째로 중요한 것은 이러한 법적인 판단에 구속력을 부여하지 않는다는 것이다. 구속력을 부여하지 않음으로써 좀더 쉽게 자신들의 분쟁에 대한 법률적 판단을 받아볼 수 있게 해준다. 다시 말해 구속력없는 조정을 받기를 원하는 이해당사자들의 태도는 "우리는 제3자가 내리는 법적인 판단에 구속되기를 원하지는 않는다. 그렇지만 어떻게 판단이 내려지는지 한번 들어보고 싶다"는 정도로 요약할 수 있다.

구속력없는 조정이라는 기능이 모든 사회적 갈등이나 분쟁에 유용한 것은 아니다. 최소한 이러한 기능이 효과를 발휘하기 위해서는 그 갈등이나 분쟁에 법률적인 요소를 포함하고 있어야 한다. 특허권의 침해와 관련된 사항이라든지, 반독점(antitrust)과 관련된 기업의 행위라든지 혹은 제조물 책임(product liability)에 관한 것이 대표적인 예이다.

8

사회적 갈등해소를 위한 제3자의 역할
정부와 시민단체

한국에서 발생하는 사회적 갈등이 자발적으로 해소되기 어렵다는 것은 제4장과 제5장에서 이미 언급하였다. 간단히 말해 자발적 갈등해소를 위한 협상문화가 그다지 성숙되지 않았다는 것이다. 그래서 어떤 형태로든 외부의 도움, 즉 중립적인 제3자의 도움을 받아야만 되는 경우가 빈번하다. 하지만 이 경우 협상과정에서의 도움(facilitation)만으로는 충분하지 못하다. 한국에서의 사회적 갈등은 이해관계의 첨예한 대립을 배경으로 한 경우가 많기 때문이다. 따라서 '협상과정에서의 단순한 도움(facilitation)'을 넘어 '중재(mediation)'가 필요하게 된다.

사회적 갈등의 중재는 정부의 의무

앞서 설명한 바와 같이 제대로 된 중재를 하기 위해서는 ① 중립적이어야 하며, ② 갈등이나 분쟁에 대한 정확한 정보를 가지고 있어야 하며, ③ 다양한 협상기술을 구비하고 있어야 한다.

현재 한국의 상황에서 이 세 가지 요소를 다 가지고 있는 개인이나 단체는 그다지 많지 않다. 아니 조금 과장될지 모르지만 전혀 없다고 해도 과언이 아니다. 중립적인 인사이면 해당분야에 대한 지식이 없거나, 해당분야에 대한 지식이 있으면 중립적이지 않거나, 혹은 앞의 두 가지를 구비하고 있어도 다양한 협상기술을 구비하고 있지 않기 때문이다.

그래서 차선으로 선택되는 것이 정부일 수밖에 없다. 이 경우 정부라고 하는 것은 헌법에서 말하는 추상적인 정부를 의미하는 것이 아니라 해당되는 사회적 갈등을 담당하는 부서 혹은 그 부서에 근무하는 전문적 공무원들을 의미한다. 물론 이들이 앞서 말한 세 가지 요건을 다 구비하고 있는 것은 아니지만 다른 기관이나 개인에 비하면 상대적으로 나은 편이다. 이런 이유로 사회적 갈등의 해결에 정부가 더욱 적극적으로 나서야 한다.

정부가 나서야 하는 또다른 이유는 사회적 갈등이 심화될 때 이해당사자들이 직접 중재를 요청하는 경우가 매우 드물기 때문이다. 따라서, 정부는 사회적 갈등의 자발적 해결을 기다리다 어떤 이유에서든지 자발적 해결이 어렵다고 보이거나 사회적 갈등이 증폭될 기미가 보일 때는 이해당사자들의 직접적 요청이 없더라도 중재에 나서야 한다. 달리 말하면 사회적 갈등의 중재는 정부의 한 의무이기도 하다.

정부는 제대로 하고 있나

사회적 갈등의 해결에 정부가 나서야 한다고 강조했지만, 지금까지의 경과로 볼 때 정부가 중재기능을 제대로 하고 있다고 평가하기는 매우 어렵다. 거기에는 몇 가지 이유가 있다.

첫째, 중재에 있어서 가장 중요한 중립을 유지하는 데 종종 실패를 하기 때문이다. 제6장과 제7장에서 본 바와 같이 제3자가 중립을 유지하지 않으면 이해당사자는 언제라도 그러한 제3자의 도움을 거절할 수 있다. 하지만 한국의 경우 정부가 제3자이기 때문에, 중립적이지 않은 활동을 하더라도 '여러가지 정치적 고려'에 의하여 차마 중재기능을 거절할 수 없는 경우가 있다. 따라서 제대로 된 중재가 이루어지지 않는 경우를 많이 발견할 수 있다. 정부가 특히 노사관계에 있어서 이러한 실수를 많이 한다는 비판이 제기되고 있다.

둘째, 첫 번째 사항과 관계되는 것으로 중립을 유지하는 데 실패함은 물론 더 나아가 사회적 갈등의 일 당사자로 전락하는 경우도 있기 때문이다. 따라서 정부가 나설 경우 문제가 해결되기는커녕 확대되는 경우도 없지 않았다. 제9장에서 자세히 살필 의약분업은 이에 대한 가장 뼈아픈 실례이다. 즉, 의약분업의 이행과정에서 정부가 의료계와 약업계의 다양한 의견을 중재하기는커녕, 그 과정에 부적절하게 개입함으로써 정부가 사회적 갈등의 일 당사자가 되는 일이 발생했던 것이다.

셋째, 중립을 유지하고 중재를 해나갈 경우에도 합의를 이끌어내기에 충분한 협상기술을 가지고 있지 못하기 때문이다. 중재기능을 제대로 하기 위해서는 이해당사자들과 매끄럽게 의견을 교환할 줄 알아야 되고 쟁점을 파악하고 쟁점의 상대적 중요성을 파악할 줄 알아야 되는데, 이러한 기술을 제대로 습득한 경우가 매우 드물다는 것이다. 다시 말해, 협상을 제대로 할 줄 모른다는 것이다.

넷째, 우리의 협상문화와도 직결되는 것으로 정부가 중재에 나설 경우 이해당사자의 견해를 절충하려는 노력 대신 무의식중에라도 지시와 승복의 태도를 취하는 경우가 많기 때문이다. 이것은 비단 어느 한 부서만의 문제가 아니라 바로 우리 자신의 문화가 가지는 병폐의 하나라 할 것이다.

정부가 당사자인 사회갈등의 해결에는 시민단체가 나서야

그러면 정부가 사회적 갈등의 일 당사자일 경우는 어떻게 해야 하나?

우선 어떤 경우에 정부가 사회적 갈등의 일 당사자가 될까? 가장 대표적인 것은 지방정부와 중앙정부가 특정정책을 두고 대립하는 경우이다. 예컨대, 중앙정부가 핵발전소에서 나오는 핵쓰레기를 저장할 창고를 어느 지자체에 건립하려 할 경우, 그 지자체는 자신의 이익만을 고려하여 "하필이면 왜 우리 지역에"라는 이유로 반대할 수 있다. 이 경우 정부는 분명히 일 당사자이다.

이러한 종류의 갈등이 발생할 경우 그 해결책은 두 가지밖에 없다. 정부가 아닌 민간인으로서 위에서 제시한 세 가지 요건을 모두 충족하는 중재인을 찾거나, 그렇지 않다면 미리 정부의 법이나 규정에 이같은 분쟁을 해결하는 절차를 구비해 두고 있어야 한다. 만약 이 두 가지가 모두 불가능하다면 이러한 갈등은 지시와 승복에 의해 해결하거나 좀 어처구니없는 이야기이지만 시간에 맡겨둘 수밖에 없다.

위에서 설명한 대로 정부가 일 당사자가 될 경우 시민단체는 중립적인 제3자로서 그 분쟁을 효과적으로 중재할 수 있다. 우선, 시민단체는 무엇보다도 먼저 중립적인 지위를 가지고 있기 때문에 중앙정부와 지방정부의 중립성 시비로부터 자유로울 수 있다. 그리고 조금만 노력을 기울인다면 시민단체는 전문적인 지식을 가진 민간인을 회원으로 영입할 수 있고, 따라서 갈등의 대상에 대해 많은 정보를 가질 수 있다. 협상기술에 있어서도 시민단체는 결코 정부에 뒤지지 않는다. 똑같은 정도로 뒤질지는 모르지만….

이러한 이유로 만약 정부가 활용하기로 마음만 먹는다면 시민단체는 정부가 일 당사자가 된 사회적 갈등을 해결하는 데 도움을 줄 수 있다. 하지만, 시민단체가 중재를 선다고 해서 정부가 일 당사자가 되는 모든 분쟁과 갈등이 저절로 해결되는 것은 아니다. 제7장에서 제시된 바와 같은 중재가 이루어졌음에도 불구하고 여전히 정부는 그 해결책을 거부할 수 있기 때문이다.

시민단체가 중요한 또다른 이유는 정부가 제대로 중재기능을 발휘하지 못한다고 비판을 받아온 분야에 있어서, 시민단체가 정부를 대신하는 제3자로서 기능할 수 있기 때문이다. 문제는 시민단체가 이러한 분야에서 중재를 설 수 있을 정도로 전문성과 협상의 기술을 가지고 있느냐 하는 것이다. 제대로 된 중재를 서기 위해서는 해당 분야에 대한 깊은 지식과 이해를 인식하고 조정할 수 있는 능력을 요구하기 때문이다. 하지만 의약분업의 초기단계에서 시민단체가 행한 중재는 향후 시민단체의 중재기능에 대한 하나의 지표가 될 수 있을 것이다(제9장 참고).

만약 정부가 위에서 지적한 결점을 고쳐 훌륭한 중재인으로 거듭나고, 시민단체 또한 그러한 역할을 할 수 있게 된다면 최소한 사회적 갈등의 양상은 지금보다는 달라지게 될 것이다.

사회적 갈등의 해소는 내부역량이 좌우한다

우리는 위에서 정부가 일 당사자가 되는 사회적 갈등을 해결하기 위한 두 가지 방법을 제시하였다. 첫째, 중립적 중재인이 가져야 할 세 가지 요건을 모두 구비한 민간인의 도움을 얻거나, 둘째 미리 정부의 법이나 규정에 이같은 분쟁을 해결하는 절차를 구비해 두고 있어야 한다는 것이다. 이제 두 번째 방법, 즉 분쟁해결절차를 생각해 보기로 하자.

분쟁해결절차가 필요한 이유는 정부가 포함된 사회적 갈등을 해결하기가 그리 쉽지 않기 때문이다. 또, 정부가 그 논리의 타당성과는 관계없이 자신의 논리를 강제로 밀어붙이려 할 경우 피해를 보는 것은 그 갈등과는 관계없는 일반국민이기 때문이다. 하지만, 정부가 포함된 사회적 갈등을 해결하기 위한 분쟁해결절차를 구비하기란 그렇게 쉬운 일이 아니다.

분쟁해결절차의 핵심은 그 분쟁에 대해 객관적인 판단을 하는 것과 그 판단의 이행을 보장하는 것, 두 가지이다. 정부가 분쟁의 당사자가 되는 분쟁해결절차도 이러한 성격을 가져야 한다. 하지만 정부가 포함된 분쟁해결절차의 경우 객관적인 판단을 위해서는 대개 행정과 사법 두 가지 절차를 거쳐야 된다. 행정의 측면은 정부 내부에서 기존 규정과 관행을 거쳐 문제를 해결하자는 것이고, 사법의 측면은 행정절차를 거쳐서도 문제가 해결되지 않을 때 객관적인 법률의 도움을 빌어 문제를 해결하자는 것이다. 하지만, 법률의 도움을 받아 문제를 해결할 단계에 이르게 되면 문제해결은 지연될 수밖에 없다. 법은 이해관계의 상충을 조화시키는 것이 아니라 어느 한쪽의 손을 들어주는 이기고 지는 경기가 될 수밖에 없기 때문이다.

그런 점에서 예컨대 중앙정부와 지방정부 간의 갈등은 행정적인 분쟁해결절차를 거치면서 민간인으로 구성된 제3자의 도움을 받는 것이 바람직하다. 즉, 정부를 기존의 이해당사자와 달리 취급할 것이 아니라 여타의 이해당사자와 똑같이 간주하면서 이들 사이의 이해관계를 제7장에서와 같이 조정하자는 것이다. 이러한 과정을 통해 문제를 해결할 수 있는지는 이 갈등을 조정하는 민간중재인의 역량과 우리사회의 협상문화에 달려 있다고 할 것이다.

이렇게 본다면 결국 우리는 평범한 결론에 도달할 수밖에 없다. 한 사회가 사회적 갈등을 어느 정도 해소할 수 있는가는 그 사회 자체의 내부역량에 달려 있다.

9
한국에 공정한 제3자는 있는가
의약분업[4)]

무엇이 문제였는가

1999년 5월 10일 대한의사협회 유성희 회장과 대한약사회 김희중 회장은 시민사회단체와 함께 다음과 같은 합의문에 합의하였다.

> 의약분업에 대한 대한의사협회와 대한약사회의 합의문
> 1. 대한의사협회와 대한약사회는 지난 3월 2일 우리 두 단체가 약속한 바에 따라 시민소비자단체와 함께 의약분업 방안을 논의하였습

주4) 이 장에서의 의약분업 논의는 사회적 갈등이 어떻게 해소되느냐 혹은 어떻게 확대재생산되느냐 하는 측면, 그리고 제3자로서의 국가가 어떻게 행동했느냐에 있다. 따라서 의약분업과 관련된 복잡하고 다양한 문제들에 대해서는 상대적으로 간단히 언급되거나 생략될 것이다.

니다. 우리 양 단체는 '의약분업 실현을 위한 시민대책위원회'가 제안한 의약분업 안을 두 단체가 합의하는 방안으로 결정하고 이대로 추진해 주실 것을 정부와 국회에 건의합니다. 우리 양 단체는 '의약분업 실현을 위한 시민대책위원회'가 그동안 기울인 헌신적인 노력에 경의를 표합니다.
2. 우리 양 단체는 일부 의약품에 대해서 과학적인 연구를 거쳐 2000년 3월말까지 분류를 확정하기로 한 '의약분업 실현을 위한 시민대책위원회'의 제안을 지지합니다. 이를 위한 연구를 보건복지부가 조속히 시작하여 공정하게 진행해 주실 것을 건의합니다.
3. 우리 양 단체는 의약분업의 시행에 필요한 의료법, 약사법, 의료분쟁조정법 등 관계 법령을 정부와 국회가 조속히 제·개정하여 주시기를 바랍니다. 또한, 보건복지부와 식품의약품안전청이 행정적인 제반 준비를 차질없이 진행해 주실 것을 요청합니다.
4. 우리 양 단체는 의약분업의 시행을 위해 스스로 해야 할 노력을 즉시 시작하여 만반의 준비를 갖추도록 약속드립니다. 양 단체는 앞으로 상호존중, 상호발전의 정신으로 협조할 것이며, 의약전문인으로서 국민건강을 위한 책임을 다할 것을 국민 여러분 앞에 엄숙히 선언합니다.

            1999년 5월 10일
    대한의사협회 회장   유 성 희 인)
    대한약사회 회장   김 희 중 인)

이러한 의약분업은 1963년 의료보험법 제정 당시 그 원칙이 천명된 것으로, 무려 36년이 지난 뒤에야 그 구체적 시행에 대해 합의를 본 것이다. 지난 36년간의 의약분업 논의경과를 볼 때 이러한 합의가 가지는 의미는 결코 과소평가될 수 없다. 그만큼 우여곡절이 많았기 때문이다.

1) 지난 36년간의 경과

1982년부터 1985년에는 목포에서 시범적으로 의약분업이 실시되었으나, 의약계의 계약연장 실패로 더이상 계속되지 못하였다. 1988년에는 전국민의료보험의 확대실시에 따라 3단계 의약분업 시행방안을 마련하기도 하였으나, 구체적 입법과정에서 의사·약사 단체간의 합의가 폐기됨에 따라 그 실시가 무기한 연기되었다. 하지만, 한약분쟁 이듬해인 1994년 1월에 약사법을 개정하고, 1997년 7월과 1999년 7월 사이에 의약분업을 시행하기로 결정하였다.

그리하여 1998년 5월 소비자단체, 언론계 등 공익인사와 의약계 인사로 '의약분업추진위원회'를 구성하였으며, 여기서의 지속적인 논의를 거쳐 1998년 8월 제4차 회의에서 의약분업시행방안에 합의하였다. 그러나 순조롭게 진행될 것 같은 의약분업은 이 제4차 회의의 합의사항에 의사협회, 병원협회, 약사회가 제각기 이의를 제기함으로써 그 시행이 불확실하게 되었다.

하지만 우여곡절 끝에 정부는 위의 제4차 회의에서 합의된 1999년 7월 1일의 의약분업 실시시기를 2000년 7월 1일로 연기하도록 하고, 1999년 상반기에 시민소비자단체와 함께 새로운 의약분업안을 만들도록 하였다. 그 결과 탄생한 것이 앞에서 제시한 대한의사협회와 대한약사회의 합의문인 것이다.

2) 합의가 문제의 시작?

하지만 이러한 합의가 있은 뒤 2년여 동안 의약분업의 시행과 관련 무슨 일이 일어났는가는 우리 모두가 기억하고 있다. 사상 유례없는 의사의 파업, 의사와 약사의 계속적인 대립, 정부의 무분별한 대응. 이제 그 과정을 간략히 살펴보자.

 1999년 5월의 합의문은 의사협회, 약사협회, 그리고 시민단체가 오랫동안 토론을 거쳐 마련한 것이다. 즉, 이 합의문은 정부의 직접적 개입없이 3개 단체가 임의로 합의하여 만든 안이다. 그리고 정부는 이 안을 추인하는 형태로 의약분업을 시행하기로 한 것이다. 1999년 7월 이 합의안을 바탕으로 정부는 의약분업 실행위원회를 만들고 실행과 관련된 구체적인 절차를 논의하기 시작하였다. 그러나 병원협회는 자신들의 입장이 제대로 반영되지 않았다는 이유로, 의사협회는 의약품 분류합의가 불완전하고 대체조제를 허용한다는 이유로 제각기 반발하기 시작하였다.

 이런 가운데 정부는 9월 의약분업안 세부 시행계획을 확정짓기에 이르렀는데, 정작 의사들의 불만이 집단적으로 표출되기 시작한 것은 '보험약가 30% 인하 및 약가 손실분에 대한 수가인상조치'가 발표된 뒤였다. 이 조치는 소위 '약가 실거래제'로 불려지는 것인데, 그동안 의사들의 암묵적 수입원이 되어왔던 약가마진을 제거하기 위해 시행되었다.[5] 이러한 약가마진 인하를 계기로 1999년 11월 30일 의사들은 장충동에 모여 집단적으로 자신들의 견해를 나타내기 시작했다. 이때 의사들의 반발은 수지 혹은 수입악화라는 단일요인이 작용한 것이지만, 내용적으로는 고소득 개원가의 기득권 수호와 저소득 동네의원의 생존권 확보라는 서로 다른 목적이 함께 어우러진 '밥그릇 싸움'이었다.[6] 이 싸움은 2000년에 접어들어 더 치열해지기 시작한다.

주5) 이와 함께 보험약가의 투명성 부족으로 인한 랜딩(약 채택), 리베이트, 할인, 할증 등 병원의 약 선택에 따른 뒷거래 관행을 억제하기 위하여 이루어졌다.
주6) 사실 약가인하에 따른 수가인상조치가 일반의원보다는 병원에 유리하게 이루어짐으로써(의협대표가 실제 개업의원의 이익을 대변하지 않았다고 함), 일반 개업의원은 소득유지에 강한 위기감을 느꼈고, 이러한 위기감은 의약분업에 대한 반발로 이어진다.

3) 의사들의 파업

2000년 2월 유례없는 의사들의 파업은 동네의원들을 중심으로 이루어졌다. '개, 돼지의 진찰료보다 못한 진찰료'라는 표현이 보여주는 대로 그들의 가장 큰 불만은 경제적 문제였다. 따라서 그들의 불만은 수가인상에 의해 완전하지는 않지만 어느 정도 수습될 수 있는 성질을 가지고 있었다. 이러한 사실은 동네의원들을 중심으로 한 의사파업이 있은 뒤 정부가 의보수가 6%를 인상한 사실에서도 그대로 드러난다(4월 1일). 하지만 의사들의 파업이 계속될수록 그들의 관심사는 '의료수가인상'에서 '약사법 개정'으로 그리고 마지막으로는 '의료개혁'으로 이동하기 시작한다.

〈표 2〉에서 보는 바와 같이 의사들은 2000년에 4번의 파업과 2번의 폐업이라는 집단행동을 취함으로써, 그 명목과 슬로건이야 어떠했던 그들이 원하던 바를 거의 대부분 얻게 되었다. 뒤에서 자세히 언급하겠지만 정부는 의약분업실시 원칙을 제외하고서는 의사들의 요구를 거의 대부분 수용하였다.

2000년의 의약분업 논의는 사실상 의사와 정부의 대결로 결론지을 수 있고, 의사들은 협상론적인 관점에서 매우 조악한 전략을 취했음에도 불구하고 그들이 가지는 사회적 위치, 혹은 한국의 의료보장체계에 대한 문제제기 등과 맞물려 성공적으로 자신들의 견해를 대변하였다. 하지만 그들의 전략과 태도는 사회갈등의 해소라는 측면에서는 매우 많은 문제점을 던져준다.

4) 의사들의 견해는 누가 대변하였나

특히, 의사들의 내부 의사소통과 대외적인 협상대표자의 선정에서는 다음과 같은 문제점이 있었던 것으로 보인다.[7]

첫째, 1999년 5월 10일 대한의사협회 회장의 합의사항이 그 회

〈표 2〉 2000년 의약분업 관련 사건일지

2월 17일	의료계 2차 집회(여의도) 및 1차 파업(동네의원)
4월 1일	정부, 실거래가 상환제 보전, 의보수가 6% 인상
4월 4~6일	2차 파업(동네의원)
4월 6일	의약분업과 의료보험에 대한 포괄적 합의, 하지만 의협은 합의를 파기
5월 21일	의료계 10가지 요구안 제시, 정부가 수용하지 않을 시 폐업결의
6월 4일	의료계 3차 집회(과천 청사 앞 마당)
6월 13일	정부 폐업금지 명령
6월 15일	의료계 집단폐업(1차 폐업) 및 병원 외래진료 거부 투쟁 결의
6월 16일	정부, 의보수가 9.2% 인상
6월 20~25일	의료계 3차 파업
6월 24일	여야 영수회담, 7월 약사법 개정 합의
7월 1일	의약분업 시행 (1달간 계도기간)
7월 29일	전공의 파업시작
7월 30일	의권 쟁치 투쟁위원회 재폐업 결의
7월 31일	개봉 판매금지 및 대체조제에 관한 약사법 개정안 국회 통과
8월 1일	의약분업 전면실시, 의료계 일부 폐업실시(2차 폐업)
8월 10일	정부, 의보수가 6.5% 인상
8월 11~17일	의료계 4차 파업
8월 31일	의료계 대정부 단일 요구안 발표
9월 26~30일	약정 대화
10월30일~11월11일	의약정 대화
11월 11일	의약정 합의안 발표
11월 23일	의협 국회상정 찬성 발표/전공의 유급투쟁 철회 결정
12월 11일	정부, 약사법 개정안 국회 제출

원들의 반대로 사실상 거부된 것이 가장 큰 문제로 지적된다. 이 단체가 그 당시 의사들의 견해를 전체적으로 대변하는 조직이 아니었다면, 당연히 합의문에 서명을 하지 말았어야 했다. 혹은, 전체 의사들의 견해를 반영하는 조직이었다면 그 당시의 합의사항은 반드시 지켜져야 했었다. 하지만 서명을 한 상태에서 그 합의사항은 지켜지지 않았다.

둘째, 1년여의 집단의사표시(혹은 투쟁) 과정에서 우후죽순처럼 부상한 의사들의 단체를 어떻게 평가할 것인가 하는 문제이다. 의사들도 다양하게 구성되어 있는 만큼, 다양한 조직이 구성되는 것을 당연하게 볼 수도 있으나, 그 다양한 조직이 서로 상충되는 요구를 할 경우 문제해결은 매우 어려워진다. 다시 말해 어느 조직이 의사들 전체의 견해를 대변하는 것인지 파악하기가 매우 어려웠다는 것이다.

2년여 동안 제각기 자기들의 이익도모를 위해 이루어진 의사들의 대표자 구성방법[8]을 볼 때 당연히 다음과 같은 의문이 들게 된다.

주7) 여기서는 의사들의 파업과 폐업의 정당성 혹은 부당성에 대해서는 논의하지 않으려 한다. 이 문제들에 대해서는 다른 경로를 통하여 많이 논의되었기 때문이다. 하지만 더 큰 이유는 여기서의 관심사가 사회적 갈등의 해소이기 때문이다.

주8) 1999년 11월 장충동 집회를 계기로 의사들의 집단의사를 대변할 의쟁투가 서울시의사회 회장 김재정을 중심으로 만들어졌다. 의쟁투는 당시 격앙되었던 의사들의 분노를 조직화하는 데 성공하였고, 그 분노는 내부적으로는 의협 지도부의 교체를 요구하기에 이르게 되었다. 그 결과 1999년 5월 10일의 의약분업 합의에 서명하였던 유성희 회장은 불신임 사퇴를 하게 된다. 그 뒤 김재정 회장이 신임 의협회장으로 선출되고, 이후 2000년 상반기까지는 의협과 의쟁투를 중심으로 의사들의 폐업투쟁을 지도하게 된다. 하지만, 이들마저도 나중에는 타협적 자세(의협)와 비타협적 자세(의쟁투)로 나뉘어 일치된 의견을 내지 못하게 된다. 2000년 하반기 의사들의 투쟁에 있어서는 상대적으로 강경했던 의쟁투마저 그 독점력을 상실하였고, 전공의 협의회, 전공의 비대위 등을 중심으로 집단적 행동이 조직화되었다. 하지만 이들 비대위마저도 대외적으로 의사들을 대표하지 못하고, 전공의 · 전임의 · 의쟁투 · 교수 · 의협 등으로 구성된 10인 소위가 대표기능을 하게 되었다. 이들 소위는 8월 31일에야 의료계 전체의 요구안을 제출하기에 이르렀다. 하지만, 이들 안은 직능별 요구를 단순히 취합하는 형태여서 상충되는 부분이 있을 뿐만 아니라 철저하게 의사 직능보호를 고려했다는 비판에 직면하게 되었다. 다시 말해 이 모든 과정을 고려할 때 10인 소위의 대표성에도 의문을 제기할 수 있었다는 것이다.

일반적으로 협상에 임하는 단체의 대표성이 약한 경우 협상에서 불리한 위치를 차지하게 되는데 이번 의약분업의 경우는 전혀 그렇지 않았다. 왜 그렇게 되었을까? 즉, 이처럼 다양하고 체계화되지 못한 의사들의 요구에 왜 정부는 그토록 끌려다녀야만 했을까?

협상론적 관점에서 본 의약분업

1) 사회적 갈등으로서의 의약분업

의약분업은 일반국민을 대상으로 한 의사, 약사의 의료행위 변경을 규정한 것이다. 따라서 의약분업의 일차적 당사자는 일반국민, 의사, 약사라고 할 수 있다.[9] 하지만, 의약분업이라는 정책을 입안하고 시행하는 주체는 정부이기 때문에 정부는 이차적 당사자로 포함된다고 할 수 있다. 여기서 '이차적'이라는 접두어를 붙인 것은, 정책시행의 주체로서 정부가 의약분업의 한 당사자이기도 하지만, 일반국민, 의사, 약사 사이의 갈등관계를 조화시킬 의무를 가지고 있는 객관적인 제3자이기도 하기 때문이다.

의약분업을 둘러싼 사회적 갈등구조를 이렇게 이해할 때, 우리는 최근 2년여에 걸친 의약분업의 사회적 갈등이 다음과 같은 특징을 가지는 것을 발견할 수 있다.

첫째, 의약분업을 둘러싼 사회적 갈등은 의약분업 합의안(合意案)을 만드는 '논의단계'에서 드러난 것이 아니라, 1999년 5월 10일의 의약분업 합의안을 어떻게 시행하느냐는 '이행단계'에서 드러

주9) 이런 점에서 의약분업을 둘러싼 사회적 갈등은 일차적으로 일반국민, 의사, 약사 이 세 집단 사이에서 발생하는 것이 마땅하다. 일반국민의 정서와 의견을 시민사회단체가 반영한다고 가정한다면 시민사회단체, 의사, 약사 간의 갈등으로도 이해할 수 있다. 일반국민은 더 나은 의료서비스를 요구할 수 있고, 의사와 약사는 그러한 과정에서 자신의 이해관계를 반영하는 요구를 할 수도 있다. 그게 사회적 갈등이다.

났다. 이러한 특징은 의약분업을 둘러싼 사회적 갈등의 기본성격을 규정해 버렸다.

논의단계에서의 사회적 갈등은 충분한 시간을 가지고 과격한 집단행동의 표출없이 해소할 수 있으나, 이행단계에서의 사회적 갈등은 자신의 경제적 이해관계와 맞물리기 때문에 더 과격하게 드러날 수밖에 없다. 바꾸어 말해, 의약분업 합의안을 도출하는 단계에서 의료계의 이견이 제시되었다면 부드럽게 사회적 갈등이 해소될 수 있었다는 것이다. 만약 그랬다면 사람의 목숨을 담보로 하는 의료계의 파업은 일어나지 않을 수도 있었다.

혹은 이러한 사전논의의 미비를 한국 협상문화의 미숙에서 기인하는 것으로 해석할 수도 있다. 예상되는 모든 문제점을 미리 점검하고, 이해당사자들의 의견을 전부 반영하여 합의문을 작성하는 것이 아니라 기본 골격에 대해서만 대강 합의를 한 뒤 정작 중요한 세부사항은 다시 의논하거나, 추후에 의논하도록 하는 관행이 그것이다. 이러한 관행은 합의의 실질적인 이행이 아니라 합의 그 자체를 존중하는 풍토에서 우러나오는 것인지도 모른다.

둘째, 의약분업의 이행과 관련된 사회적 갈등은 일반국민, 의사, 약사 사이의 갈등이 아니라 의사와 정부 간의 갈등으로 진행되었다. 물론, 그 와중에서 시민단체와 의사, 의사와 약사 사이의 갈등이 없었던 것은 아니지만, 의사들의 요구와 집단행동은 대부분 정부를 대상으로 한 것이었고, 모든 논의의 초점도 의사들의 주장에 어떻게 대응하느냐에 모아졌다. 의약분업에 대한 갈등이 정부와 의사 간의 대립으로 비쳐진 데에는 시민단체의 상대적 미숙(제한적이었던 제3자로서의 역할)과 함께, 의사라는 집단의 사회적 지위도 한몫을 했음에 틀림없다. 즉, "의사들이 저렇게 주장하니까 의약분업에 무슨 문제가 있는 것이 아닌가" 하는 시각이 그것이다.

이러한 두 가지 특징의 이면에 놓여 있는 가장 중요한 사실은 정부가 사회적 갈등을 중재하는 객관적 제3자가 아니라 사회갈등과 관련된 한 당사자로 기능하였다는 점이다. 이것은 의약분업이 진행되는 과정에서 가장 아쉽게 여겨지는 부분이다. 이 점은 좀더 구체적으로 살필 필요가 있다.

2) 납득할 수 없었던 정부의 태도

2000년의 전 시기를 통틀어 정부가 제3자의 위치에서 문제를 해결하려 했던 것은 아주 짧은 시기에 불과하였다. 4월 6일 의약분업과 의료보험에 대한 포괄적 합의, 6월 24일의 여야 영수회담, 9월부터 시작된 의약정의 대화 등 두세 번에 불과하다.

이 시기를 제외하고 정부는 의약분업의 실시를 제외한 모든 부문에서 하나의 이해당사자로서 의료계의 요구를 수용하기에 급급하였다. 앞의 〈표 2〉에서 보는 바와 같이 세 번에 이르는 의보수가인상은 가장 대표적인 것이다. 하지만 이런 의보수가인상과 같은 정부의 조치는 의약분업과 관련된 장기정책의 틀 안에서 시행된 것이 아니라 그때그때 사건을 호도하는 미봉책에 불과하였다. 예컨대 이때 시행된 의보수가인상이 어느 정도 소비자의 부담을 증가시키고, 의료보험의 재정을 악화시키는지 충분한 검토가 이루어지지 않았다는 것이다.

이런 점에서 의약분업이라는 사회적 갈등이 의사들의 폐업, 파업과 같은 극단적인 행동으로까지 연결되게 된 가장 큰 원인은 바로 정부가 제 역할을 하지 못했기 때문이라고 할 수 있다. 만약, 다음과 같은 형태로 정부가 제 역할을 했다면 의약분업이라는 갈등이 발생하지 않았거나, 갈등이 발생했더라도 조기에 수습할 수 있었을 것이다.

첫째, 의약분업을 만들거나 시행하기 전에 정부는 의약분업과 관련된 의료분야 전반에 대한 종합적인 정책을 가지고 있어야 했다. 그래서 최소한 1999년 5월 10일 의약분업에 대한 합의안이 만들어지는 과정에서 정부가 자신의 정책비전을 제시하고, 합의안을 좀더 점검하도록 주문했어야 했다. 당시, 정부는 제4차 의약분업추진위원회가 만든 안을 가지고 있었기 때문에 자신의 비전을 제시했다고 변명할지 모르나, 이 안 자체의 문제점[10] 때문에 시민단체가 개입하는 합의안이 만들어졌다는 것을 고려할 때 이 주장은 설득력이 약하다. 그러므로 모든 전후의 사정을 고려해 보아도, 정부가 의약분업을 시행하면서 이와 관련된 한국 의료체계 전반에 대한 문제점을 제대로 검토했다고 보기는 힘들다.

둘째, 나아가 1999년 5월 10일의 합의안을 바탕으로 의약분업에 대한 실행안을 만들 때 의료계의 의견을 다시 한번 충분히 검토하는 과정을 거쳐야 했었다. 이 합의안이 나오자마자 병원협회와 의사협회는 제각기 불만을 토로했기 때문이다. 다시 말해 이 단계에서 이들의 의견을 수렴하고, 문제를 해결하는 방법을 찾았다면, 2000년에 있었던 의사들의 집단행동은 줄어들거나 없을 수도 있었다는 것이다. 이 당시 이들의 이견을 해소할 수 있는 것은 제3자로서 움직일 수 있는 정부밖에 없었기 때문이다.

셋째, 2000년의 전과정을 거쳐 정부는 한 당사자로서 움직일 것이 아니라 객관적인 제3자로서 움직여야 했다. 그래서 최소한, 의약분업의 시행을 연기할 각오를 하고서라도, 의료계와 '제대로 된' 협상을 했어야 했다. 의약분업의 시행을 연기할 각오가 필요했던 이유는 정부가 의약분업의 시행에 모든 것을 걸고 있다는 분위기가 너무

주10) 이 안은 '임의조제 묵인', '주사제 오남용 방조', '병원 예외허용' 등으로 진정한 의약분업과는 거리가 있다는 비판이 제기되었다.

강했기 때문이다. '제대로 된'이란 표현을 쓴 것은 대표성도 갖추지 않은 의료계와의 협상에서 자기가 발휘할 수 있었던 협상력 한 번 충분히 발휘하지 못했기 때문이다.[11] 다시 말해 2000년의 전과정에서 정부가 당사자로서가 아니라, 객관적인 제3자로서 활동했어야 했다는 것이다.

그런 입장을 취했을 경우 최소한 정부가 불법으로 규정한 행위에 대해서는 엄격하게 처벌을 할 수 있었을 것이고, 의료계를 중심으로 한 집단행동의 확산을 방지할 수 있었을 것이다.

3) 시민단체의 역할

의약분업이라는 사회적 갈등이 확대재생산되는 과정에서 시민단체는 매우 독특한 역할을 수행하였다. 그것은 크게 두 가지로 나눌 수 있다.

첫 번째 역할은 시민단체의 활동을 통하여 의약분업이 가지는 사회개혁적 성격이 전면에 부각되었다는 것이다. 시민단체가 이런 역할을 수행하게 된 가장 중요한 계기는 1998년 8월 의약분업추진위원회 제4차 회의의 합의사항에 대한 시민단체의 비판에서 비롯되었다. 경실련 등을 비롯한 시민단체는 제4차 회의의 합의안이 임의조제를 묵인하는 등 진정한 의약분업과는 거리가 있다고 비판하였고, 결국 이 일은 시민단체가 의약분업 방안에 적극적으로 참여하는 계기가 되었다.[12]

두 번째 역할은 정부가 마땅히 해야 할 제3자로서의 역할을 어느 정도 수행했다는 것이다. 1999년 5월의 합의사항이 의료계의 극단

주11) 의료계 지도부가 회원에 대한 통제력을 지니지 못한 것을 알면서도 정부는 계속 바뀌는 의료계 지도부를 협상상대로 인정해 왔다(의사들 내부의 조직에 대해서는 주8 참조). 그럼으로써 의료계의 요구는 요구대로 들어주고 정부가 원하는 것은 하나도 얻지 못했다.

적인 반발을 불러일으키기는 했지만, 의약분업은 의사, 약사, 소비자가 합의하고 정부가 이를 추인하는 형식으로 이루어졌다는 점에서 사회적 갈등의 해결을 위한 시금석의 역할은 충분히 한 것으로 평가된다.

하지만, 이러한 제3자로서의 역할에 어느 정도 한계가 있었음도 부정할 수 없다. 1999년 5월의 합의사항을 도출하는 과정에서 예상할 수 있었던 모든 문제가 충분히 거론되지 않았고, 갈등의 소지가 완전히 제거되지 않았다는 것은, 시민단체의 의욕에도 불구하고 갈등해소를 위한 전문적인 절충능력은 아직 부족하다는 것을 암시한다. 또다른 한계는 의료계의 집단행동이 계속되는 가운데서도 시민단체가 객관적인 제3자로서 기능하려 하였으나, 의료계의 조직적인 광고전과 언론보도의 편파성[13]에 부딪혀 사실상 제3자로서 기능하지 못했다는 것이다. 하지만, 2000년 하반기 의료계가 내건 의료개혁이라는 기치는 사실상 시민단체가 계속하여 주장해 온 것을 답습한 것이라는 사실에서 시민단체의 노력이 결코 헛되지 않았다는 것을 의미한다.

이러한 사실들을 고려할 때 의약분업이라는 사회적 갈등에서 시민단체의 역할은 절반의 성공으로 평가할 수 있다.

주12) 시민단체는 그 이후에도 의약분업이 가지는 개혁적 성격을 이해하고 의약분업의 연기 혹은 저지를 위한 행동에 조직적으로 저항하였다. 제4차 회의의 합의사항을 거부한 이후 의사와 약사 단체는 내심으로 의약분업의 연기를 희망하고 있었으나, 시민단체는 이러한 연기시도를 차단하는 데 주력하였다. 그 뒤 의사들을 중심으로 한 의료계의 집단반발이 전면에 부각되면서, 시민단체의 활동에도 어느 정도 한계가 설정되는 것처럼 보여지기도 하였다. 그러나 시민단체는 결코 자기 목소리를 잃지 않았고, 의료계의 집단행동을 의약분업 거부로 이해한 뒤, 2000년 4월 이후에는 이를 저지하기 위해 의약분업 정착을 위한 시민운동본부를 결성하기도 하였다.

주13) 가장 대표적인 사례는 "언론계의 지속적인 의료계 내부동향 보도가 사실상 의료계가 의약분업의 방향을 좌우하는 것처럼 보이게 만들었다"는 말로 요약할 수 있다.

참고자료 1

노사정위원회의 경우

노사정위원회는 기본적으로 지난 1997년말 한국경제가 전례없는 위기에 처하게 되자 이 위기에 노사정이 공동으로 대처하기 위해 구성되었다. 그리고 이러한 목적하에서 그동안 대립적이었던 노사관계를 개혁하고 새로운 노사관계시스템을 구현하기 위해 설립된 것으로 이해할 수 있다(그림 3 참조). 또한 이러한 과정을 통해 사회통합을 실현해 나갈 수 있다는 것이다. 이렇게 본다면 노사정위원회는 노사관계를 중심으로 우리사회의 갈등을 조정하거나 해결하면서 사회통합을 촉진하기 위해 설립되었다고 볼 수 있다.

여기서는 사회갈등의 조정과 통합이라는 측면에서 노사정위원회가 제대로 활동

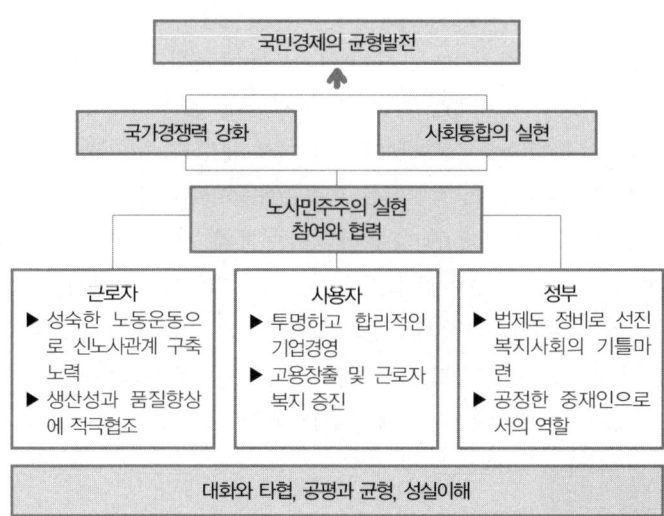

〈그림 3〉 노사정위원회의 설립 목적

하고 있는지 혹은 왜 활동하고 있지 못한지를 이 책에서 제시한 관점에 따라 간략히 분석하고자 한다. 따라서, 노사정위원회의 구체적 활동에 대한 구체적 평가는 이 글의 목적이 아님을 미리 밝힌다.

노사정위원회가 사회갈등을 조정하거나 해결하기 위해 설립된 것으로 이해할 경우 가장 먼저 부각되는 문제점들은 다음과 같이 정리할 수 있다.

첫째, 이 위원회의 성격에 관한 문제이다. 위원회가 구성된 뒤 상당한 시간이 지나서야 이 위원회는 대통령 자문기구로서의 법적 성격을 가지게 되었다. 하지만, 이 위원회는 실질적으로는 사회협약기구, 정책협의기구로 활동하고 있다. '경제위기 극복을 위한 사회협약'과 같은 합의는 자문기구가 할 수 있는 성질이 아니기 때문이다.

이렇게 외형과 실제가 괴리될 경우 당연히 제기되는 문제는 합의사항의 이행을 어떻게 담보할 것인가 하는 점이다. 자문기구일 경우 합의사항의 이행은 이 위원회의 소관이 아니다. 하지만, 사회협약기구일 경우 그 이행이 확보되지 않는다면 그 기구는 제대로 기능을 발휘할 수 없다. 만약, 이런 괴리가 시정되지 않는다면 시간이 지날수록 노사정위원회의 역할은 줄어들게 된다.

노사정위원회의 합의사항이 제대로 이행되고 있지 않다는 일부 언론의 보도는 사실 이 괴리를 지적한 것이다. 이 위원회가 자문기구라면 합의사항의 이행은 매우 잘되고 있는 것이지만, 사회협약기구라면 그렇지 않다고 할 수 있다.

둘째, 노사정위원회의 구성문제이다. 사회갈등을 해결하기 위해서는 우선 이 갈등과 관련된 당사자들끼리 먼저 논의를 하는 것이 순서이다. 예컨대, 노사관계 문제는 노동자와 사용자 간의 대화나 협상에 의해 먼저 해결책을 찾아야 한다. 그 뒤, 제3자의 도움을 얻는 것이 바람직하다. 하지만, 노사정위원회는 이런 과정을 생략한 채 노사, 정부, 공익위원이 함께 대화를 하거나 협상을 하게 됨으로써 사회적 갈등해결을 위한 효율성을 저해하고 말았다. 노사의 합의에 의해서 결정되어야 할 사항들이 노사정위원회의 합의에 의해 강요되는(최소한 강요되었다고 이해되는) 상황이 발생하게 된 것이다.

백번을 양보해 정부는 노사 어느 쪽에도 포함되지 않는 제3자의 위치에 비견할 수 있다고 해도 공익위원들의 위치는 매우 불확실하다. 이들은 당연히 노사정위원회의 정식 구성원이 아니라 자문위원 정도의 자리를 차지하도록 했어야 했다.

노사관계가 아닌 사회협약과 같은 성격을 논의하는 자리라면 그 구성원은 다시 조정될 필요가 있다. 일반국민의 입장과 태도를 반영하는 사람들이 없기 때문이다. 공익위원? 글쎄, 과연 그럴까.

셋째, 노사정위원회에 참석한 민주노총과 한국노총의 대표성 문제이다. 주지하는 바와 같이 민주노총은 1999년 노사정위원회를 탈퇴하였고, 한국노총 역시 탈퇴를 생각한 적이 있다. 이들이 외부적으로 내세우는 이유야 무엇이든 실질적인 탈퇴의 이유는 현장의 분위기 때문이다. 달리 말하면, 양 노총의 조직원들이 노사정위원회의 합의사항을 그리 탐탁지 않게 여긴다는 것이다. 이것은 노사정위원회에 참석한 노동계 대표들이 자기 조직원의 견해와 생각들을 제대로 반영하지 않은 것으로 이해할 수 있다. 만약, 그렇다면 노사정위원회에 참석한 노동계 대표는 실질적으로 노동자의 견해를 반영할 수 있는 방법을 강구했어야 했다. 노사정위원회에 합의한 뒤 그것을 곧바로 공표하지 말고, 조직원의 승인을 얻는 절차를 거치게 하든지 아니면 조직원들로부터 합의할 수 있는 전적인 권한을 사전에 부여받았어야 했다. 만약, 노동자들이 그들의 대표에게 전적인 권한을 부여하고서도 그 뒤에 대표들의 합의사항에 반대한다면 이는 다소 엉뚱한 이야기지만, 한국사회의 협상문화에 책임을 돌릴 수밖에 없다.

제4부
나라와 나라 사이

"겉으로 드러난 것이 어찌 전부이랴."

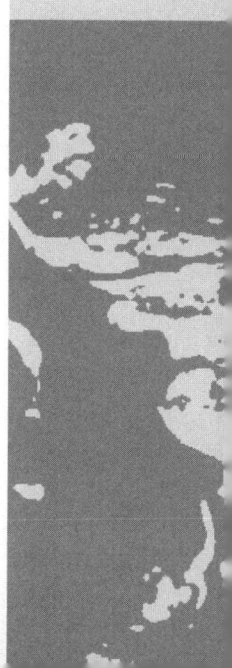

1
'얻어맞기 통상'에서 '통상협상'으로

이 책을 읽는 독자 여러분은 잠시만 눈을 감고 다음과 같은 사실을 한번 생각해 보았으면 한다. 외국과의 통상협상에서 한국이 이긴 적이(이 표현이 다소 이상하기는 하지만) 몇 번이나 있었던가를. 아니 질문을 바꾸어보자. 미국과의 통상협상에서 한국이 미국의 요구를 거부하면서 끝난 적이 있던가를. 물론 사소한 부분에 있어서 미국의 요구를 거절한 적은 당연히 있었을 것이다. 그러나 미국의 요구를 완전히 거절하거나 혹은 한국의 입장이 완전히 관철된 경우가 몇 번이나 있었을까?

한국 통상협상의 역사

한국에서 통상협상이 세간의 주목을 끌기 시작한 것은 1980년대 후반을 전후해서다. 이때는 한국이 올림픽을 개최하고 신흥개도국

(NICs: Newly Industrialized Countries)이라는 이름으로 세계의 주목을 끌고 있을 때이다. 아시아의 네 마리 용(龍)이라는 말도 이때쯤 나왔다. 하지만 이 당시 미국은 상대적으로 경제침체에 허덕이고 있었고, 상하 양원의 압력을 바탕으로 한국 등 무역상대국에게 미국상품을 더 사가라는 요구를 하기 시작했다. 이런 시기에 한국이 힘 한 번 제대로 쓰지 못하고 미국의 통상압력을 수용한 것은 어쩌면 당연한 일이라고 할 수 있다. 통상협상의 경험도 거의 없었던데다 최대의 무역상대국이자 한국의 안보를 책임져 주는 나라가 몇 가지 물건을 더 사라고 하는데 "어떻게 해" 하는 분위기가 없지 않았기 때문이다. 하지만 달리 생각하면 한국은 이 시기에 들어서야 미국의 통상압력 대상이 될 만큼 경제적으로 성장했다고 할 수 있다.

그 뒤 미국이 1990년대 초반까지 불황을 거듭하면서 일본 때리기(Japan bashing)를 거듭할 무렵, 한국도 그 때리기에 휩쓸리기 시작하였다. 미국이나 유럽의 눈으로 보기에 한국은 작은 일본에 불과했고 나쁘게 행동할 가능성이 있는 작은 일본(즉 한국)은 초기에 싹을 짜르는 것이 유리했기 때문이다. 가여운 한국. 그러나 그것도 역시 성장의 한 과정이었고, 제2의 일본으로 인식된다는 것도 역설적으로는 한국이 그만큼 성장했다는 것을 반영하는 것이기도 하였다. 그런 의미에서 이때까지 한국의 통상협상은 한국이 경제적으로 더 성장하기 위한 성장통으로서의 성격을 가지고 있다고 할 수 있다.

하지만 이제는 아니다. IMF를 겪었다고 해서 이런 반성이 나온 것도 아니고, OECD에 가입했다고 해서 이제는 아니다라고 말할 수 있는 것도 아니다. 물론 OECD에의 가입이 새로운 인식의 계기가 될 수 있는 것을 부정하는 것은 아니지만, 새로운 인식은 이제는 두드려맞기만 해서는 한국이 제대로 성장할 수 없다는 자각에 근거한 것이다. 역설적으로 10여 년을 통상협상에서 두드려맞았는데 이제는 그것을 갚을 때도 되지 않았나 하는 것이다. 오해하지 말자. 우리가 두들겨맞았다고 해서 우리보다 못한 나라를 두들겨패자는 말이 아니다. 이제 두들겨맞기에서 정말 제대로 된 통상협상을 해보자는 것이다. 상대가 강하건 약하건, 문제가 어렵건 쉽건 엄포나 협박이 아닌 협상을 통해 문제를 해결해 보자는 것이다.

제4부는 이런 목적을 위해 마련되었다.

통상협상을 제대로 알아야 한다

제4부의 근본목적은 통상협상의 구조와 목적을 이해하는 것이다. 즉, 통상협상이 어떠한 구조하에서 이루어지고 어떠한 목적을 위해 시행되는가를 알기 쉽게 제시한 것이다.

제4부에서는 통상협상을 우선 외부협상과 내부협상이라는 두 개의 틀로 구분하였고, 이 이원적인 구조가 하나로 연결되는 것이 우리 통상협상의 과제라고 주장하였다. 그래서 외부협상과 내부협상이 무엇인지를 자세히 설명하고, 이 구도를 자유무역협정과 도하라운드라는 새로운 무역협상을 통해 비교분석하였다. 그리고 통상협상에 참여하는 협상가들의 협상기술(technique)에 대해서는 설명하지 않았지만, 그들이 범할 수 있는 오류와 어려움에 대해서도 나름대로의 애정을 아끼지 않았다. 미우나 고우나 이들이 우리 통상협상의 최일선에 선 사람들이기 때문이다. 그리고 이러한 개념들을 이해하기 위한 보조수단으로서 통상협상력의 개념, 통상협상력과 관련된 몇 가지 게임이론적인 용어도 함께 설명하였다.

통상협상은 남의 일이 아니라 우리의 먹거리와 일자리에 대한 것이다.

2

왜 통상협상을 하는가

지나가는 행인에게, 아니 정치에 열을 올리는 일반 신문독자에게 통상협상의 목적이 무엇이냐고 물으면 어떤 답이 나올까? 아니 이 책을 읽고 있는 당신에게 이런 질문을 던진다면 당신은 무엇이라고 말할까?

글쎄, 확신할 수는 없지만 우리나라의 이익을 지키기 위해서 혹은 우리나라에 가장 이로운 상황을 찾기 위하여…. 사실 이 정도 아닐까? 아니 이 정도가 아니라 이게 맞는 말이 아닐까? 그럼 한번 따져보자.

자유무역과 보호무역

통상협상의 일반적 목표는 자유무역 혹은 보호무역이라고 하는 무역정책 중 하나를 택하는 것이라고 할 수 있다. 관세를 인하하라느니 시장을 개방하라느니 쇠고기 수입을 확대하라느니 하는 통상협상의 과제 대부분은 사실상 통상정책의 선택과 관련있는 것이다.

그러면 이론적으로 볼 때 통상협상에 임하는 협상가들이 어떠한 정책기조를 택하는 것이 한국에 가장 이로울까? 협상가들이 실제로 택하는 정책기조와는 관계없이 한국에 가장 이로운 통상정책(무역정책이라고 해도 무방하다)은 자유무역정책이다.

다시 말해, 나라의 크기에 관계없이 한 나라의 후생(welfare의 번역인데 그냥 전반적 만족도로 이해하자)을 극대화하는 무역정책은 자유무역정책이다. 시장을 닫아두는 것보다는 시장을 여는 것이, 국내산업을 보호하는 것보다는 외국산업과 경쟁을 하도록 하는 것이 장기적으로 한 나라의 경제에 이롭다는 것이다. 이것은 노벨경제학상을 수상한 새뮤얼슨(Paul Anthony Samuelson) 등 저명한 경제학자들이 무수히 복잡한 수학모형을 통해 증명해 낸 것이다. 그뿐 아니라 최소한 국제경제학자들 사이에서 이것은 일반적 진리로 받아들여지고 있다. 자유무역이 보호무역보다 낫다고.

그러면 다음과 같은 문제가 남는다. 만약 자유무역이 보호무역보다 낫다면 통상협상을 할 필요없이 상대방이 원하는 대로 시장을 개방하고 무역장벽을 낮추면 되는 것이 아닌가? 맞는 말이다, 적어도 이론적으로는. 구차하고 복잡한 통상협상을 거칠 필요없이 일방적으로 시장을 개방하는 것이 경제적으로 더 이롭다. 그런데 통상협상에서는 이런 방향으로 협상이 타결되지 않는다. 왜 그런가?

이론과는 다른 현실, 중상주의

협상가들의 기본목적은 크게 두 가지로 나눌 수 있다. 하나는 절차적 목적이고, 또다른 하나는 실제적 목적이다. 협상의 절차적 목적은 협상에 임하는 비장한 슬로건과는 관계없이 협상가들은 가능하면 협상의 상대방과 협상을 타결짓기를 원한다는 것이다(to get mutually accepted conclusion).

그들의 실제적 목적은 앞서 말한 대로 자국의 이익을 극대화하는 것이다. 만약 이것이 진정한 목적이라면 협상은 필요없다. 시장을 개방한다고, 무역장벽을 낮춘다고 선언해 버리면 끝나기 때문이다. 정말 그렇다면 협상은 얼마나 쉬울 것인가? 그러나 이들은 결코 경제학 이론이 제시하는 바와 같이 자유무역을 협상의 목적으로 삼지는 않는다.

그들이 협상에 참여할 때 가지고 있는 기본인식은 '수출은 좋은 것이고, 수입은 나쁜 것이다(exports are good and imports are bad)'라는 것이다. 협상가들은 가급적이면 자기 나라의 시장은 닫아두거나 개방폭을 축소하면서, 다른 나라의 시장은 되도록 많이 열려고 하는 이중적인 태도를 취하고 있다. 수출의 가능성은 높이고 수입의 가능성은 낮게 하는 것. 이러한 협상목적과 태도는 언론과 매스컴 보도를 통해서도 쉽게 파악할 수 있다. 그러니 협상이 쉬울 리가 있겠는가? 이런 기본적인 목표는 경제사적 관점에서 볼 때 중상주의적 경제인식과 그 맥을 같이 한다. 부국강병이라는 슬로건 말이다.

문제는 협상가들이 추구하는 수출증대와 수입감소라는 목표가 사실상 세계경제 전체적으로 볼 때는 그 반대의 결과를 초래할 수도 있다는 것이다. 1930년대 세계 대공황을 돌이켜보라. 그때 수출을 많이 하고 수입을 적게 하기 위하여 세계 여러 나라들이 극단적인 보호주의적 정책을 시행했는데 그 결과가 어떠했는가? 대공황을 벗어나는 데 도움이 되기는커녕 세계경제를 더 악화시키지 않았는가? 오죽 했으면 그때의 극단적인 중상주의적 보호주의 정책을 '네 이웃 거지만들기 정책(Beggar the neighbor policy)'이라 했을까.

그러면 이론과 실제의 이러한 차이는 도대체 어디서 오는 것일까?

고객의 구미를 맞추는 통상협상

가장 기본적 이유는 무역협상가들이 추구하는 실제적인 목표가 경제논리에 의해 좌우되는 것이 아니라 국내 정치체제, 예컨대 각 이익집단의 로비에 의해 좌우되기 때문이다. 협상가들이 아무리 개인적인 소신으로 시장을 개방하고 무역장벽을 낮추는 것을 좋아한다 하더라도, 그들이 속한 국가조직이 그것을 허용하지 않는다는 것이다. 국가의 통상정책은(통상정책만 그런 것은 아니지만) 통상과 관계가 있는 이해집단과 단체의 로비와 힘의 역학관계에 의해 좌우되기 때문이다.[1]

그런 점에서 일부 경제학자들은 통상정책 혹은 무역정책은 경제이론에 의해서 결정되는 것이 아니라, 그 정책의 대상(산업이나 제품)과 관련된 고객(압력단체, 이익단체, 로비스트)의 요청에 의해 결정된다고 주장한다. 상점에서 소비자가 왕인 것처럼 이런 고객은 통상정책 결정의 자리에서 왕의 대접을 받는다는 것이다.

여하튼 이러한 이유로 협상가들은 실제 협상에서 자국의 무역장벽은 높이고 타국의 무역장벽은 낮추는 데 협상의 우선순위를 부여한다. 그래서 통상협상가들은 자국의 무역장벽 유지와 상대국의 시장개방에 집착하게 된다. 설사 그것이 장기적으로는 자기 나라에 좋

주1) 예컨대 미국 협상가가 한국의 철강제품 반덤핑관세 문제를 논의할 때, 그가 개인적으로는 관세를 부과하지 않는 것이 장기적으로 미국에 유리하다고 믿을지라도 그가 속해 있는 미 무역대표부(United States Trade Representative: USTR)는 그의 개인적인 소신과는 반대되는 협상지침을 내리게 된다는 것이다. 철강제품에 대한 미국의 통상정책은 미국 철강협회의 로비 혹은 철강회사가 위치해 있는 주의 상 · 하원의원들의 압력에 의해 결정되는 경우가 비일비재하기 때문이다.

지 않은 결과를 가져올지 모른다는 것을 알면서도….

 그렇다면 통상협상을 해야 할 이유가 없는 것이 아닐까? 서로 머리를 부딪치며 "나는 시장을 닫지만, 너는 시장을 열어라"고 주장하니 무슨 실익이 있는가? 하지만 통상협상을 통해 한 나라의 정치가들이나 정책결정자들은 통상정책 결정에 대한 고객의 요구를 교묘히 조절할 수 있는 기회를 가질 수 있다. 어떻게 그럴 수 있을까?

통상협상은 활용하기 나름

 가상의 통상협상을 예로 들자. 미국이 소말리아에 공산품 시장개방을 요청하게 되고 그 문제를 해결하기 위하여 양국이 통상협상을 시작한다고 하자. 소말리아의 대통령은 자기 나라의 경제개발을 위해 이번 기회에 자유무역주의적 정책을 취한 뒤 해외자본을 유치하고, 외국기업이 사업하기에 좋은 환경을 만들기로 계획했다고 하자. 그러나 소말리아의 토착 기업가 혹은 자본가들은 시장이 개방될 경우 자신들이 누려왔던 독점적인 지위가 사라지고, 그동안 누려왔던 경제적 특권이 사라질 것이기 때문에 자기 휘하의 사람들을 동원하여 체계적인 반대를 계획하고 있다고 하자. 이 경우 소말리아의 대통령은 자신이 원하는 정책을 시행할 수 있을까?

 한 가지 해결책밖에 없다. 그것은 미국의 통상압력을 이용하는 것이다. 만약 미국의 통상압력이 엄청나게 강할 경우, 예컨대 공산품의 시장을 개방하지 않을 경우 소말리아에 대한 식량원조를 중단한다고 통보할 경우(어디까지나 가상의 상황이라는 것을 명심하자), 소말리아가 취할 수 있는 방법은 그리 많지 않다. 달리 말해, 국내 소수 특권층의 반대에도 불구하고 소말리아 대통령은 미국의 통상압력을 핑계로 자신이 원하는 정책을 시행할 수 있다는 것이다. 이 경우 자유무역주의 정책은 사실상 경제개혁이라고 할 수 있고, 미국의 통상압력은 이 경제개혁을 위한 도구로 사용된 것이다.

국제기구도 국내 목적에 이용될 수 있다

두 나라 사이의 통상협상 대신 GATT나 WTO를 중심으로 한 통상압력은 어떨까? 예컨대, 과거 우루과이라운드 협상 결과 각국이 시장을 서로 개방하도록 요청받았을 때 각국의 정책입안자들은 어떻게 대응했을까?

국내 고객의 압력이 너무 강했던 나라들은 시장개방 요청을 수용하기에 진땀을 흘렸을 테고, 고객의 압력이 다소 약했던 나라들은 국제기구의 요청과 국제사회의 합의라는 대의명분을 내걺으로써 상대적으로 수월하게 시장을 개방할 수 있었을 것이다. 그런 의미에서 국제기구를 통해 이루어지는 통상협상은 적절하게만 이용하면 한 나라의 무역정책이나 통상정책을 획기적으로 변화시킬 수 있는 계기로 작용할 수도 있다.

사실 남미를 중심으로 한 많은 개도국들은 국제기구의 시장개방 요구를 "가진 자의 횡포"라는 말로 반발하기도 했다. 그러면서도 이런 요구를 적절하게 수용함으로써 자신들의 경제구조를 개혁하고 변혁하는 기회로 활용한 것도 사실이다.

그러니 정말 중요한 것은 모든 나라에 존재하는 고객의 요구를 어떻게 적절하게 수용하고 혹은 조절하고 혹은 무시하면서 협상을 하고 또 그 결과를 정책에 반영하는가 하는 점이다.

3

통상협상력이란 도대체 무엇인가

협상력이 무엇을 의미하는가는 제2부에서 충분히 설명하였다. 논의의 편의를 위해 그 정의를 다시 한번 인용한다.

"협상력이란 협상에 참여하는 상대방의 협상타결에 대한 기대를 자신에게 유리한 방향으로 변경시킬 수 있는 능력을 의미한다."

통상협상력이란

한 국가의 통상협상력도 이러한 협상력의 개념과 기본적으로 큰 차이가 없다. 통상협상력이란 한 국가의 적절한 행동 혹은 전략을 통하여 상대국의 통상협상에 대한 기대를 자기 나라에 유리하게 바꾸는 능력을 의미한다. 이런 점에서 일반적으로 제2부에서 설명한 협상의 요인들과 전략이 그대로 활용될 수 있다.

하지만 개인의 협상력과 국가의 협상력이 다른 점은 개인의 협상력은 그 자신의 개별적인 능력과 밀접한 관계를 가지지만, 국가의 협상력은 개별적인 개인능력 이상의 요인이 작용한다는 것이다. 쉽게 말해 국가의 통상협상 역시 협상가라는 개인이 상대국의 협상가와 협상한다는 점에서는 개인간의 협상과 비슷한 점이 있지만, 협상가는 자신의 협상전략과 행위를 자기 마음대로 결정할 수 없다는 점에서 개인간의 협상과는 차이가 있다.

이런 차이를 제외한다면 제2부에서 설명된 몇 가지 개념들은 통상협상력에도 그대로 적용될 수 있다. 가장 대표적인 것이 대안(alternative)과 협상이 실패할 경우 발생하는 결과(fallback)에 관한 것이다.

통상협상에서 대안은

통상협상에서 대안이 있다는 것은 무엇을 의미할까? 예를 들어 설명하자.

한국과 중국이 마늘수입문제로 통상협상을 하고 있는데, 중국이 마늘의 수입을 대폭 늘려야 한다고 주장하고 있다고 하자. 그러나 한국이 마늘재배 농가 때문에 중국이 주장하는 만큼 마늘수입을 늘릴 수 없다면, 한국은 어떠한 제의를 하는 것이 좋을까? 만약 중국이 반드시 마늘수출을 늘리는 것이 목적이 아니라 한국이 중국에 약속한 것을 지키기를 요구하는 것이라면, 혹은 마늘을 포함한 일반적인 농산물의 수출을 늘리는 것이 목적이라면, 한국은 다양한 선택을 할 수 있다. 한국은 중국에 약속한 마늘수입에 해당하는 만큼의 다른 농산물을 수입할 수도 있고 혹은 그 액수에 해당되는 만큼 다른 공산품의 수입을 늘릴 수도 있다. 바꿔 말해 중국의 마늘수입 요구에 대해 한국이 다양한 형태의 제안을 할 수 있다면 한국은 훨씬 더 유리하게 협상을 타결지을 수 있다는 것이다. 즉, 한국이 가지는 대안의 종류와 수가 다양할수록 한국의 협상력은 커진다는 것이다.

하지만, 중국이 반드시 마늘의 수입을 증가시키기를 요구하면 어떻게 될까? 이런 경우 한국이 취할 수 있는 대안은 없지 않은가? 외형적으로는 그렇게 보일지 모르나 사실 그렇지 않다. 국가간의 수출입이 하루 이틀에 이루어지는 것이 아닌 만큼 기간과 시기를 정해 수입하겠다는 의사를 통보할 수도 있고, 중국의 입장이 지나치게 강력하다면 우리 역시 중국에 대하여 그와 비슷한 정도의 요구를 할 수도 있다. 달리 말해 통상협상의 장에서 대안을 발견하지 못할 정도로 경직된 협상은 발견하기 어렵다는 것이다. 그러므로 실제적인 협상에 임하기 전에 상대방이 원하는 바가 진실로 무엇인지를 파악하고, 그에 대처할 수 있는 다양한 대안을 강구하는 것이 통상협상을 유리하게 이끄는 길이 될 수 있는 것이다.

통상협상에서 확약은

이 방식 역시 국가간의 통상협상에서 사용될 수 없는 것은 아니다. 한 국가의 말과 행동이 일관성을 가지고, 개인간의 협상에서와 같은 형태로 전부 아니면 전무(all or nothing)라는 확약을 할 수 있다면 상대국가의 협상타결에 대한 기대를 자기에게 유리한 방향으로 변화시킬 수 있다.

그러나 이러한 전략은 모든 나라가 취할 수 있는 것은 아니다. 이 전략의 핵심은 일관성인 만큼 어떤 이유로든 일관성을 유지하기에 어려움이 있다면 이것은 협상전략으로서의 가치가 없다. 그래서 다양한 의견이 제시되고 활발한 토론이 이루어지는 민주사회에서는 이 전략의 실효성은 매우 적다. 이해집단과 단체의 다양한 견해제시로 언제 어느 때 입장이 바뀔지 모르기 때문이다. 그리고 협상을 담당하는 정부가 바뀐다면 이에 따라 협상 자체에 대한 근본시각도 바뀔 수 있기 때문이다.

반면, 다양한 의견제시가 봉쇄되는 전체주의 국가일수록 역설적으로 이러한 전략은 상당한 힘을 발휘한다. 상대국가가 전체주의 국가일수록 한 가지 입장이 손쉽게 유지될 수 있고, 이러한 일관성은 상대국가의 협상타결에 대한 기대를 변화시킬 수 있기 때문이다. 한국과 북한의 각종 협상에서 북한이 유리한 입장을 차지하는 것처럼 보이는 것은 기본적으로 이러한 사실과 관계가 있다. 북한이야 일단 정해지면 일사천리이고, 위에서 그 방향을 바꾸지 않는 한 요지부동 아닌가? 최소한 우리는 요지부동이라고 믿고 있는 것이다. 달리 말해, 그동안의 협상경험을 통해 우리는 북한이 '요지부동할 것'이라는 기대를 가지게 되었다는 것이다.

그러면 전체주의 국가가 확약이라는 전략을 손쉽게 사용할 수 있다면 다른 민주국가에 비하여 항상 협상에서 유리한 것일까? 그렇지는 않다. 만약, 민주주의 국가에서 오랜 토론을 통해 다양한 의견이 하나로 모아질 수 있다면, 그 효율성은 전체주의 국가의 그것에 결코 비할 수 없다. 민주주의 국가의 확약이 다이아몬드라면 전체주의 국가의 확약은 다이아몬드 도금을 한 주석에 지나지 않기 때문이다. 따라서 전체주의 국가가 과거의 경험만 믿고 벼랑끝 전술(brinkmanship)을 구사할 때, 민주주의 국가도 확약이라는 전략을 구사할 수 있다면 전체주의 국가는 실로 엄청난 피해에 직면할 수 있을 것이다. 북한이 미국을 상대로 '막가기' 전술로 얻은 전과에 도취하여 이런 전략을 계속하여 구사한다면 언제인가 북한은 회복불능의 피해를 입을 수도 있다. 그만큼 위험한 전략이라는 것이다.

통상협상에서 폴백은

협상이 실패할 경우의 결과(fallback)는 어떤가? 미국의 통상법 301조[2]가 이에 대한 적절한 실례가 될 것이다.

미국의 통상법 301조가 적용되기 전 미국 통상정책의 기조는 매우 단순하였다. "당신이 시장을 개방하는 만큼 나도 시장을 개방하겠다" 혹은 "당신이 날 도우면 나도 당신을 돕겠다"는 일종의 상호주의였다. 비록 이 상호주의도 미국 중심적인 면이 없는 것은 아니지만, 그래도 어느 정도의 동등성 혹은 공평성을 전제로 하고 있었다. 그러나 301조의 기조는 이와는 전혀 다르다. 기본적인 정신은 "당신이 날 돕지 않으면 당신을 다치게 하겠다" 혹은 "내가 원하는 대로 시장을 개방하거나 보호조치를 철회하지 않으면 보복을 하겠다(Unless you open your market, I will reltaliate)"는 것이다. 일종의 '막가파'라고 할 수 있다.

301조의 메커니즘은 무엇인가

301조의 기본 메커니즘은 이러한 '막가파'식 요구를 통하여 상대방의 폴백을 악화시키는 것이다.

예컨대 미국이 한국에 대하여 301조를 발동했다고 하자. 301조를 발동하기 전과 비교하여 한국은 매우 불리한 위치에 처하게 된

주2) 1974년 제정된 미국 통상법 제301조(Section 301 of the 1974 Trade Act)는 미국 대통령이 미국의 수출을 감소시키는 외국의 무역제한조치에 대해 보복을 할 수 있도록 규정하고 있다. 그리고 1988년 종합무역경쟁법안의 소위 슈퍼301조(Super 301 provision of the 1988 Omnibus Trade and Competitiveness Act)는 특정국가의 산업보다는 특정국가에 초점을 맞춘 것으로 시장을 개방하라는 혹은 미국으로부터의 수입을 증대시키라는 미국의 요구사항이 충족되지 않을 경우, 정해진 절차에 따라 보복을 할 수 있도록 규정하고 있다.

다. 협상이 타결되지 못할 경우 301조에 의하여 미국으로부터 보복을 받을 수 있기 때문이다. 그러나 미국은 협상이 실패로 끝나더라도 협상 성공시의 기회이득이 사라졌다는 것 외에는 아무런 손해를 보지 않는다. 미국의 폴백은 큰 변화가 없는 반면, 한국의 폴백은 악화된 것이다. 그러니 301조의 발동에 의하여 미국의 협상력이 높아지게 된 것은 분명하다. 그러므로 이러한 301조의 효과는 다음과 같이 요약된다.

"협상이 결렬될 경우 자신에게 더 큰 이익이 돌아오게 함으로써 (상대방이 더 큰 피해를 보게 함으로써) 자신의 협상력을 강화시킨다."

하지만 이러한 효과가 나타나기 위해서는 보복조치라는 협박이 실현가능해야 한다. 달리 말해 미국이 공언하는 보복조치의 실현성이 낮거나 보복을 하더라도 상대국이 많은 피해를 받지 않는다면 301조의 효과는 제한될 수밖에 없다.

예를 들어, 미국이 한국을 대상으로 301조에 의한 보복을 공언할 경우 그 효과는 매우 크고 실현성도 높다. 하지만, 미국이 EU를 상대로 301조를 발동할 경우 미국은 협상력의 제고를 기대할 수 있을까? 그 가능성은 현저히 떨어진다. 미국이 보복을 할 경우 한국은 미국에 역보복을 할 능력이 없지만, EU는 충분히 역보복할 수 있다. 따라서 301조의 발동에 의하여 미국은 EU의 폴백을 악화시키게 되지만, 그와 마찬가지로 EU 역시 미국의 폴백을 악화시킨다. 그러므로 301조의 발동은 결코 미국이 기대한 결과를 가져오지 않는다. 바로 이러한 이유로 EU가 인도와 브라질보다 더 불공정한 무역관행이 많았음에도 불구하고, 미국은 EU를 1989년 슈퍼301조의 불공정 무역대상국에 올리지 않았던 것이다. 301조와 같은 공격적인 협상조치는 역보복 능력이 없거나 그 능력이 적은 국가에 대해 실시할 때만 효과가 있다.

결론적으로 미국의 통상법 301조는 한국과 같은 약소국에 대해서는 협상력 제고를 위해 사용될 수 있으나 잘못 발동될 경우 세계무역의 안정성을 해칠 우려가 있다.

4

통상협상에서의 힘

"미국, 한국의 자동차 시장개방을 요구"
"미국, 대통령선거 끝난 뒤 시장개방 거세질 듯"
"미국, 한국의 쇠고기 시장 판매망 개선 요구"

신문 경제면에서 흔히 볼 수 있는 기사의 제목이다. 그런데 이 기사들은 언제쯤 기사일까? 최근의 것이라고 생각하기 쉽지만 사실은 1980년대 후반의 신문기사이다. 한국과 미국의 통상마찰, 정확히 말하면 한국에 대한 미국의 시장개방 요구는 그래서 10년 이상의 역사를 가지고 있다. 그리고 그 통상협상에서 한국은 항상 약자의 위치를 면할 수 없었다. 달리 말해 시장을 개방할 수밖에 없는 위치에 처해 있었다.

여기서 다시 한번 생각해 보자. 미국이 요청해 온다고 해서 한국이 항상 그 요구를 100% 수용해야 할 이유가 있을까? 혹, 이런 이유를 댈지도 모른다. 미국은 '힘있는 나라'가 아니냐고. 대부분 미국과의 통상협상을 생각할 때 미국은 힘센 나라고 한국은 힘이 약한 나라이기 때문에 한국이 협상을 유리하게 할 수 없는 것 아니냐고 생각한다. 아니, 그렇게 받아들여진다. 과연 그럴까?

통상협상에서 힘은 결정적인 요인이다?

일반적으로 국가의 힘(power)은 기본적으로 한 국가의 경제적, 군사적, 정치적 크기로 표현될 수 있는데, 이러한 힘이 국가간의 협상에 미치는 영향에 대해서는 두 가지 의견이 대립되고 있다. 하나는 현실주의자(realist)의 견해이고 다른 하나는 자유주의자(liberalist)의 견해이다.

현실주의자들은 국가간의 협상에 있어서 협상력은 기본적으로 이러한 힘에 의하여 좌우된다고 주장한다. 이들의 견해에 따르면 소위 강대국과 개도국과의 협상에서는 강대국이 항상 유리한 위치에 있을 수밖에 없다. 강대국은 자신들이 가지고 있는 압도적 힘으로 개도국의 협상에 대한 기대를 자신들에게 유리한 방향으로 바꿀 수 있기 때문이다.

그러나 자유주의자들의 견해는 이와 다르다. 자유주의자들은 우선 협상의 결과를 설명하기 위해서는 협상의 구조적인 면(structure)과 절차적인 면(process)을 동시에 고려해야 한다고 설명한다.

구조적인 면에 대해서는 다음과 같이 설명한다. 강대국과 개도국이라는 일반적인 '힘'이 중요한 것이 아니라 특정협상의 주제와 관련된 힘이 중요하다는 것이다. 특정주제와 관련된 힘(issue specific power)이란 협상의 테이블에 오른 아주 구체적인 협상의 대상과 관련된 힘을 의미한다(issue specific power is defined as the state's resources in a given area). 그리고 대부분의 경우 이 힘은 협상대상과 관련된 자원(resources)으로 나타난다. 특정산업의 경우 자원이란 그 산업의 규모, 국가경제적 위치, 고용, 대외무역, 협상상대국에 대한 시장접근 정도 등을 의미한다. 달리 말해 강대국은 국가 전체의 경제력이 개도국보다 클지는 모르나 특정산업에 있어서까지 그렇지는 않다는 것이다. 예컨대, 미국은 쿠바보다 힘센 나라이지만 궐련의 생산에 있어서는 쿠바보다 떨어지고 마찬가지로 고무의 생산에 있어서는 말레이시아에 떨어진다.

협상의 절차적인 면이란 협상의 전술을 의미한다. 협상의 전술이란 협상과정에서 자신의 자원을 효과적으로 사용하기 위한 일련의 방법을 의미한다. 예를 들어, 고의로 협상을 기피하거나 연기하는 것, 다른 협상의제와 연결시켜 처리할 것을 주장하는 것 등이 이에 속한다.

그래서 자유주의자들의 결론을 요약하면 다음과 같다.

"협상력을 결정하는 주요 변수는 구조적 요소로서의 '특정주제와 관련된 힘(issue specific power)'과 절차적 요소로서의 '협상의 전술(tactics)'이다."

따라서 이러한 견해를 따를 경우 약소국도 강대국과의 협상에서 유리한 고지를 차지하거나 협상에서 이길 수 있다. 이러한 견해를 사례분석을 통해 적절하게 제시한 학자가 메리스 로버트(Maryse Robert)이다. 그는 자원과 전술을 적절히 조화시킬 경우 약소국이 강대국과의 협상에서 이길 수 있다고 설명한다. 그러나 이 두 가지 요소 중 하나라도 빠질 경우 협상에서 이기기는 매우 어렵다.

약소국의 특정주제와 관련된 힘과 강력한 전술은 단지 실제협상에 임하는 협상가의 개인적 능력에 의하여 좌우되는 것은 아니다. 이슈와 관계된 힘과 협상의 전술은 협상에 임하는 국가가 자신의 내부에서 어떠한 국민적 합의 혹은 성과를 만들어내느냐에 달려 있다. 다시 말해 이 두 요인은 고정된 것이 아니라 국내의 협의과정을 통해 향상시킬 수 있다는 것이다. 그러한 의미에서 약소국은 강대국과의 협상을 시작하기 전에 내부의 협의과정을 통해 자신의 협상력을 제고시킬 필요가 있다.[3]

빼앗긴 김동성의 금메달

통상협상은 아니지만 국가의 힘이 협상에서 어떻게 작용하게 되는지를 한번 살피기로 하자.

2002년 솔트레이크 동계올림픽 쇼트트랙. 오노 선수의 기막힌 몸짓으로 김동성의 금메달은 사라졌다. 몇 번에 걸친 항의는 전혀 영향을 미치지 못했다. 약소국의 비애를 씹으면서 우리 스스로 울분을 삭일 수밖에 없는가.

방법이 없는 것은 아니다. 국제올림픽위원회나 국제빙상연맹에, 판정에 이의가 제기될 경우 녹화테이프를 이용하여 보다 공정하게 판정할 수 있도록 규칙을 고칠 것을 요구하면 된다. 문제는 "상대가 미국인데", "9.11 테러로 상처입은 미국의 자존심을 살리자는 짓인데" 하는 우리의 자포자기적인 태도이다. 이러한 약소국의 태도를 취하는 한 규칙개정 협상에서 우리가 힘을 발휘할 수는 없다. 하지만 정확히 보자. 협상의 대상은 체육경기에서의 규칙이지 국가의 흥망을 좌우하는 핵이나 전쟁이 아니다. 주눅들 일이 없다. 그리고 쇼트트랙에 관한 한 한국은 결코 약소국이 아니다. 여자 3000m 계주를 3연패한 사실이 여실히 보여주고 있지 않은가. 메리스 로버트의

주3) 이것을 내부협상이라 한다. 내부협상에 대해서는 다음 장을 참고하기 바란다.

말대로 쇼트트랙이라는 구체적인 종목(specific issue)에 관한 한 한국은 힘이 있는 강대국이라는 것이다.

하지만 문제는 한국이 쇼트트랙에서 힘의 우위를 구체화할 강력한 전술(strong tactics)을 가지고 있느냐는 것이다. 이 전술이 없는 한 쇼트트랙에서의 강국이라는 위치는 별다른 힘을 발휘하지 못할 수도 있기 때문이다. 당연한 말이지만, 캐나다처럼 1년 이상 이 문제를 집요하게 제기하여 국제적 이슈로 부각시킬 의사(意思)와 의지(意志)가 있다면, 한국은 규칙개정 협상에서 강력한 힘을 발휘할 수 있을 것이다.

5

협상의 구조:
외부협상과 내부협상

국가간의 협상은 어떻게 이루어지는가? 제일 먼저 떠오르는 이미지는 신문의 일면을 장식하는 사진이다. 예컨대 한국과 미국의 협상대표가 자리에 앉기 전 서로 손을 내밀며 인사를 나누는 사진 말이다. 그래서 우리는 협상은 이렇게 두 나라의 협상대표들이 멋있는 테이블에 마주앉아 진행하는 것으로 생각한다. 전혀 틀린 것은 아니다. 그러나 그것뿐일까?

이원적 게임으로서의 통상협상

한번 생각해 보자. 멋있는 협상테이블에 앉아 실제로 협상을 하는 대표들은 협상과 관계된 입장과 전략을 어디서 가져오는 것일까? 상식으로도 알 수 있는 바와 같이 협상대상에 대한 입장과 전략은 이들 협상대표들이 마음대로 결정하는 것이 아니다. 최소한 그들이 속한 정부부처의 의견을 종합한 것이고, 정부부처의 의견은 협상 대상과 관련된 업계의 의견을 어느 정도 반영한 것이 아닐 수 없다.

예를 들면, 한국과의 자동차 시장개방 협상에 나서는 미국 대표들은 한국의 자동차 시장개방에 대한 입장과 태도를 정하기 위해서 우선 상무부(Department of Commerce)와 미 통상대표부(United States Trade Representative)와 협의를 하게 되고, 상무부와 미 통상대표부는 그 이전에 미국의 자동차업계와 충분한 토의를 거쳐 한국 자동차 시장개방 요구에 대한 입장을 결정한다는 것이다.

이런 점에서 모든 통상협상(일반적으로 협상)은 이원적 게임(two-level game)의 성격을 가진다. 이원적 게임이란 협상 자체가 외부협상과 내부협상으로 나누어지는 것을 의미한다. 외부협상이란 협상 상대국 협상대표들이 벌이는 외형적인 협상을 의미하고, 내부협상이란 협상국 내부에서 협상과 관련된 방향을 결정하는 협상을 의미한다. 이 개념은 〈그림 1〉을 통해 더욱 분명히 드러난다. 그림에서 보는 바와 같이 외부협상이란 한국과 미국의 협상가들이 만나서 진행하는 협상을 의미하고, 내부협상이란 협상가들의 협상지침과 전략 그리고 입장을 결정해 주는 내부의견 조율과정을 의미한다. 그래서 협상을 제대로 이해하기 위해서는 이 양자의 협상과정을 모두 이해할 필요가 있고, 그 중에서도 내부협상에 대한 이해는 더욱더 중요하다.

두 가지 협상력

협상을 이렇게 내부협상과 외부협상의 이원적 구조로 이해하면 협상력 역시 내부협상력과 외부협상력의 이원적 구조로 이해할 수 있다. 바꿔 말해 외부협상력은 외부협상에서 협상의 대표들이 가질

〈그림 1〉 협상의 과정: 내부협상과 외부협상

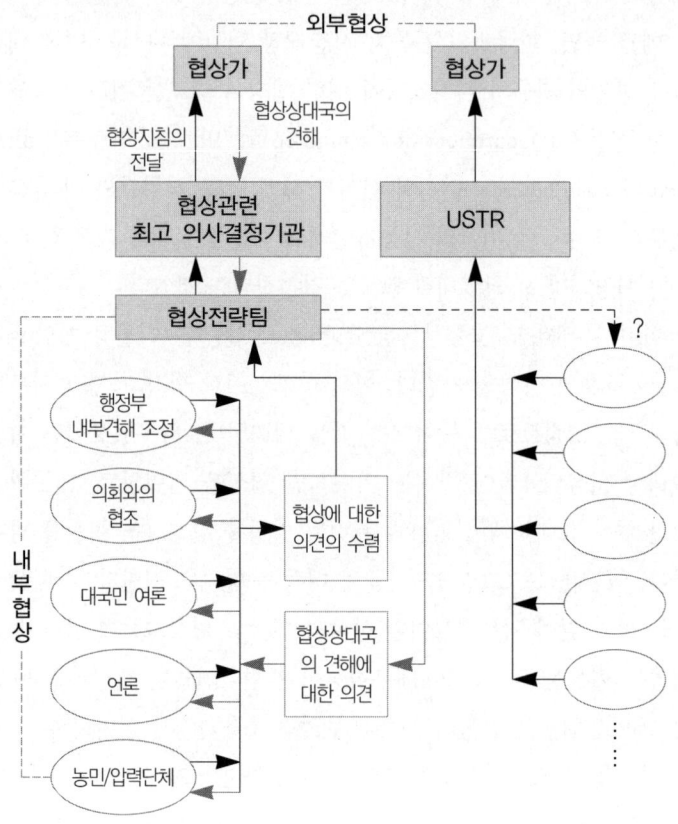

수 있는 협상력을 의미하고, 내부협상력이란 내부적으로 협상에 대한 입장과 전략을 결정하는 과정에서 발생하는 일종의 힘과 영향력을 의미한다. 하지만 내부협상력은 그 자체로서 통상협상에 영향을 미치기보다는 외부협상의 과정을 통해서 영향을 미치게 된다.[4]

쉽게 말해 외부협상력이란 다음과 같은 것이다. 만약 우리 협상가들이 영어를 미국인 이상으로 능숙하게 할 경우, 그래서 미국의 협상가들과 농담따먹기까지 유창하게 한다면 우리 협상가들은 좀더 쉽게 협상을 진행해 나갈 수 있을 것이다. 그리고 인간적으로 매력이 있고 역사와 문화 등과 관련된 폭넓은 지식이 있다면, 또 정확한 판단력을 구사하는 냉철한 이성을 겸비하고 있다면 그렇지 않은 경우에 비하여 훨씬 더 한국에 유리한 협상결과를 기대할 수 있을 것이다. 우리가 외교관의 자질이라고 할 때는 바로 이런 외부협상력을 의미하는 것이다.

하지만 아무리 외부협상력이 뛰어나다 할지라도 협상가들은 그들이 위임받은 이상으로 협상할 수 있는 권한을 가지지 않는다. 즉, 미국 협상가들이 한국 자동차 시장개방에 대해 협상을 할 때 그들이 본국으로부터 "반드시 한국으로부터 몇 %의 시장점유율을 보장받아라"라는 지침을 받았다면, 미국의 협상가들이 아무리 관대하다 하더라도 이 시장점유율 이하로는 결코 양보하지 않을 것이다. 마찬가지로 한국의 협상가들이 아무리 매끄러운 영어를 구사하고 미국의 협상가들과 농담을 주고받을 수 있다 하더라도 이 시장점유율을 낮추지는 못할 것이다.

바꿔 말하면 〈그림 1〉에서 보는 바와 같이 협상가 사이에서 행해지는 외부협상은 협상가의 국내에서 행해지는 내부협상의 반영에 지나지 않는다는 것이다. 달리 말하면 국제협상이란 협상당사국들의 내부협상에 의하여 정해진 협상의제에 대한 견해들을 당사국들을 대표하는 협상가가 서로 교환하는 것이라고 이야기할 수 있다. 그러므로 협상의 방향을 결정하는 것은 일차적으로 외부협상이 아

주4) 그런 점에서 외부협상력과 내부협상력은 보완적인 관계를 가진다고 할 수 있다. 이 양자의 관계에 대해서는 본문에서 자세히 설명하기로 한다. 한 가지 첨부할 사실은 내부협상력에 대해서는 우리가 제2부에서 설명한 협상력의 개념을 그대로 적용하기보다는 내부협상의 과정을 통해 도출되는 전반적인 통상협상을 지원할 수 있는 이차적인 능력이나 힘으로 보는 것이 타당하다는 것이다.

니라 사실상 내부협상이라고 할 수 있다. 하지만 협상의 최종결과는 내부협상과 관련된 힘(내부협상력)을 외부협상에서 어떻게 활용하느냐에 달려 있다.

6

내부협상력

내부협상력에 영향을 미치는 요인들

제5장에서 설명된 내부협상과 관련된 힘, 즉 내부협상력은 어떠한 요인에 의해 결정될까?

1) 의회의 협조

한국의 협상가들이 미국과의 자동차 시장개방 협상에 나서기 전에 한국의 국회가 '한국 내에서의 미국의 자동차 수요증진을 위한 대정부 건의안'을 통과시켰다고 가정하자. 그리고 그 건의안에는 관용차는 의무적으로 미국을 포함한 외국자동차를 사용해야 하고, 30대 기업집단의 공무용 차량의 30%는 반드시 외국자동차를 사용하도록 해야 한다는 내용을 포함시켰다고 하자.

이같은 대정부 건의안은 협상에 어떠한 영향을 미칠까? 한국의 협상가들이 이 건의안을 제대로 활용할 수 있다면 미국이 요청하는 '몇 % 이상의 한국 자동차 시장개방'이라는 요청을 상당히 완화시킬 수 있을 것이다. 예컨대, 김병현의 월드시리즈 홈런 악몽이나 앤드류 애거시의 테니스 시합이라는 농담을 사이사이 끼우면서, "한국이 이토록 당신 나라 자동차 수입에 열정적인데 지금 당장 몇 %라는 기준에 집착할 필요가 있는가? 조금만 기다리면 이 이상으로 시장점유율을 높일 수 있지 않은가?"라고 설득할 수 있고 이 설득은 충분한 힘을 가질 수 있다.

2) 압력단체

외부협상력의 활용범위를 결정해 주는 이러한 내부협상력에 영향을 미치는 요인은 의회의 협조만 있는 것이 아니다. 압력단체의 기능, 여론의 기능, 행정부와 국회의 관계 등도 이러한 요인의 범주에 든다.

한국의 경우 압력단체로는 비정부기구와 농민단체가 있는데, 이들의 움직임은 현재 내부협상력을 결정하는 데 가장 중요한 요인으로 작용하고 있다. 예컨대 쌀과 같은 농산물 시장개방과 관련된 문제를 보자. 농민단체는 기본적으로 농산물의 시장개방을 반대하는 입장을 취하면서 자신들의 의견이 받아들여지지 않을 경우 가두시위와 같은 형태의 의견표시도 서슴지 않고 있다. 따라서 이들의 격렬한 반대로 인하여 한국은 농산물 시장개방에 관한 한 전향적인 입장을 취할 수 없다.

하지만 이들의 이런 반대가, 현재 많은 사람들이 생각하는 것처럼 우리 협상가들의 협상 입지를 좁히는 역할만 할까? 반드시 그렇지는 않다. 협상가들이 우리 농산물 시장개방을 빨리 진행할 수 없는 이유로 농민단체들의 반발을 든다면, 그리고 그 반발의 정도를 설득력있게 표현한다면(그것은 분명히 외부협상력이다) 시장개방 그 자체를 막을 수는 없지만 시장개방의 폭과 범위는 줄일 수 있을 것이다. 그런 점에서 농민단체는 농산물 시장개방에 관한 협상의 내부협상력을 결정하는 매우 중요한 요인이다.

3) 여론

여론의 기능도 내부협상력을 결정짓는 중요한 요인인데, 이것 역시 협상 전반의 협상력을 강화할 수도 있고 그렇지 않을 수도 있다.

예컨대 농민들의 반대와는 관계없이 한국의 주요 매스컴에서 매일 농산물 시장개방을 반대하는 기사와 방송이 나가고, 일반 시민들이 매일 시위를 벌인다면 그 결과는 어떨까? 농산물 시장개방에 반대하는 국내여론은 협상가가 교역상대국과의 시장개방 협상에서 협상폭을 축소하는 데 도움을 줄 수 있다. 협상가는 여론을 핑계로 상대국의 요청을 거절하거나 축소할 수 있기 때문이다. 하지만 이러한 결과는 우리 협상대표가 이러한 국내여론을 매우 효과적으로 상대국에 전달하고 설득할 수 있을 경우에 한한다. 달리 말해, 협상대표가 상당한 외부협상력을 가지고 있는 경우에만 이런 결과를 기대할 수 있다. 그런 점에서 협상가의 외부협상력도 매우 중요하다.

4) 언론

내부협상과 관련된 언론의 역할이 매우 중요함에도 불구하고 지금까지 언론의 역할은 매우 불만족스러웠다. 우선 언론은 통상협상에 대해 지나치게 흥분하거나 쉽게 식고 뜨거워지는 보도태도를 보임으로써 일관성 유지에 실패하였다. 또, 사실보도의 이름하에 한국의 협상과정을 매우 비전략적으로 보도하였다. 더 나아가 전문성없는 기자가 부정확하게 보도하는 사례마저 있었다. 그러므로 협상에 관한 한 언론은 지금까지의 태도를 재고하여, 한국의 협상력을 높이는 방향으로 편집과 보도기준을 재편할 필요가 있다.

5) 행정부와 국회의 관계

행정부와 국회의 관계 또한 협상가의 협상폭을 결정하는 주요 변수이다. 행정부와 국회가 견제와 균형을 유지하면서 독립적인 관계를 유지할 때 협상가의 입지는 강화될 수 있다. 협상가는 때때로 행정부나 국회를 핑계댐으로써 상대국의 요구를 무력화시킬 수 있기 때문이다. 예컨대 미국의 경우 협상가는 자신의 의회가 반대할지 모른다는 점을 내세우거나, 의회의 회기가 얼마 남지 않았다는 사실들을 이용하면서 자신의 입장을 강화하기도 한다.

미국의 신속처리권한(fast track authority)도 넓게는 이 범주에 속한다. 신속처리권한이란 행정부가 외국과의 협상을 위해 미 의회로부터 협상권한을 위임받은 것을 의미한다. 이 권한이 있어야만 미 행정부는 외국과 협상을 진행할 수 있고, 협상의 상대국 역시 안심하고 협상에 임할 수 있다. 만약 이 신속처리권한이 행정부에 부여되지 않을 경우 행정부의 협상결과를 의회가 수정할 수 있기 때문이다. 즉, 신속처리권한을 승인할 경우 의회는 행정부의 협상결과에 대해 찬반투표는 할 수 있어도 그 결과를 수정할 수는 없다는 것이다. 하지만 여기에 하나의 함정이 있다. 이 신속처리권한에는 시한이 있고, 이 시한을 넘길 경우에는 행정부는 자유롭게 협상을 할 수 없다. 바로 이점을 이용하여 미 행정부는 종종 이렇게 협상상대국에게 이야기했다.

"만약 신속처리권한 시한 내에 당신네가 우리와 합의를 보지 못하면 우리는 의회에 협상안 인준을 요청할 수 없고, 그럴 경우 당신네는 우리와 지금 협상하는 것보다 훨씬 나쁜 결과를 얻을 수밖에 없소이다. 그러니 알아서 하시오."

이건 일종의 협박에 가깝다. 그러나 다자간 무역협상에서 협상이 예상 외로 지연될 경우 미국은 종종 이런 입장을 취하곤 한다. 한국의 경우, 행정부와 국회가 충분히 독립되어 있지 않고, 또 그 사실을 교역상대국이 알고 있기 때문에 행정부와 국회의 관계는 협상가의 입지를 강화하는 역할을 하지 못하고 있다. 국회가 제 역할을 하지 못한다는 것이 우리의 협상력에도 영향을 준다니 우리는 참으로 억울하지 않은가?

내부협상력은 어떻게 강화할 수 있는가

그렇다면 내부협상력은 어떻게 강화할 수 있나? 여기서는 일반적으로 적용될 수 있는 몇 가지 방안을 제시하기로 한다. 하지만, 여기서 제시되는 방법이 내부협상력 제고를 위한 모든 방법을 망라하는 것이 아니라는 것을 이해해야 한다. 사실 상황에 따라 내부협상력을 강화하는 방법은 매우 다양하기 때문이다.

하지만 다시 강조하고 싶은 것은 내부협상력을 강화한다고 해서 그것이 반드시 협상 전반의 협상력 강화로 연결되지는 않는다는 것이다. 외부협상가의 인식과 태도, 나아가 활용정도도 중요하기 때문이다. 그런 점에서 내부협상력 강화는 외부협상에서 협상가들이 선택할 수 있는 범위를 넓히는 것으로 이해할 수 있다.

1) 이해관계인을 협상의 과정에 포함하는 메커니즘을 만들어라

가장 먼저 통상협상과 관련된 이해관계인 혹은 단체를 협상과정에 포함시키는 노력이 필요하다. 이것은 지금까지 우리의 통상협상에 있어서는 이해관계인의 의견이 형식적으로만 반영되고 있었기 때문이다. 예컨대, 자동차(혹은 어떤 품목이나 산업)와 관계된 통상협상이 진행될 경우 자동차(어떤 품목이나 산업)업계의 의견을 듣기는 하지만 요식행위에 그치는 경우가 많았다는 것이다.

그러나 이해관계인을 협상의 과정에 포함시킨다는 것이 이해관계인을 협상의 대표로 파견한다는 것을 의미하는 것은 아니다. 그것은 이해관계인에게 협상과 관계된 모든 정보를 제공하고 협상의 주요 현안에 대하여 충분한 의견개진 기회를 준다는 것을 의미한다. 그리고 협상과 관련된 모든 정보를 가지고 다시 한번 이해관계인이 자신의 태도를 결정할 기회를 준다는 것이다. 이러한 과정을 거쳐 결정되는 우리 입장에 대해서 이해관계인도 나중에 다른 말을 하기는 어렵기 때문이다.

2) 협상에 비판적인 여론의 힘을 등에 업어라

진행되고 있는 통상협상에 대해 여론이 비판적일 경우 그 비판적인 여론을 협상력 제고방안으로 삼을 줄 알아야 한다. 이러한 태도는 지금까지 통상협상 그 자체에 대해 비판적인 의견이 많을 경우 협상가들이 지나치게 위축된 자세로 협상에 임한 경우가 많았다는 반성에서 출발한다.

협상 자체를 무산시킬 정도로 반대여론이 강할 경우에는 매스컴과의 협력을 통해 그 여론을 바꿀 필요가 있지만, 적당한 정도의 부정적 여론은 협상가의 입지를 강화한다는 것을 명심할 필요가 있다. 캐나다의 경우 문화를 NAFTA협상의 대상으로 삼을 경우 헌정위기에 빠질 수도 있다는 사실을 강조하여 미국으로 하여금 이 문제를 양보하도록 유도하기도 하였다. 즉, 문화를 협상의 대상으로 할 경우 캐나다 정권 자체가 위기를 맞이할 수 있다는 사실을 강조하여 미국의 양보를 유도할 수 있었다는 것이다. 과거 쌀시장개방의 경우 우리 농민이 보인 격렬한 반대의 태도는 시장을 개방한다는 전제하에서는 그 개방폭을 축소할 수 있는 유인으로 사용될 수 있었다. 예컨대 우리 협상대표가 우리 농민의 반대를 이유로 협상상대방에게 어느 정도의 양보를 요구할 수 있다는 것이다.

특히, 미국은 양자협상시 의회나 압력단체의 요구를 이유로 이 같은 양보를 묵시적으로라도 요구하는 사례가 매우 많다.

3) 매스컴에 충분한 정보를 제공하라

매스컴은 일반국민의 여론을 전달하는 도구인 동시에 일반국민을 대상으로 협상에 대한 정보를 제공하여 여론을 인도할 수 있는 매개이기도 하다. 협상 관련자는 매스컴의 이러한 속성을 충분히 인식하여 협상의 전 과정에서 매스컴과 유기적인 관계를 가져야 한다. 이런 유기적 관계형성을 위한 가장 중요한 출발점은 협상과 관련된 정보를 매스컴에 전달하는 것이다.

이런 측면에서 매스컴 종사자가 협상이 종결될 때까지 협상에 참여할 수 있는 협상 메커니즘을 만들 필요가 있다. 이런 메커니즘이 만들어질 경우 협상관련 기사의 비전문성을 탈피할 수 있고, 협상의 보도에 전략적 관점을 유지할 수 있다. 즉, 매스컴의 보도 또한 내부 협상력 제고를 위한 방도로 사용될 수 있다는 것이다.

4) 다시 협의할 수 있는 기회를 충분히 가져라

이해관계인을 협상의 과정에 포함하고 매스컴과 친밀한 관계를 유지하는 경우 우리 내부의 입장이 비교적 순조롭게 결정될 수 있다. 그러나 이러한 과정을 통해 결정되는 우리의 입장이 최종적인 것은 아니다. 협상에는 상대방이 있기 때문에 협상상대방의 견해가 우리의 입장과 다를 수 있기 때문이다. 따라서 우리의 입장을 충분히 재협의할 수 있는 여건과 절차가 구비되어야 한다. 이런 재협의 과정을 위해서라도 이해관계인이 협상의 과정에 포함될 수 있는 메커니즘이 필요하다.

통상협상의 결과 비록 그 정도는 작을지라도 피해가 예상될 경우에는 이러한 재협의 과정이 매우 중요하다. 특히, 농업이 가장 대표적인 경우이다. 예컨대 포괄적인 통상협상에서 처음에는 한국이 농산물을 제외하기로 결정했다 하더라도 상대방이 '농산물이 포함되지 않는 통상협상은 할 수 없다' 는 태도를 취할 때 한국은 기존의 입장을 재협의할 필요가 있다. 한국은 무역으로 먹고사는 나라이기 때문에 피해가 생긴다고 농산물 무역 그 자체를 거부할 수는 없기 때문이다. 그러므로 농산물 시장개방과 관련한 재협의 과정에서 왜 농산물 시장개방 문제가 포함될 수밖에 없는지 농업종사자에게 협상과정에 대한 이해를 구하도록 하고, 피해가 예상될 경우 적절한 피해보상안 혹은 구조조정안을 상의할 수 있도록 해야 한다.

5) 상대국의 내부협상에 영향을 미칠 수 있는 방안을 확보하라

앞의 〈그림 1〉에서 제시된 바와 같이 우리의 협상상대국 역시 자신의 협상방안을 결정하기 위해서는 우리의 내부협상과 같은 협의절차를 거쳐야 한다. 그러므로 상대국의 내부협상에 영향을 미칠 수 있는 방안을 확보할 수 있다면 이는 결과적으로 우리의 협상력 제고로 연결될 수 있다. 지금까지의 통상협상에서 이러한 시도가 없었던 것은 아니지만 그 효과는 지극히 미미하였다.

상대국에 거주하는 우리의 교포를 이용하여 우리의 입장을 상대국에 홍보하거나 우리의 입장에 대한 공감대를 형성하는 것, 상대국 언론을 이용하여 우리의 입장과 견해를 밝히는 것도 이러한 범주에 포함된다. 정기적으로 우리의 고위관리를 상대국에 파견하여 기자간담회 혹은 유사한 방법으로 우리 입장을 밝히는 것도 하나의 방법이다. 중요한 것은 이러한 전략을 일회성이 아닌 협상이 종결될 때까지 지속할 필요가 있다는 것이다.

6) 설득과 교육에 힘과 시간을 아끼지 말아라

협상을 실질적으로 수행하는 정부부처 혹은 그러한 팀이 협상의 전략수립과 관련하여 할 수 있는 가장 기초적인 일은 협상과 관련된 모든 정보를 모든 이해관계자나 당사자에게 전하는 데 시간과 노력을 아끼지 말아야 한다는 것이다. 이러한 의미에서 이 부처 혹은 팀의 두 가지 활동은 설득과 교육으로 요약할 수 있다.[5]

설득의 대상에는 내부협상력에 영향을 끼치는 모든 단체가 포함되며, 경우에 따라서는 국회도 이 범주에 포함되어야 한다. 특히, 국회에 대한 설득은 협상의 결과에 대한 국회의 비준이 필요한 경우 그 필요성이 두드러진다. 교육은 협상에 대해 잘못된 이해를 하고 있거나 협상에의 동참을 유도해야 할 때 혹은 이해당사자들 사이의 이해관계를 조정해야 할 때 사실확인(fact finding)의 형태로 시행될 필요가 있다.

주5) 설득과 교육의 두 가지 명제는 플레처대학원(The Fletcher School of Law and Diplomacy)의 샐러쿠스(Jeswald Salacuse) 교수가 제시한 것이다. 샐러쿠스 교수는 협상의 최고 의사결정기구(협상과 관련된 정부부처 혹은 팀)는 협상에 대한 모든 정보를 이해관계자와 당사자에게 있는 그대로 전달하는 것을 최대의 덕목으로 삼아야 한다고 강조하고 있다. 그래서 이러한 정보전달이 경우에 따라서는 설득으로 혹은 교육으로 비춰질 수 있다는 것이다. 이렇게 설득과 교육을 강조하는 것은 지금까지의 통상협상 과정에서 이러한 설득과 교육이 상대적으로 빈약했다는 반성에서 출발한다. 지금까지는 설득과 교육 대신 홍보가 가장 큰 관심사였던 것이다. 설득과 교육이 상호교류적인 데 비하여 홍보는 일방적이라는 점에서 양자는 그 성격이 매우 다르다.

7) 피해가 예상되는 부문에 대한 대응방안을 합의를 통해 마련하라

통상협상의 결과는 경제의 모든 부문과 이해당사자에게 경제적 혜택만을 주는 것은 아니다. 협상에는 분명히 상대가 있고 협상이 우리에게만 유리하기를 기대할 수는 없기 때문이다. 그러므로 피해가 예상되는 부문에 대한 대응방안, 구조조정 혹은 피해보상방안 등이 사전에 논의될 필요가 있다.

특히 농업부문에 대한 사전합의는 중요하다. 이러한 합의는 국민의 재정적 부담을 초래하기 때문에 전 국민적 합의가 필요할 수도 있다. 그런 점에서 위에서 지적한 설득과 교육은 여전히 중요하다.

7

내부협상의 사례
쌀시장개방

"국제적으로 부끄러운 우리 농민대표의 추태, 나라 망신시켜."

지난 1992년 가을. 우루과이라운드의 쌀시장개방을 결사반대하던 우리 농민대표 일행은 제네바 GATT 본부 앞에서 머리를 삭발하고 혈서를 쓰면서 쌀시장개방을 반대한다는 데모를 벌였다. 그 다음날 서울의 모 신문은 위와 같은 제목을 달고 보도한 적이 있다. 그 기사를 보고 우리는 무엇을 느껴야 할까? 참 우리 농민들이 부끄러운 일을 했구나 하는 부끄러움이 우리 앞을 가로막아야 될까?

GATT 본부 앞에서 벌인 우리 농민대표의 데모를 추태라고?

쌀시장개방을 반대한다는 그 데모에 부끄러운 일을 의미하는 추태라는 단어가 왜 들어가는가? 제네바의 GATT 본부 앞에서 데모를 했다는 것이 부끄러운가? 그것도 아니라면 머리를 삭발하고 혈서를 쓰는 것이 부끄러운 일인가? 하나씩 따져보자.

민주주의 사회에서 자신의 견해를 표현하는 수단으로서의 데모는 하등 부끄러운 일이 아니다. "순서대로 단계를 밟아서 하면 되지, 왜 물리적인 데모야" 하는 고상한 말은 기득권자의 자기방어 논리에 불과하다. 때로는 데모와 같은 물리적 행동이 자신의 견해를 알리는 지름길이 될 수도 있다. 민주주의 사회에서도 자기 의사를 정확히 표현하지 않으면 때때로 아무도 관심을 가지지 않을 수 있기 때문이다. 힘있는 자는 그 틈새논리를 핑계로 이리저리 빠지지 않는가?

그러니 제네바의 GATT 본부 앞에서 쌀시장개방 반대데모를 한 것은 한국과 세계의 관심을 끄는 탁월한 전략적 선택이다. 쌀시장개방이 한국정부의 독자적인 판단에 의한 것이 아니고 GATT라는 국제기구의 다자간 무역협상을 통해 이루어졌기 때문이다. 그리고 우리 언론이 간과한 것이지만 GATT 본부 앞에서 데모를 한 것은 한국의 농민뿐만이 아니다. 유럽의 여러 나라도 비슷한 데모를 벌였다. 하지만 GATT 본부 앞에서 데모를 했다고 그 나라에서 '추태'라는 표현을 쓴 언론은 없지 않나 싶다. 그러니 칭찬은 못할지언정 추태라니.

머리를 삭발하고 혈서를 쓰는 것이 부끄러운 일이라고? 머리를 삭발하는 것은 강렬한 표현방법이고, 혈서를 쓰는 것은 자기 생명을 담보로 한다는 의미를 가진다. 농민들에게 있어 쌀시장의 개방은 자기 삶의 터전을 그대로 내주는 것이 아닌가? 혈서를 쓰는 것은 너무 지나치지 않느냐고? 프랑스 농민이 데모의 수단으로 고속도로에 농산물을 갖다버리고 드러누워 버리는 것은 지나치지 않는가? 만약 관심이 있는 외국 언론이라면 한국의 문화에서 혈서가 가지는 의미가 무엇인지를 물어볼 수도 있지 않겠는가?

통상협상을 바라보는 언론의 짧은 안목

물론 모든 언론이 이러한 태도를 취한 것은 아니다. 그러나 이 짧은 일화는 통상협상을 바라보는 시각이 어떠해야 함을 상징적으로 보여준다.

협상을 다루는 경제부 혹은 외신부에 종사하는 자들은 통상협상의 본질과 목적이 무엇인지 잊어버린 채 그들이 접하는 정보의 흐름에 기초하여 종종 정확하지 못한 판단을 내린다. 예를 들면 이런 식이다.

"야, 시장개방은 정말 시대의 흐름이구나. 미국도 EU도 캐나다도 이렇게 시장개방을 요청하는데 우리도 별수없이 시장을 개방해야 하는구나. 그런데 이게 뭐야. GATT 본부 앞에서 데모를 해? 그것도 삭발까지 하면서."

오해하지 말자. 국제무역질서의 흐름을 접하고 정보를 아는 이런 사람들의 인식이 틀린 것은 아니다. 통상협상에 임하는 사람들, 그리고 그 정보를 전달하는 사람들은 반드시 이러한 인식을 가지고 있어야 한다. 세계흐름과 조류를 모르고서야 어찌 통상협상을 제대로 인식한다는 말인가? 그러나 그들은 두 가지를 망각하고 있다. 그 하나는 왜 통상협상을 하는가이다.

통상협상의 목적은 바로 우리 국민의 후생과 복지를 증진하기 위해서이다. 그래서 우리 국민이 목숨을 내걸고 반대하는 일이 있으면 최소한 왜 반대를 하는지, 그 반대를 극복하거나 해소할 일은 없는

지 반드시 고민해야 한다. 이 점은 근본적으로 통상협상가에게 해당되는 문제이기는 하지만 언론 역시 이 범주를 벗어날 수 없다. 그리고 언론이 그러한 고민을 한다면 우리 농민의 데모에 추태니 하는 표현은 사용할 수가 없다. 달리 말하면 통상협상은 외국과 국제조류의 흐름을 충분히 감지하면서 이것을 국내의 실정에 맞도록 유도하는 것이 되어야 한다. 그러니 그 국제조류와 국내실정이 충돌하는 과정이 어찌 추태란 말인가?

더 근본적으로는 이들은 자기들이 도대체 무엇을 하고 있는지를 모른다는 것이다. 이 책에서 사용한 용어를 빌리자면 이들은 통상협상의 내부협상이 어떠한 과정을 거쳐 이루어지는지 그 본질을 모르고 있다는 것이다.

결론부터 이야기하면 농민들이 제네바의 GATT 본부 앞에서 한 데모는 나라 망신이 아니라 제대로 활용될 경우 농산물 협상에서 우리 협상력을 강화하는 원천으로 활용될 수 있다.

내부협상력의 원천을 왜 버리나

쌀시장개방의 경우 분명히 우리 내부에서 의견조율이 이루어지지 못했다. 쌀시장을 반대하는 내부의 목소리가 너무 강렬했기 때문이다. 그리고 그 강렬한 목소리가 제네바에서의 데모로 연결된 것이다. 그러면 이 강렬한 내부의 목소리는 쌀시장개방의 외부협상에서 어떠한 영향을 미쳤던 것인가? 불행히도 한국의 경우 쌀시장개방에 반대하는 내부의 목소리는 외부협상에 전혀 긍정적인 영향을 미치지 못했다. 한국의 경우 쌀시장개방을 요구하는 외부의 목소리는 외부협상을 통해 거의 대부분 수용되었다. 그리고 개방의 후유증을 염려하여 대통령이 대국민 사과를 하는 일까지 발생하였다.

어떻게 이런 일이 발생했던가? 그것은 누구도 내부의 강력한 목소리가 전체 협상력을 높일 수도 있다는 사실을 인식하지 못했던 것이다. 여기서 한 가지는 분명히 하자. 당시의 우루과이라운드 협상의 분위기로 보아 어떠한 형태로든 쌀시장을 조금이나마 개방할 필요는 있었다. 쌀시장개방 자체를 완전히 봉쇄한다는 것은 정말 어려운 일이었다. 문제는 과연 우리가 만족할 만한 형태로 쌀시장개방 문제를 타결지었느냐는 것이다. 그렇지 않다. 만약 내부의 강렬한 목소리를 어떠한 형태로든 이용할 수 있었다면 지금 우리가 약속한 것보다는 더 작게 시장을 개방할 수 있었다는 것이다. 그러면 어떠한 과정을 통해 그러한 성과가 가능할 수 있었을까?

협상가들은 기본적으로 정치적 배경을 가진다. 이 말은 정권의 흥망에 따라 자신의 입지도 변할 수밖에 없다는 것이다. 그래서 미국 혹은 농산물 수출국의 쌀시장개방 요구에 다음과 같은 태도를 취했다면 그 결과는 어떠했을까?

"우리도 쌀시장개방의 필요성은 알고 있소. 하지만 지금 섣불리 개방을 하다간 우리 정권은 끝장이고 나도 끝장이오. 당신네들, 어제 제네바에서 한 우리 농민들 데모 보았소. 그 정도는 약과요. 내가 귀국하면 그 사람들은 나에게 똥물을 퍼붓고 나를 죽이려 할 거요. 나 좀 살려주시오."

물론 가상의 상황이고 반드시 여기서 예견한 대로 쌀시장개방의 폭과 속도가 늦추어졌다고 장담할 수는 없을 것이다. 그러나 한 가지는 분명하다. 한국의 쌀시장, 폭넓게는 농산물 시장개방을 요구하는 나라들에게 "한국에 농산물 시장개방을 요구하는 것은 진짜 골치 아픈 일이구나" 하는 인상은 심어줄 수 있었을 게다. 그런 차원에서 그때 이 사건을 보도한 언론은 매우 심각한 잘못을 범했던 것이다.

무엇이 최선인가

제네바에서의 데모가 우리 협상력 강화의 원천이 될 수 있다 해서 이와 관련한 문제만 나오면 무조건 거리로 몰려가 데모를 해야 하는가? 그렇지는 않다.

가장 바람직한 것은 앞서 내부협상력 제고방안에서 지적한 바와 같이 다음과 같은 순서로 일을 진행해 나가는 것이다.

1) 쌀을 비롯한 농산물 시장개방은 큰 흐름이다. 이것을 거역할 수는 없다. 이 점에 관해 농민들을 설득시킨다.
2) 시장개방에 대한 하한선과 상한선에 대하여 농민들과 협의를 한다.
3) 피해를 입을 경우 어떤 방법으로 적절하게 보상을 할 수 있는지를 협의한다.
4) 그리고 그 보상을 위한 재원마련이 어려울 경우 시장개방으로 이득을 입는 집단으로부터 자금을 염출하는 방안을 강구한다.
5) 협상과정에 농민단체나 대표가 참여하여 협상의 전 과정을 모니터하고, 필요한 경우 협상전략과 전술의 결정에 그들이 반드시 참여하도록 한다.

이렇게만 된다면 최소한 농업문제에 관한 한 한국은 과거와 같은 실수를 되풀이하지는 않을 것이다.

그러나, 그러나 있잖은가? 위에서 말한 것은 협상의 전략이고 전술도 있지 않겠는가? 그러니 내가 협상의 최종 책임자라면 이렇게 하겠다. 농민단체에는 온건파도 있고 강경파도 있지 않겠는가? 대부분의 농민들을 온건파로 돌아서도록 설득하겠지만, 그 중에서도 강경파로 남기를 원하는 사람이 있다면 구태여 설득하지는 않겠다. 그래서 외부협상이 지지부진하거나 상대방에서 지나친 시장개방을 요청할 경우 나는 그 사실을 온건파뿐 아니라 강경파에게도 반드시 알리겠다. 그래서 그들이 머리띠를 두르고 광화문과 여의도를 순회하면서 '농민을 죽게 만드는 XX나라는 물러가라'는 데모를 하더라도 놀라지 않겠다. 여기는 민주사회 아닌가?

그러나 이 사실을 보도하는 언론이 또 '추태'라는 표현을 쓴다면 그때는 나도 머리띠를 매고 데모를 하겠다.

"추태라고 쓰는 XX신문사는 그 작태를 당장 멈추어라."

8 왜
자유무역협정인가

"김대중 대통령, 동아시아 자유무역협정 제안"

2001년 11월 아세안 +3(한국, 중국, 일본)회의에서 김대중 대통령이 한 제안이다. 동아시아 지역의 모든 나라와 한, 중, 일을 아우르는 자유무역협정을 체결하자는 것이다. 대통령이 직접 나서서 자유무역협정을 제안할 정도이니 자유무역협정이 중요한 것이란 짐작은 가는데 도대체 자유무역협정이란 무엇을 의미하는 것인가?

쉽게 말해 자유무역협정이란 특정지역의 무역을 저해하는 모든 장벽을 철폐하여 그 지역 내에서는 아무런 무역장벽없이 거래가 이루어지도록 하자는 것이다.

예컨대, 한국과 일본이 자유무역협정을 체결하게 된다면 한국사람은 소니 오디오와 토요타 자동차를 과거보다 더 싸게, 더 편리하게 구입할 수 있게 될 뿐 아니라 일본으로의 여행, 일본 보험상품 구입도 더 저렴해지게 된다. 또, 일본이 한국에 투자하는 것도 더 쉬워지게 된다. 좀 과장되게 말하자면, 한국과 일본은 경제적으로는 하나의 시장으로 합쳐지는 결과를 가져오게 된다. 물론, 자유무역협정의 실제 결과에 따라 이러한 자유로운 움직임에 많은 제약이 있을 수밖에 없지만 자유무역협정의 체결은 일본과의 거래를 과거와는 비교할 수 없을 만큼 편리하게 만들 것이다.

왜 자유무역협정인가

왜 갑자기 자유무역협정이 우리의 관심사로 떠오르고 있는가? 무역으로 먹고사는 나라이니만큼 국제무역에 관심을 두지 않을 수 없는 것은 사실이지만, 왜 갑자기 다른 나라와 경제적으로 실질적인 하나의 시장을 이루자는 제안이 언론의 일면 톱을 빈번히 장식하는가? 그 이유를 조금 자세히 살피도록 하자.

한국이 어느 나라와 가장 많은 무역거래를 하고 있는가? 그야 다름 아닌 미국이다. 미국은 2000년말을 기준으로 할 때 한국수출의 21.8%, 한국수입의 18.2%를 차지하고 있다. 그러니 한국으로서는 다분히 미국시장에 목을 걸지 않을 수 없다. 그런 미국이 실질적으로 하나의 시장을 이룬 나라가 몇이나 되는지 아는가? 대충 헤아려봐도 캐나다, 멕시코, 이스라엘 정도이다. 그렇다면 우리의 두 번째 수출시장은 어디인가? EU이다. 잘 아는 바와 같이 EU는 유럽 전체가 하나의 시장으로 변모하고 있다. 2002년부터는 이 지역에서 통용되는 화폐도 통일되었다. 그러니 한국의 주요 시장들이 제각각 다른 나라와 실질적으로 하나의 시장을 이루어나가는데 한국만 독야청청하고 있으니, 외국과의 장사로 먹고사는 나라가 어찌 초조해지지 않을 수 있겠는가?[6]

한국도 놀고만 있었던 것은 아니다

한국이라고 마음 편히 놀고만 있었던 것은 아니다. 분주히 움직인 끝에 우선 남미대륙의 칠레와 짝짓기를 시도했던 것이다. 속으로 한 계산은 대충 이렇다.

"칠레라는 조그마한 나라와 짝짓기가 잘 끝나면 여기서의 경험을 살려 다른 대륙의 다른 나라와 짝짓기를 시도해 보고, 그것도 잘 되면 덩치 큰 나라와도 한 번 짝짓기를 시도해야지."

하지만 한국의 이런 속내는 농민단체, 민중연대회의 등 농촌관련 NGO의 다음과 같은 데모로 안개속으로 미끄러지고 말았다.

"농민의 생존권 저해하는 한·칠레 자유무역협정 체결 반대"

아, 빨리 칠레와의 짝짓기가 끝나야 다음 차례로 넘어갈 텐데, 농업과 관계된 농민단체의 반대에 이러지도 저러지도 못하는 신세가 되고 말았다. 이것은 우리가 앞에서 설명한 내부협상의 문제가 아닌가?

주6) 경제적으로 하나의 시장을 만들자는 움직임은 최근에 와서 시작된 것은 아니다. 이런 움직임은 상당히 오래 전부터 시작된 것이다. 1970년대, 심지어는 1960년대에도 이러한 움직임이 있었다. 하지만 WTO가 출범한 1995년 이후 이런 움직임은 부쩍 심해졌고, 다른 나라와 짝짓기를 못한 나라들은 내심 초조해지지 않을 수 없었다. 우스운 일은 이렇게 세계 여러 나라가 짝짓기에 부심해 오고 있었지만 동아시아의 세 나라만은 이런 움직임에 정말 초연해 왔었다. 한국, 중국, 일본, 정말 한곳에 모여 있는 세 나라 아닌가?
하지만 이들 세 나라 중 일본이 가장 먼저 대열에서 이탈하기 시작했다. 일본은 최근 싱가포르와 자유무역협정을 체결하면서 가장 먼저 짝짓기 대열에 나섰다. 싱가포르 같은 조그만 나라와 짝짓기를 한다고 해서 어느 정도의 경제적 이익이 있겠느냐는 비판이 있을 수도 있으나 드디어 짝짓기에 성공했다는 것은 대단한 전시효과를 가진다. 당장 한국의 언론들이 "짝짓기를 하지 못한 유일한 나라"로 한국을 거론하고 있으니 말이다.

무엇이 문제인가

그러면 무엇이 문제냐고? 혹, 짝짓기 자체가 필요없는 것이냐고? 아니다. 자유무역협정과 같은 짝짓기가 필요하다는 것은 충분히 인식하고 있다. 문제는 이 짝짓기를 추진하는 한국의 전략과 입장이 어딘가 잘못되어 있다는 것이다. 지금까지의 짝짓기는 비유로 말하자면 다음과 같다.

"아, 세계정세를 보아 하니 우리가 먹고살기 위해서는 짝짓기가 필요하지 않나. 그러니 우리도 짝짓기를 해야지. 하지만 경험도 없고 하니까 칠레 같은 조그만 아이하고 하다가 큰 아이하고 하면 되겠지. 국민도 짝짓기가 필요하다는 것을 충분히 이해할 거야."

잘못은 다음과 같다. 짝짓기는 산이나 강에 올라 일방적으로 "야, 우리와 짝짓기하자"고 해서 이루어지는 행위가 아니라, 상대방의 동의하에 상대방과의 협상을 통해 이루어지는 상호의존행위이다. 그래서 그 짝을 선택하는 행위에는 전략과 전술이 필요한데 우리는 그렇지 못했다는 것이다. 서로 이익을 보자는 건데 우리가 하자고 하면 안 하겠어?라는 다소 안일한 시각에 사로잡혀 있었다는 것이다. 다시 말해 자유무역협정의 경제적 효과를 분석하니 서로 이익이 나는데 우리가 자유무역협정을 하자고 하면 하겠지… 하는 생각이었다는 것이다.

그 다음, 국민도 짝짓기가 필요하다는 것을 이해하겠지 하는 정부 중심의 사고에 사로잡혀 있었다는 것이다. 정부가 결정하면 국민이 따른다? 과연 현대사회에 그런 국민이 얼마나 있을까? 아니면 정부는 한국사회 내의 이질적 집단의 반대를 너무 가볍게 본 것일까? 여하튼 우리 정부는 국민, 특히 농민의 이해를 과소히 평가했거나 그 반대를 쉽게 극복할 수 있으리라고 생각했음에 틀림없다. 위에서 설명한 대로 이것은 바로 내부협상의 문제이다.

자, 이제 결론을 내릴 때다. 한국의 가장 큰 문제점은 자유무역협정을 경제적 이해득실의 관점에서만 보았을 뿐, 협상의 관점에서 바라보지 못했다는 것이다. 그러니 앞으로는 무엇보다도 자유무역협정 그 자체를 협상의 관점에서 접근해야 한다.

자유무역협정을 협상의 관점에서 파악해야

자유무역협정(Free Trade Agreement: FTA)이 협상으로서의 성격을 가진다는 것을 제대로 이해하기 위해서는 이 협정이 어떠한 과정을 통해 결정되는가를 자세히 살필 필요가 있다. 자유무역협정은 〈그림 2〉에서 보는 바와 같이 예비협상, 본협상, 후속협상의 세 단계 절차를 거쳐 이루어진다.

1) 예비협상

예비협상은 본격적인 FTA 협상을 시작하기 전의 협상을 의미하며, 이 과정을 통하여 본격적인 협상을 시작하기 위한 기본사항들이 결정된다. 이 예비협상은 다시 모색단계, 문제점 확정, 대상국 선정, 대상국과의 합의, 협상의제 선정이라는 다섯 단계로 구분된다.

모색단계에서는 현재의 국제정세를 고려하여 FTA가 과연 한국에 필요한 것인가 하는 기본적인 사항부터 검토하게 된다. 한국에 자유무역협정이라는 짝짓기가 필요한가? 외국에 물건을 팔아서 사는 나라로서 '그렇다'라는 답이 쉽게 내려진다.

<그림 2> FTA협상의 전단계

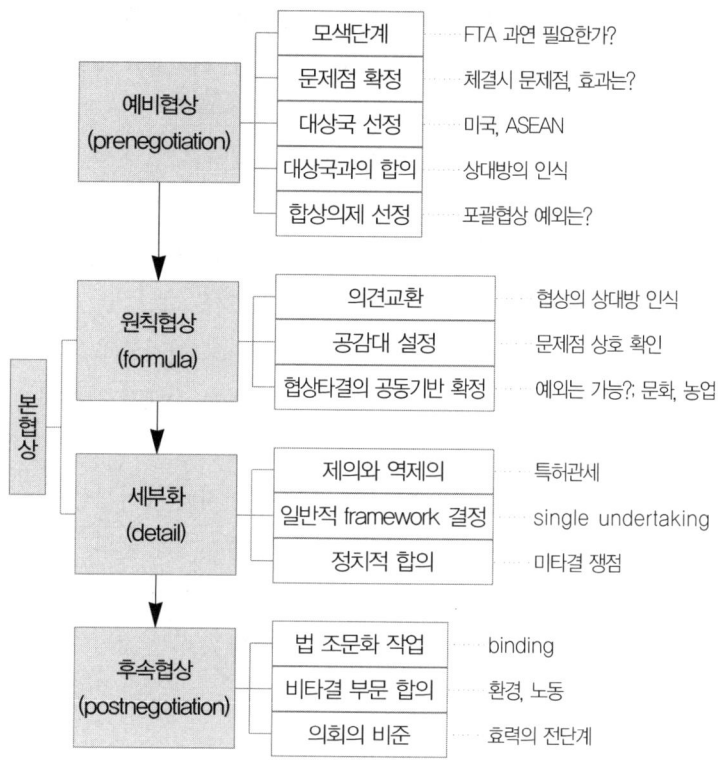

※ 이 그림은 NAFTA협상의 과정을 기준으로 정리한 것이지만, 대부분의 FTA협상도 이러한 과정을 거친다.

문제점 확정단계에서는 FTA가 필요하다는 모색단계의 결론을 바탕으로, FTA가 추진될 경우 한국에 어떠한 효과 혹은 문제가 발생하는가를 검토하게 된다. 한국은 어쩌면 지금 이 단계에서 제대로 나아가지 못하고 있는 것 같다. 각종 연구단체를 중심으로 자유무역협정의 경제적 효과를 활발히 연구하고 있으며, 심지어는 관심이 있는 나라와 공동으로 이 문제를 연구하고 있기도 하니 말이다. 이런 작업은 정말 필요한 작업이다. 그러나 이런 작업은 어디까지나 기초작업에 불과하다. 경제적 효과분석은 자유무역협정을 체결하기 위한 필요조건에 불과할 뿐 자유무역협정이 체결되기 위한 충분조건은 아니기 때문이다.

　대상국 선정 단계에서는 우리의 대내외 경제여건, 국제경제여건, 그리고 우리의 협상력을 기반으로 하여 FTA 협상을 추진할 대상국을 선정하게 된다. 그러나 한국이 내부적으로 대상국을 선정했다고 해서 그 대상국이 바로 협상의 상대국이 되는 것은 아니다. 그 대상국 또한 내부적으로 한국을 FTA 협상대상국으로 선정하지 않고서는 FTA 협상이 진행될 수 없기 때문이다. 그러므로 대상국 선정은 대상국과의 합의가 이루어져야만 최종적으로 결정된다.[7]

　대상국과의 FTA 협상에 대한 합의가 이루어지면 예비협상의 마지막 단계에서는 협상의제에 대한 검토가 이루어지게 된다.[8] 협상의제에 대한 검토 역시 일방적으로 이루어지는 것이 아니라 상대방과의 합의하에 이루어지게 된다. 그러니 상대방을 아는 것이 얼마나 중요한 일인가?

주7) 이 말은 한국의 자유무역협정이 일방적으로 이루어지는 것이 아니라는 것을 의미한다. 아무리 구애를 해도 상대방이 싸늘하게 대한다면 그것으로 한국의 짝짓기는 끝이 아닌가? 아무리 그 상대와 짝짓기를 하는 것이 누이 좋고 매부 좋을지라도 상대가 싫다는 데야 할 말이 있는가? 그러니 우리가 대상국을 선정하기 전에 최소한 상대방이 우리를 어떻게 생각하는지는 알아둘 필요가 있다. 짝짓기 대상을 결정하기 위한 또다른 조건은 도대체 우리 내부적으로 이 짝짓기를 수용할 만한 합의가 이루어졌는가를 검토해야 한다는 것이다. "아, 우리 내부는 걱정 말아" 하고 너무 자신만만해서도 곤란하지만, "우리는 내부반대가 너무 많아서 걱정이야" 하면서 의기소침하는 것도 곤란하다. 정말 중요한 것은 내부의 반대가 있으면 이 반대를 어떻게 극복할 것인지 혹은 어떻게 활용할 것인지에 대한 전략적인 검토가 있어야 한다는 것이다. 그렇지 않다면 짝짓기 과정에서 또다른 실수를 범하는 것이 되고 만다. 이것이 바로 우리가 말하는 내부협상의 문제이다.
주8) 협상의제는 대상국별로 다소 차이가 있지만 가장 중요한 것은 무엇이 협상에 포함되지 않아야 하느냐 하는 소위 '협상의 제외부문' 선정이 가장 중요하다.

2) 본협상

본협상은 〈그림 2〉에서 본 바와 같이 원칙협상(설정)과 세부화의 두 단계로 나누어진다. 원칙을 협상한다는 것은 협상의 상대국과 협상의제를 어떠한 원칙에 의해 협상해 나갈 것인가를 결정하는 것을 의미하며, 세부화는 그 전단계에서 합의된 원칙에 의하여 구체적으로 각 의제에 대한 세부사항을 확정짓는 것을 의미한다.

이런 본협상은 앞서 설명한 바와 같이 외부협상의 단계로 이해할 수 있다. 즉, 한국의 협상가와 상대국의 협상가가 자유무역협정의 주요조항들에 대해 협상을 해나간다는 것이다. 그러나 앞서 강조한 바와 같이 이들의 협상은 내부협상의 반영에 지나지 않는다. 즉, 내부적으로 결정된 협상의 원칙과 범위들을 협상가들이 자국 국민을 대신하여 제시하는 것에 불과하다는 것이다. 그러므로 본협상의 큰 윤곽을 결정하는 것은 어디까지나 내부협상이다. 한 국가가 내부적으로 수용할 수 없는 사항은 아무리 외부협상에서 결정된다 하더라도 궁극적으로는 받아들여지지 않는다는 것이다.

3) 후속협상

그 다음 이러한 과정을 거쳐서도 합의되지 못한 사항은 협상상대국과의 정치적 타결을 거쳐 합의되게 된다. 이 후속협상에서는 협상가들이 나서는 것이 아니라 협상에 참여하는 나라의 최고위층, 말하자면 대통령이나 수상들이 나서서 절충하게 된다. 하지만 이런 최고위층들이 직접 밀고 당기는 협상을 하지는 않기 때문에 대개 실무협상가들보다는 높고 최고위층보다는 낮은 관리들이 정치적으로 흥정하게 된다. 그리고 최고위층들은 단지 와인 잔 하나 들고 건배하면서 외형적 타결을 축하하는 모습을 보여주게 된다.

9
자유무역협정과
내부협상력

자유무역협정을 위한 내부협상이 중요하다

앞 장의 자유무역협정(FTA) 협상구조에서 본 바와 같이 FTA의 시작부터 끝까지 협상은 FTA의 성격과 결과를 규정하는 데 매우 중요한 역할을 한다. 즉, 협상은 우리가 흔히 생각하는 바와 같이 본협상이라고 불리는 단계에서만 이루어지는 것이 아니라, 대상국을 선정하고 대상국과 FTA를 합의하는 예비협상의 과정에서도 이루어진다. 그리고 협상의 구조로 볼 때는 본협상에서 이루어지는 외부협상보다는 협상의 전과정을 통해 이루어지는 내부협상이 더 중요하다. 왜냐하면 본협상에서 이루어지는 협상들은 내부협상에서 결정된 사실들의 외부적 표현에 지나지 않기 때문이다.

이런 의미에서 자유무역협정과 관계된 제일 중요한 협상은 내부협상이라고 할 수 있으며, 우리가 바람직한 자유무역협정을 체결하기 위해 노력해야 할 것은 바로 이 내부협상의 과정을 어떻게 우리의 협상력 제고와 연결시킬 것인가 하는 점이다.[9]

자유무역협정을 위한 내부협상력 강화방법

자유무역협정에서 내부협상력을 강화하기 위해서는 어떻게 해야 하는가? 자유무역협정도 하나의 통상협상인 이상 제6장에서 살펴본 내부협상력 강화방안이 그대로 적용될 수 있다. 이러한 방안은 비단 자유무역협정의 경우뿐 아니라 다자간 무역협상의 경우에도 그대로 적용된다. 이해를 위하여 일반적인 내부협상력 강화방안의 주요방안을 요약해 보자.

- 이해관계인을 협상의 과정에 포함하는 메커니즘을 만들어라
- 협상에 비판적인 여론의 힘을 등에 업어라
- 매스컴에 충분한 정보를 제공하라
- 다시 협의할 수 있는 기회를 충분히 가져라
- 상대국의 내부협상에 영향을 미칠 수 있는 방안을 확보하라
- 설득과 교육에 힘과 시간을 아끼지 말아라
- 피해가 예상되는 부문에 대한 대응방안을 합의를 통해 미리 마련하라

주9) 그러나 내부협상만을 지나치게 강요하는 어리석음은 범하지 말기로 하자. 외부협상을 통해서 협상상대국의 태도를 알 수 있고, 그런 과정을 통해 내부협상의 과정도 조정이 가능하기 때문이다. 그럼에도 불구하고 이 책에서 여러 번 내부협상 혹은 내부협상력을 강조하는 것은 한국의 대외협상과정에서 내부협상이 지나치게 소홀히 되어왔다는 점을 강조하기 위한 것이다. 하지만 협상력 제고의 출발점은 내부협상이 어떻게 이루어지는가에 달려 있을 수밖에 없지 않은가?

이와 함께 자유무역협정과 관련해서는 다음과 같은 사항들을 특히 강조하고자 한다.

1) 협상에는 상대방이 있다는 것을 명심하라

지금까지의 자유무역협정과 관련된 단계에서 한국의 태도는 너무 상대방을 고려하지 않는 경향이 있었다. 우리가 좋으면 그쪽에서도 당연히 좋은 것 아니겠느냐는…. 하지만 앞으로의 협상에서는 이러한 태도는 반드시 지양되어야 한다. 그래서 협상의 모든 과정에서 자신의 입장을 결정하기 전에 상대방의 입장에서 자신의 결정과 입장을 검토해 보아야 한다. 게임이론적 시각에서 말하면 자신의 신을 항상 상대방의 신발에 맞추어보아야 한다(put one's feet into the other's shoes)는 것을 의미한다.

이런 태도에서 가장 중요한 것은 무엇일까? 그것은 자유무역협정에 대한 상대방의 적극적인 태도를 이끌어내기 위해 우리의 말과 태도가 일관성을 가져야 한다는 것이다. 자유무역협정에 관한 한 우리의 교역상대국이 우리를 보는 시각의 하나는 "칠레 같은 작은 나라와 자유무역협정도 체결하지 못하면서 무슨…" 하는 시각이다. 즉 한국이 아무리 자유무역협정을 중시한다고 대외적으로 천명한다 하더라도 칠레와의 협정이 조속히 마무리되지 못하면 그런 정책방향은 대외적으로 신뢰할 수 없다는 것이다.

2) 협상의제 선정과 관련한 내부협상을 빨리 시작하라

한국의 경우 어느 나라와 자유무역협정을 추진하건 상품, 서비스, 투자를 포함하는 포괄적 협정의 형태가 될 수밖에 없다. 이 경우 포괄적이라고 하는 것은 경제적으로 실질적인 하나의 시장을 형성할 만큼 자유무역협정의 대상이 광범위하다는 것을 의미한다.

그러나 포괄적 협정이라고 해서 모든 부문을 다 포함하는 것은 아니다. 가장 대표적인 NAFTA의 경우를 보더라도 부문별로 상당한 예외가 인정되고 있으며, 경우에 따라서는 시차를 두고 자유화되는 부문도 찾아볼 수 있다. 그러므로 협상의 예비단계에서부터 대상국별로 한국이 협의할 수 없는 부문을 선정하는 것도 하나의 방법이 될 수 있다.

한국의 경우 농업이 이러한 대상에 포함될 수 있다. 그러나 농업에 관해서는 아무런 대책없이 "무조건 협상할 수 없다"는 입장을 천명할 것이 아니라 협상할 수 있는 영역과 없는 영역을 협상 전에 구분하는 노력이 필요하다. 그래서 농업에 관한 한 협상의 하한선을 설정할 필요가 있고 그 과정에서 농민들의 견해를 반드시 수렴해야 한다. 이러한 과정을 거치지 않고서는 농업문제가 자유무역협정의 의제로 등장하는 그 순간부터 국내적으로는 엄청난 반대에 직면하게 된다. 그러므로 농업의 시장개방이 어떠한 정도로 이루어질 것이고, 어떤 부문은 절대 양보할 수 없으며, 어떤 부문은 적절한 피해보상을 전제로 수용할 수 있을 것인지 내부적으로 합의를 보는 과정이 필요하다. 그리고 그 과정은 빠르면 빠를수록 좋다.[10]

주10) 하지만 만약, 농업을 협상의 대상에서 제외할 수 있다면 이는 본협상의 과정에서 제시될 것이 아니라 예비협상의 단계에서 제시되어야 한다. 예비협상 단계에서 농업을 협상대상에 포함시킨 뒤 본협상에서 이의 제외를 요청할 경우, 한국은 일관된 협상의 목적을 가지지 않았다는 이유로 협상에서 심각한 손실을 감수할 수밖에 없기 때문이다. 하지만 현실적으로 농업이 포함되지 않는 자유무역협정은 생각하기 어렵기 때문에, 가장 바람직한 것은 논의할 수 있는 농업의 범위를 사전에 결정하여 이를 대외적으로 천명하거나 예비협상의 단계에서 명확히 해두는 것이다. 왜냐하면 한국과의 자유무역협정에 관심을 보이는 국가들은 거의 대부분 한국의 농산물 시장개방에 관심을 보이며, 심지어는 한국이 농산물 시장을 자유무역협정의 범위에 포함시키지 않을 경우 한국과 자유무역협정을 체결할 필요가 없다는 입장을 보이고 있기 때문이다.

3) FTA협상을 총괄할 조직을 별도로 구성하라

FTA협상은 3~4년 길게는 그 이상의 시간을 필요로 한다. 이러한 과정에서 협상의 일관성을 유지하면서 효과적으로 협상을 진행해 나가기 위해서는 자유무역협정을 처음부터 끝까지 책임질 별도의 조직이 필요하다. 즉, FTA와 관련된 방대한 정보를 처리하고 협상에 필요한 내부입장을 정리하여 외부협상을 효과적으로 처리하기 위해서는 기존의 정부조직과는 별도의 조직이 필요하다는 것이다. 그렇지 않고서는 협상과 관련된 소기의 목적을 달성하기는 매우 어렵다.

그러한 의미에서 FTA만을 전담할 '협상전략팀'의 신설을 강력히 권고하고 싶다. 따라서 자유무역협정에 대한 협상은 이 협상전략팀의 권고와 의견을 수렴하여 '협상관련 최고 의사결정기관'이 협상에 대한 최종결정을 내리는 형태로 진행되는 것이다. 〈그림 3〉은 이러한 협상전략팀을 체계적으로 정리해 본 것이다.

'협상전략팀'은 실제 협상에 참여하는 협상가와 이 협상가들에게 협상의제에 대한 기본입장을 제시하고 이 기본입장을 실행하기 위한 전략을 입안, 수행하는 실무전략가의 두 부분으로 구성된다. 실무전략가는 FTA협상에 관계되는 정부부처의 실무국장 및 과장과 이를 지원하기 위한 민간전문가들로 구성된다. 실무전략가 그룹은 그 산하에 다시 국회대책반, 언론대책반, 농업대책반, 이해관계자 대책반을 두며 이들이 상호협의하여 전략을 입안하고 협상의제에 대한 입장을 정립하도록 한다. 이해관계자 대책반에는 다시 해당 산업 혹은 업종별로 별도의 소대책반을 두고 견해를 조정하도록 한다. 특히, 이해관계자는 관련 협상의제의 입장선정에 관계된 자리에서 자신의 의견을 개진할 기회를 분명히 가지며, 필요할 경우 협상가 그룹에 참여하여 업저버로서 자신과 관련된 협상의제가 어떻게 진

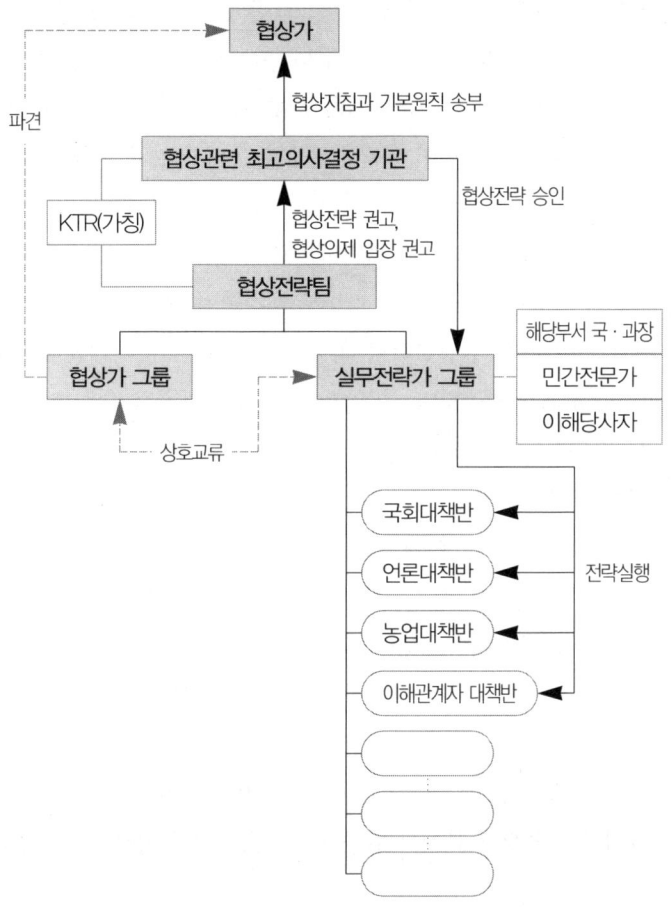

〈그림 3〉 협상전략팀의 구성

행되는지를 참관할 수 있어야 한다.

　다시 말해 이들 실무전략가 그룹의 활동은 자유무역협정에 대한 국내의 내부협상을 주도하는 것이 되도록 해야 한다. 그러므로 실무전략가들은 자신들이 담당한 대책반의 입장과 견해를 항상 염두에 두면서, 이러한 입장과 견해가 외부협상에 어떻게 반영될지 혹은 어떤 형태로 조정될 수 있을지 생각해야 한다.

또한 실무전략가 그룹과 협상가 그룹은 일단 임명되면 협상이 끝날 때까지 계속 활동하도록 해야 한다. 단, 어느 정도의 시차를 두고 실무전략가 그룹과 협상가 그룹은 상호이동이 가능하도록 해야 한다. 그래서 협상의 경험이 전략수립에 활용되고 전략수립의 경험이 협상에 활용되도록 할 필요가 있다. 그리고 국제경제정세의 변화나 여타 사정에 의하여 한국이 여러 국가와 FTA가 진행되는 경우 '협상전략팀'을 복수로 구성하는 방법도 생각할 수 있다.[11]

이와 관련하여 '협상전략팀'의 신설 대신 한국무역대표부(Korea Trade Representative: KTR, 가칭)의 신설이 바람직할 수도 있다. 플레처대학원의 샐러쿠스(Salacuse) 교수 역시 이러한 입장에 공감을 표시하고 있는데, 그는 KTR의 설립권장 이유로 다음과 같은 사항을 지적하고 있다. 첫째 한국도 소극적인 의미에서의 통상협상만을 염두에 둘 시기는 지났다. 둘째 통상협상과 정책의 일관성 유지가 필요하다. 셋째 이해관계자의 견해를 수렴하고 조정하는 기능이 필요하다. 넷째 협상전략을 수립하고 집행하는 기능의 일원화가 긴요하다.

하지만 KTR의 설립은 단순한 행정부처의 신설이 아니라 정부조직 전체의 재구성과 관계가 있는 만큼 좀더 깊이 생각해 볼 필요가

주11) 최근 정부는 '대외경제장관회의'를 신설하여 다음과 같은 기능을 하도록 하였다. ① 대외경제동향 점검과 정책방향 설정 ② 대외협력 및 대외진출 전략수립 ③ 통상교섭 정책수립 ④ 정상회의 경제분야 의제선정 ⑤ 대외홍보활동 등 대외경제 전반에 대한 사항을 심의조정. 나아가 이 회의 산하에 통상교섭본부장을 의장으로 하고 차관급을 위원으로 하는 '대외경제 실무조정회의'를 설치, 이 회의의 안건을 조정하기로 하였다. 그러나 '대외경제장관회의'는 의사결정기구이지 전략을 분석, 논의, 집행하는 기구는 아니며, '대외경제 실무조정회의' 역시 실무적인 기능을 담당하기에는 미흡하다. 차관급 회의에서는 의제선정과 같은 기본골격만 정할 따름이지, 전략의 집행과 논의를 위한 실무적 기능이 수행되기 어렵기 때문이다. 그런 점에서 명칭이야 어떠하든 이 책에서 제시된 협상전략팀의 신설을 강력히 권고하고 싶다.

있다. 이 문제는 한국의 대외경제정책 전반의 방향설정과 관계가 있기 때문이다.

10

다자간 무역협상

카타르 도하에서는 무슨 일이 일어났나

'사막 위의 불안한 만남'

중동의 카타르 수도 도하에서 제4차 각료회의가 개최되었을 때 세계는 이 회담을 이처럼 매우 걱정스런 눈길로 지켜보았다. 2001년 9월 11일의 테러, 아프가니스탄 공격, 이슬람권의 반발, NGO의 반세계화 시위까지 겹쳐 있었기 때문이다. 하지만 우여곡절 끝에 현지시각으로 11월 14일 오후 7시, WTO가 처음으로 주관하는 새로운 다자간 무역협상(뉴라운드)의 출범이 공식 선언되었다. 그 과정이 얼마나 험난했는지는 다자간 무역협상을 의미하는 '라운드'란 표현 대신 '도하개발의제(Doha development agenda)'라는 중립적인 표현이 사용된 데서도 알 수 있다.

어느 신문의 칼럼에서 인용한 이 귀절은 카타르 도하에서 진행된

세계무역협상에 대해 설명하고 있다. 여러분은 이 칼럼의 내용을 전부 이해할 수 있겠는가? 만약 그렇다면 이 장은 건성으로 읽거나 뛰어넘어도 좋다. 그러나 그렇지 못하다면 가벼운 마음으로 이 장을 읽어주기 바란다. 다자간 무역협상을 이해하기 위해서는 이와 관련된 용어를 제대로 이해할 필요가 있기 때문이다. 자, 이제 이 칼럼에 나와 있는 용어를 좀더 자세히 살펴보기로 하자. 우선 다자간 무역협상 또는 라운드라는 말은 무엇을 의미하는가?

라운드란 무엇인가

라운드라는 말에서 제일 먼저 연상되는 것은 권투경기다. 권투경기가 진행되는 도중 흔히 말하는 라운드 걸이 나와 그 라운드가 몇 번째의 라운드인지를 알리지 않는가? 권투경기에서의 라운드는 3분이라는 정해진 시간 내에 두 선수가 자기의 기량을 겨뤄 승패를 가리는 경기를 의미한다.

무역협상에서의 라운드도 기본적으로는 이와 같다. 정해진 시간 내에, 참여하기를 희망하는 국가들이, 미리 정해진 무역문제에 대해, 해결책을 모색하기 위해 진행하는 협상을 의미한다. 이번 도하에서의 결정에 의하면 정해진 시간이란 2002년부터 2005년까지 3년의 시간을 의미하고, 희망하는 국가들이란 WTO에 가입한 대부분의 국가를 의미한다. 미리 정해진 무역문제란 도하에서의 각료선언에 포함된 협상의제를 의미하고, 해결책을 모색하기 위한 협상이란 이들 문제를 타결짓기 위한 일련의 협상을 의미한다.

따라서 국제무역협상에서의 라운드는 기본적으로 여러 나라가 참여한다는 의미에서 다자간 무역협상이라고 부른다. 다자간 (multilateral: 多者間))이란 말은 두 나라(bilateral: 兩者間) 사이나 여러 나라(plurilateral: 複數國間) 사이의 협상도 아닌 말 그대로 많은 나라 사이의 협상이라는 것을 의미한다.

지금까지 다자간 무역협상은 모두 여덟 번 진행되었다. 모두 WTO의 전신인 GATT의 주관하에 이루어진 것이다. 그 중 여덟 번째의 마지막 협상이 우루과이라운드이며 그 결과 WTO가 출범하게 되었다. 그러니 이번의 도하라운드는 WTO의 주관하에 이루어지는 첫 번째 라운드라고 할 수 있다.[12]

도하개발의제?

이번 각료선언의 특징 가운데 하나는 실질적으로는 라운드이면서 라운드라는 명칭 대신 '도하개발의제'라는 다소 중립적인 용어를 사용하고 있다는 것이다. 그것은 라운드라는 말이 가지는 광범위성 때문이다. 이번 다자간 무역협상의 출범과 관련해서 개도국들은 매우 광범위한 반대를 해왔다. 가장 큰 이유는 지난 번 우루과이라운드 때 협의한 사항들도 제대로 시행되지 않는 상태에서 새로운 라운드의 시작은 바람직하지 않다는 것이다. 그와 함께 라운드가 실질적으로 개도국에게 그다지 큰 도움이 되지 못한다는 것이다. 특히 환경, 노동, 경쟁문제가 협상의제에 포함되면 개도국은 협상에서 아무런 이익을 기대할 수 없다는 것이다.

주12) 하지만 다자간 무역협상을 모두 라운드라고 부르는 것은 아니다. GATT 주관하에 이루어진 첫 4번의 무역협상은 라운드라는 명칭을 붙이지 않았고, 5번째의 다자간 무역협상부터 각각 딜론라운드, 케네디라운드, 도쿄라운드, 우루과이라운드란 이름이 붙어졌다. 그것은 첫 4번의 무역협상은 비교적 작은 규모로 이루어졌기 때문에 라운드란 거창한 이름이 필요없었기 때문이다. 하지만 5번째부터는 제법 큰 규모로 진행되었고 그래서 쉽게 부르기 위한 별칭이 필요했던 것이다. 그 뒤부터 라운드에는 대개 다자간 무역협상의 시작을 선언한 각료회의의 지명이나 그 협상의 시작에 공이 큰 정치가의 이름을 붙이기 시작했던 것이다. 따라서 이번 다자간 무역협상을 도하라운드라고 부르기도 한다.

그래서 이러한 개도국의 입장을 반영하여 라운드라는 표현 대신 '도하개발의제'란 표현을 사용한 것이다. 그러나 실제의 협상형식은 과거의 라운드와 그리 큰 차이가 없다.

무엇을 협상하나

협상의제는 크게 다음과 같이 나눌 수 있다.

첫째는 시장개방에 관한 것이다. 여기에는 우리의 가장 큰 관심사항인 농산물 시장개방과 함께 공산품에 대한 시장접근 문제도 포함된다. 나아가 서비스 시장의 추가적인 개방문제도 이 범주에 포함된다. 서비스 시장의 추가개방은 이번 각료회의에 새로 추가된 것이 아니라 WTO에서 이미 진행되고 있던 것들을 더욱 명확하게 한 것이다(참고자료 1 참조).

둘째는 기존의 규범개정에 대한 것이다. 이것은 우루과이라운드 때 만들어진 각종 규범 중 시행상 착오가 있거나 해석에 불일치가 있는 경우 혹은 피규제국의 강력한 항의가 있는 경우 이를 개정하고자 한 것이다. 여기에 해당되는 가장 대표적인 것이 미국의 반덤핑법이다(참고자료 2 참조).

셋째, EU의 입장을 고려한 것으로 환경문제가 일부 논의될 것이다. 여기에서 다룰 것은 환경문제에 대한 본격적인 논의가 아니라, WTO 규범과 다자환경협약의 무역조치와의 관계 등이다.[13]

주13) 각료선언문은 이와 관련 다음과 같이 상세하게 규정하고 있다. ① WTO 기존규범과 다자간 환경협약(MEA)에 포함된 무역관련 의무와의 관계 ② 다자간 환경협약 사무국들과 WTO위원회 사이의 정기적 정보교환 및 논의 ③ 환경관련 상품 및 서비스에 대한 관세 및 비관세 장벽에 대한 협상을 개시하도록 한다. 한편 이와는 별도로 WTO의 산하기관인 환경무역위원회와 일반이사회는 지금까지 진행된 모든 작업을 계속하여 제5차 각료회의에 협상의 필요성을 포함한 권고를 제출하도록 하였다.

넷째, 투자의 자유화와 경쟁정책에 대한 논의는 2년 뒤 제5차 WTO 각료회의까지 검토한 뒤 협상을 할 것인지의 여부를 결정하기로 하였다.

다섯째, 지적재산권 분야에 대해서도 협상을 하기로 하였는데 기존의 지적재산권 협정(TRIPS: Trade-Related Intellectual properties)과 생물다양성 협약과의 관계, 신기술 발전을 수용하는 문제 등에 대해 검토하게 될 것이다. 이 분야가 쟁점으로 부각된 것은 아프리카의 개도국이 AIDS와 같은 질병치료를 위해서는 지적재산권의 엄격한 적용이 바람직하지 않다고 주장한 것과 관련이 있다. 다시 말해 질병치료약의 개발을 위해서 이 협정이 지나치게 엄격하게 적용되거나 유지되어서는 안 된다는 것이다.

마지막으로 전자상거래 분야에 대해서도 현재 진행되고 있는 검토작업을 계속한 뒤 제5차 각료회의에서 그 결과를 논의하기로 하였다. 그리고 그때까지 현재 유지되고 있는 전자상거래에 대한 무관세 관행을 유지하기로 결정하였다.

각료선언과 협상은 별개

흔히 하는 착각 중의 하나가 카타르 도하에서 각료선언이 채택되었으니 곧 협상이 시작될 것으로 생각하는 것이다. 그러나 각료선언은 협상이 시작될 것이라는 결정의 대외적 공표에 지나지 않고, 실제 협상은 또다른 절차가 필요하다. 그것은 협상을 실제로 어떻게 진행할 것인가에 대한 협상 프레임워크의 구성이다.

각료선언은 2002년 3월 이전에 새로운 다자간 무역협상을 총괄할 무역협상위원회(TNC: Trade Negotiations Committee)의 설치를 요구하고 있다. TNC는 다자간 무역협상을 총괄할 협상의 감독기구로서 세부협상의제와 협상방향, 협상절차, TNC의 세부조직 등을 결정한다. 그러므로 실제 협상이 어떻게 진행될 것인지는 여기서의 결정을 기다려야 한다.[14]

이번 각료선언 뒤 각종 매스컴에서는 당장 농산물에 대해 시장개방을 해야 할 듯한 분위기를 풍기고 있는데 이것은 사실과 다르다. 각료선언의 내용은 "앞으로 이러한 문제에 대하여 이러한 방향으로 언제까지 협상을 할 것이니 준비하기 바란다"는 내용에 불과하다. 그러니 그 내용에 포함된 문자 하나에 너무 일희일비할 필요는 없다. 예컨대 농산물 시장개방과 관련하여 실질적인(substantial) 개방인지, 점진적인(progressive) 개방인지가 논의의 초점이 된 바 있는데, 한국으로서는 당연히 점진적이란 표현이 바람직하고, 또 그렇게 결정되어야만 다소 마음이 놓이는 것이다. 그러나 3년이라는 협상과정에서 이런 표현의 차이는 사실상 의미가 없을 수 있다. 시장개방을 위한 협상을 해야 한다는 것은 분명하고 그러니 어느 정도 시장을 개방해야 하는지는 결국 한국의 협상력에 달려 있기 때문이다.

결국 우리가 당면한 과제는 다자간 무역협상에서 한국의 협상력을 어떻게 제고시킬 것인가의 문제로 돌아간다. 이 문제를 논의하기 전에 다자간 무역협상은 기존 양자간 협상과는 어떻게 다른지 혹은 어떠한 방법으로 이루어지는지 알 필요가 있다.

다자간 무역협상의 성격

다자간 무역협상도 일반적인 협상과 같이 이중의 구조를 가진다.

주14) 현재 TNC가 설치되어 활동하고 있으며, 2002년 상반기 내에 실제 협상의 구체적인 일정이 결정될 것이다.

〈표 1〉 양자간 무역협상과 다자간 무역협상의 차이

	양자간 무역협상	다자간 무역협상
협상참여국	두 나라	100개 이상의 나라
협상의제의 수	일반적인 협상의 경우 한두 개. 자유무역협정의 경우는 합의에 의해 정하지만 10개 내외	각료선언에 포함된 협상의제 전부. 세부적으로는 양자간 무역협상에 포함된 어느 협상의제보다 많음
협상의 진행방식	반드시 그런 것은 아니지만 단계적으로 진행	TNC 산하에 세부 협상위원회를 만들어 동시에 진행
협상의 구조	외부협상과 내부협상으로 구성	기본적으로 외부협상과 내부협상으로 구성되지만 외부협상의 과정은 다소 복잡하게 됨
협상의 감독	협상에 참여하는 두 나라 혹은 소수의 나라가 자신들의 협상에 대해서는 스스로 감독	TNC와 그 산하에 만들어질 세부위원회에서 감독
협상의 시한	시한이 없음. 자유무역협상의 경우에는 시한이 설정되기는 하지만 합의에 의해 쉽게 연장 가능	각료선언에 의해 시한을 설정. 회원국들의 합의에 의해 시한을 연장할 수도 있으나, 그 경우 협상의 타결결과에 영향을 줌

이 책에서 여러 번 설명한 외부협상과 내부협상이 그것이다.

따라서 내부협상력을 제고하기 위한 방법은 기본적으로는 제6장에서 살펴본 협상력 제고방안과 크게 다르지 않다. 하지만 다자간 무역협상의 외부협상은 일반적인 통상협상의 외부협상과는 큰 차이가 있기 때문에 이 문제는 조금 자세히 살필 필요가 있다. 양자의 차이점은 〈표 1〉로 요약해 놓았다.

1) 다자간 무역협상의 상대는 한 나라가 아니다

자유무역협정을 포함한 일반적인 통상협상의 상대는 대개 한 나라 혹은 많아야 두세 나라에 불과하다. 양자협상 혹은 복수국간 협상은 이를 두고 하는 말이다. 그래서 이들과 협상을 할 때는 비교적 시간적 여유를 가지고 진행할 수 있다. 그리고 일반적인 통상협상의 협상의제는 제한적이기 때문에 각 협상의제에 대한 내부입장을 정리하는 데 어느 정도의 시간적 여유를 가질 수 있다. 하지만 다자간 무역협상에서는 이러한 시간적 여유가 상대적으로 없다.

GATT의 주관하에 이루어진 지난 번 우루과이라운드에서는 모두 107개국이 협상에 참여하였다. WTO가 출범한 뒤로는 회원국도 늘었기 때문에 모두 150개 내외의 국가가 협상에 참여할 것으로 보인다. 자세한 참여국 수는 2002년 4월이 지나서야 결정될 것이다. 한 가지 분명한 것은 협상에 참여하는 나라가 지난 번 우루과이라운드에 비해 증가했다는 것도 문제지만, 지난 번에는 참여하지 않았던 중국과 대만이 새로 협상에 참여했다는 것은 큰 변수로 작용할 수 있다.[15]

2) 다자간 무역협상은 순차적으로 이루어지는 것이 아니다

협상을 제대로 진행하려면 단계적으로 하나하나 진행해 나가는 것이 바람직하고, 사실 모든 통상협상이 그런 형태를 취한다. 그러나 다자간 무역협상은 그렇지 않다. 모든 협상의제를 한꺼번에 시작한다. 그것은 세부협상 의제의 협상진행 상황과 결과를 감독하는 시스템이 구비되어 있기 때문이다.

따라서 일반적인 통상협상의 경우와 같이 "조금 쉬면서 하자" "뭐 할려고 그리 빨리 진행하냐"와 같은 그런 불평은 나올 수가 없다. 특

주15) 사실 아무리 협상에 참여하는 나라가 많다 하더라도 실제 협상이 시작될 때는 자신의 입장에 따라 몇 개의 그룹으로 나누어지는 것이 일반적이다. 그러면 중국은 어느 그룹에 가입하게 될까? 중국이 속하는 그룹은 짐작컨대 이번 다자간 무역협상의 가장 큰 세력으로 등장할 가능성이 높다.

히, 이번 다자간 무역협상의 공식적인 협상기간은 3년으로 결정되었기 때문에 예상 외로 협상진행이 빠를 수 있다. 그러니 이에 대한 우리의 대비 혹은 대응책도 상당히 빠른 속도로 이루어져야 한다.

3) 다자간 무역협상에는 협상을 감독하는 기구가 있다

다자간 무역협상을 총괄하는 기구는 무역협상위원회(TNC)이다. 이 위원회가 협상과 관계된 모든 세부적인 진행과 절차를 결정하게 된다. 따라서 일반적인 통상협상과는 달리 협상에 참여하는 나라들이 스스로 일정을 결정할 수 없게 된다. 이 말은 다자간 무역협상에서는 협상에 참여하는 나라들에게 협상과정에서부터 상당한 정도의 제약이 따른다는 것을 의미한다.

그러므로 협상가들의 외부협상은 일반적인 통상협상과는 다른 패턴을 보이게 된다. 일반적인 통상협상에서는 협상가는 협상의 진행상황을 국내에 보고하고, 미리 정해진 견해와 다른 의견이 제시될 때는 내부적으로 의견을 조정하는 과정을 거친다. 하지만 다자간 무역협상에서 협상가들은 이러한 과정과 함께 무역협상위원회(TNC)에 협상의 경과를 보고해야 하고, 경우에 따라서는 무역협상위원회 산하에 설치될 세부위원회에도 협상의 결과를 보고해야 한다. 이렇게 본다면 다자간 무역협상은 이중의 구조가 아니라 삼중의 구조를 가진다고도 할 수 있다.

그러나 외부협상가들이 고려하고 보고해야 할 것이 조금 더 많아졌다고 해서 그것이 이중구조라는 통상협상의 기본구조를 완전히 바꾸는 것은 아니다. 단지, 외부협상의 전략을 입안할 때 외부협상가들이 고려해야 할 변수가 하나 더 늘어났다는 것을 의미한다. 다음 장에서 이 문제를 다시 생각해 보기로 한다.

4) 다자간 무역협상에는 시한이 있다

우리는 이 책의 제2부에서 협상에 시한이 있을 경우 협상에 참여하는 양 당사자의 협상력에 변화가 있을 수 있다는 사실을 언급하였다. 이러한 구도는 양자협상이 아니라 다자협상일 경우에도 마찬가지이다. 즉, 외부적으로 분명한 시한이 있을 경우 이를 핑계로 협상력을 제고시키는 나라가 나올 수도 있고, 그렇지 않은 나라가 나올 수도 있다. 또, 세계경제가 급격히 변할 경우 이 시한은 아무런 의미를 가지지 못할 수도 있지만, 어떤 경우에는 이 시한이 협상의 타결을 촉진하는 촉매의 역할을 할 수도 있다.

분명한 것은 현재 시점에서 이 시한 때문에 어느 나라가 유리한지는 말할 수 없지만, 협상이 진행해 나갈수록 이 시한을 유리하게 활용하는 나라가 분명히 나오게 될 것이라는 점이다. 조금 슬픈 이야기지만 과거의 경험을 돌이켜볼 때 이 시한을 유리하게 이용한 나라는 미국과 EU이었으며, 이 시한 때문에 호되게 당한 나라는 일본과 한국을 포함한 선발개도국 몇 나라였다.

11
다자간 협상을 위한
외부협상 전략

다자간 협상에 목을 매지 말아라

한국은 분명히 무역으로 먹고사는 나라이다. 수출이 많이 되어야 국내 공장이 제대로 돌아가고 그래야 대학에서 쏟아져 나오는 일꾼들이 일할 자리가 생긴다. 1998년 IMF 뒤의 그 암울한 시기를 보라. 떨어진 원화가치 덕분이건 늘어난 수출 덕분이건 그래도 한시름 돌리지 않았는가?

수출로 먹고사는 나라라는 점에서 다자간 무역협상은 매우 중요하다. 이 점에 대해 이의를 제기하는 사람은 없을 게다. 그러나 말이다. 제발 이 다자간 무역협상에 목을 매지는 말기를 바란다.

다자간 무역협상은 우리나라 대외경제정책의 한 부분일 따름이고, 여기서 다소 손해를 본다 해도 우리가 당장 굶어죽지는 않는다. 〈그림 3〉은 우리의 대외경제정책이 어떠한 요인에 의해서 결정되며 그 중 다자간 무역협상이 차지하는 위치가 어떠한가를 보여준다. 즉, 다자간 무역협상은 우리가 관심을 기울여야 할 대외경제환경의 하나일 뿐이며, 그외의 다른 요인에 대해서도 똑같은 정도로 관심을 기울여야 한다.

예컨대 다자간 무역협상에서 한국의 입장을 반영하는 것이 정말로 애로에 부딪혔을 때라도, 만약 남북관계에서 괄목할 만한 진전이 발생한다면 한국으로서는 다자간 협상의 결과에 실망할 필요가 없다. 그리고 BT(Biotechnology)라고 불려지는 생물기술산업에 획기적인 발견 혹은 발명이 한국에서 이루어진다면 다자간 무역협상에서 조금 손해를 보더라도 그냥 허허 넘길 수 있다는 것이다.

여기서 강조하는 것은 다자간 무역협상이 중요하지 않다는 것이 아니라, 어디까지나 한국의 전반적인 대외경제정책 운용의 틀 가운데서 살펴야 한다는 것이다. 집착하지 않고 느긋한 마음으로 멀리 볼 때 한국에 더 유리한 입장을 발견할 수 있다.

앞뒤를 재고 전략적으로 움직여라

과거 다자간 무역협상에 따르면 협상이 교착상태에 빠질 때쯤이면 꼭 딴짓을 하는 나라들이 나온다. 누가 가장 대표적인 나라일까? 그렇다, 미국이다. 미국은 과거 우루과이협상이 지지부진할 당시 NAFTA라고 불리는 자유무역협정 체결에 열을 올렸던 것이다. 마치 "다자간 무역협상? 그 복잡하고 진도 안 나가는 것을 왜 해? 우리는 우리끼리 속닥하게 자유무역협정이나 할래"라고 하는 것처럼. 1993년 우루과이 협상이 한창 진행중인 가운데에도 미국은 캐나다, 멕시코와 자유무역협정 협상에 열을 올렸고, 그 결과 우루과이라운드가 타결도 되기 전인 1994년에 자유무역협정을 발효시켰던 것이

〈그림 3〉 한국의 대외경제정책 결정에 고려해야 할 사항(향후 10년)

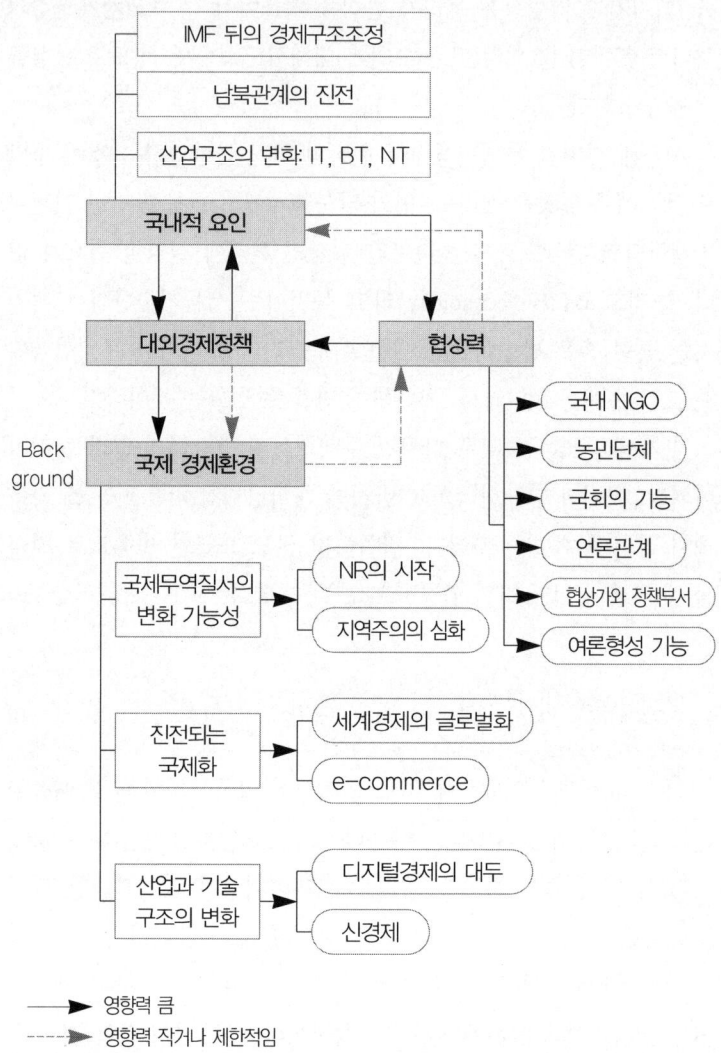

다. 한눈파는 것도 이 정도면 장관급 아닌가?

　마찬가지로 한국이라고 그러지 말란 법이 있는가? 아니 오히려 도하라운드에서 한국의 입지를 강화하기 위해서라도 적당한 나라와 자유무역협정을 체결하는 것이 여러모로 유리하다. 도하라운드가 끝나기 전에 몇 개 나라와 자유무역협정을 체결해 보라. 도하라운드의 마지막 주고받기 협상에서 한국은 필연적으로 유리할 것 아니겠는가? 그러니 지금 진행중인 칠레와의 자유무역협정은 가급적 빨리 끝내고, 일본과 중국, 아세안(ASEAN) 그리고 미국과의 자유무역협정도 슬슬 시작하면 어떨까?

　또 있다. 다자간 무역협상은 세계 정치와 경제의 영향을 받게 마련이다. 테러와의 전쟁이 다시 시작되거나 이슬람과 서방진영 사이에 긴장이 조성된다면 다자간 무역협상도 자연히 지지부진해질 수밖에 없다. 나아가 내림세를 보이고 있는 원유값이 폭등하거나 세계경제가 심각한 동시불황에 빠진다면 이 또한 다자간 무역협상에 영향을 끼칠 수밖에 없다. 그러니 다자간 무역협상에 대한 종합적 전략을 구상할 때 너무 단편적이고 단선적인 전략은 지양할 필요가 있다.

　협상은 환경의 영향을 받고 그 환경은 부단히 움직이기 때문에 환경의 변화가능성을 염두에 둔 신축적인 전략이 필요하다는 것이다. 그러니 '앞뒤를 재어라' 라는 충고는 '제발 전략적으로 움직여라'는 충고와 다름없다. 전략적으로 움직이라는 말은 우리의 다자간 협상에 대한 전략을 정하기 전에 상대의 반응을 고려하면서 협상에 영향을 끼치는 환경의 변화를 염두에 두면서 다소 먼 미래를 바라보면서 신축적으로 움직이라는 것을 의미한다.

　하지만 다자간 무역협상에 참여할 경우에는 가능한 한 의제와 국가를 이리저리 엮을 필요가 있다. 엮으라는 말은 아무 원칙없이 사람좋은 웃음을 흘리면서 참석하는 협상마다 "good, yes"라는 말을 흘리라는 의미가 아니라, 적어도 다음과 같은 의미를 가진다.

1) 최소 두 가지 협상의제에 같은 의견을 가진 나라와 공동보조를 취하라

150개국이 넘는 회원국들은 도하라운드의 협상의제에 대하여 저마다 다른 입장을 가질 수밖에 없다. 그러나 조만간 우리와 비슷한 입장에 처해 있는 나라를 발견하는 것이 결코 어려운 일이 아니라는 것을 알게 된다. 그럴 경우 이 나라 혹은 이들 나라와 당연히 공동보조를 취해야 한다. 공동보조를 취하기 위해 협상에서 서로의 입장을 지지하는 발언을 하는 것도 한 방법이지만, 공동의 입장을 담은 서면제안서(Submission paper)를 제출하는 것이 가장 바람직하다.

한 가지 명심할 것은 A라는 의제에서 한국과 공동보조를 취할 수 있는 나라라고 해서 B라는 의제에서도 공동보조를 취할 수 있다는 보장은 없다. 오히려 그렇지 않을 가능성이 많다. 그래서 모든 의제에서 공동보조를 취하지 않는다고 해서 슬퍼하거나 억울해 하거나 서러워할 필요가 없다. 지극히 당연한 일이기 때문이다.

2) 외로운 늑대의 처지를 감수하라

공동보조와 관련해서는 경제력이 비슷한 나라들이 함께 대응전략을 수립하는 것이 하나의 방법일 수 있다. 예컨대, 우루과이라운드에서 강경개도국 그룹, 온건개도국 그룹, 최후진국 그룹과 같은 분류가 그것이다. 행인지 불행인지 한국은 과거 우루과이라운드에서는 신흥개도국 그룹의 일원으로서 온건개도국과 부분적으로 같은 입장을 취하고, 때로는 강경개도국의 입장에도 슬며시 동조하는 태도를 취할 수 있었지만 이번 도하라운드에서 이런 포지션을 취하기는 매우 어려울 것 같다. 이미 OECD에 가입해 있는데다 우리가 계속 개도국이라고 주장한다면 주변국의 따가운 눈총을 받을 것이 틀림없기 때문이다. 따라서 우루과이라운드에서는 농산물 시장개방과 관련한 농산물 수입국과 농산물 수출국이라는 형태로 그룹이 만들어져 팽팽한 협상을 진행해 왔지만, 이번 도하라운드에서는 이러한 구도가 지속될 가능성이 다소 희박해졌다. 농산물 수출국의 입장은 강경해진 반면, 수입국은 매우 수세적인 입장에 처하게 되었기 때문이다.

그래서 이번 다자간 무역협상에서 한국은 다소 외롭지만 의제별로 한국과 입장을 같이하는 나라를 찾아 개별적으로 그들과 공동보조를 취할 수밖에 없다.

그런 의미에서 한국이 그동안 세계의 어느 나라와도 자유무역협정 하나 체결하지 못한 것은 참으로 서글픈 일이 아닐 수 없다. 그 상대가 누구였던 우리와 자유무역협정을 체결한 나라는 상당히 많은 협상의제에서 우리와 공동보조를 취할 수 있을 것 아니겠는가? 그런 점에서 한국은 이번 다자간 무역협상에서는 외로운 늑대의 신세를 면할 길이 없다.

3) 상대적으로 관심없는 협상에도 열심히 참석하라

외로운 늑대의 신세일 망정 한국의 경제력은 객관적으로 만만치 않고 한국의 지지를 요청하는 사례도 종종 발견할 수 있다. 특히, 후발개도국과 관련된 문제의 경우 한국이 그들의 입장을 지지한다면, 비록 미약할지언정 그들 역시 다른 협상의제에서 한국을 도울 수 있다.

예컨대, 지금 아프리카를 포함한 후발개도국은 지적재산권의 문제에 매우 민감한 반응을 보이고 있다. 지적재산권이 지나치게 보호되면 이들 나라에서 창궐하고 있는 AIDS와 같은 병의 치료약을 구입하는 데 감당할 수 없을 정도의 비용을 지불해야 하기 때문이다. 따라서 이들의 입장을 지지하게 된다면 한국은 다른 의제에서 이들의 도움을 바랄 수도 있다.

하지만, 기억해야 할 것은 다자간 무역협상은 대개 만장일치의 형태로 타결되기는 하지만, 일국일표주의가 아니라 미국, EU, 캐나다, 일본 등의 합의가 있으면 대개 통과되기 때문에 후발개도국들의 도움을 너무 크게 기대해서는 안 된다는 것이다.

그래서 여기서 강조하는 것은 후발개도국의 도움을 기대하라는 것이 아니라 가능하면 여러 나라와 다양한 의제에서 네트워크를 만들라는 것이다.

4) 주고받아라

협상이 최종단계에 돌입하면 서로 이해관계가 다른 협상의제에 대한 조정이 있게 된다. 다자간 무역협상은 하나의 협상이 끝나는 대로 효력을 발휘하는 순차적 협상타결이 아니라 모든 협상이 끝나기 전까지는 어느 하나의 협상도 끝나지 않는 일괄타결방식(single undertaking)을 취하고 있기 때문이다.

그래서 협상 막바지에는 다양한 교환이 있게 된다. 이 교환이란 쉽게 말해서,

"이 협상의제에서는 내가(혹은 우리 그룹이) 이것을 양보할 테니 다른 협상의제에서는 당신이(혹은 당신네 그룹이) 양보하시오."

라는 형태를 취한다. 이러한 협상의제간의 상호양보(trade-off)는 협상의 마감시한이 다가올수록 더 빈번하게 이루어지고, 최종 마감시한 전에 모든 의제에 대한 극적인 타결이 이루어지는 것도 결코 드물지 않다. 그래서 이 주고받는 과정에서 충분히 주고 또 충분히 받기 위해서는 협상과정에서 부지런히 이리저리 엮을 필요가 있다. 그러나 단언코 무분별하게 엮으라는 것은 아니다. 우리가 필요로 하는 범위 내에서, 그리고 우리가 수용할 수 있는 범위 내에서 네트워

크를 만들라는 것이다. 그런 점에서 외부협상가들이 이러한 네트워크를 만들기 전에 내부협상을 통해 우리 국민이 수용할 수 있는 범위와 한계를 미리 결정해 두는 것은 참으로 중요하다.

한편, 우리는 협상에서 시한이 왜 중요한지 이미 충분히 이해하고 있다. 그래서 이 시한을 적절히 이용할 수 있는 전략적 고려가 매우 중요하다. 과거 우루과이라운드 때는 미국이 신속협상권한의 마감시한이 임박하다는 것을 핑계로 상대국에게 양보를 강요한 듯한 사례를 발견할 수 있다. 그래서 이번 다자간 무역협상에서는 이러한 사례가 다시 발생하지 않도록 미국의 협상권한 기간을 충분히 설정하라는 요구를 여러 나라와 공동으로 할 수도 있다. 하기는 아직 미국 내에서 이번의 다자간 무역협상을 위한 신속처리권한이 통과도 되지 않았기 때문에 이 문제를 너무 서두를 필요는 없다.

그리고 도하각료선언에 의하면 이번 협상기간은 2005년까지 3년으로 설정되어 있지만, 그 기한은 특별한 경우가 아니면 연장될 게 틀림없다. 가장 큰 이유는 2003년의 각료회의시 경쟁과 투자, 전자상거래 문제의 협상문제를 다시 거론해야 하기 때문이다.

12

과거는 현재를 보는 거울이자 미래를 재는 척도

　과거의 다자간 무역협상을 돌이켜보면 관세협상은 비교적 쉽게 타결되어 왔지만, 비관세협상은 오랜 시간이 걸리면서도 만족할 만한 성과가 없었던 것을 발견할 수 있다. 이번 새로운 다자간 무역협상의 경우에도 관세와 비관세의 협상의제가 서로 얽혀 있다. 그러면 이번에도 관세에 대한 협상은 비교적 순탄하게 진행되고, 비관세장벽에 대한 협상은 그와 반대되는 현상을 보일까?
　그 답은 '아마도 그럴 것이다'라는 것이다. 왜 그럴까?

포컬포인트 재론

　제1부 제12장에서 포컬포인트(focal point)가 무엇인지 설명하였다. 쉽게 말하면 협상의 당사자들이 특별한 협상의 결과를 선호하게 되면 그것이 빛의 초점과 같이 두 사람이 합의하는 협상의 타결로

연결될 수 있다는 것이다. 더 쉽게 말하면 두 사람이 심리적으로 일치하는 사건 혹은 관행이 있으면 그것이 협상의 타결을 위한 기준으로 작용할 수 있다는 것이다.

예를 들어보자. 체격과 실력, 나이가 다른 학생 100명을 한 교실에 모아 놓고 50개 조로 나누어 100원을 나누어 가지라는 실험을 하게 되면 어떤 형태로 그 돈을 나누게 될까? 게임이론에 근거한 많은 실험에 의하면 협상에 참여한 사람들은 대개 50 대 50의 비율로 타결에 이르는 성향을 보여주고 있다. 즉, 매우 다양한 결과가 나오지만 가장 많은 것은 대개 50원과 50원으로 나눈다는 것이다.

왜 이런 결과가 나올까? 체격, 실력, 나이가 다르면 배분하는 돈이 달라야 하는 것이 아닌가? 그래서 엄밀히 말하면 나이, 체격, 학년의 차이 때문에 이 방식이 공정(fair)하지 않을 수 있다. 그러나, 돈 100원을 나누는 당사자가 이 방법에 동의를 한다면 이것은 훌륭한 포컬포인트라고 할 수 있다. 객관적으로 보기에 매우 작의적이고 공정하지 않다는 것이 결코 흠이 될 수 없다는 것이다.

협상에서는 상호주의가 이러한 포컬포인트의 성격을 가진다.

GATT와 상호주의

상호주의(reciprocity)는 GATT 협상이 가지는 특징 중의 하나이다. 이것은 무역자유화의 정도와 원칙에 대한 것으로 한 국가가 무역자유화를 통하여 상대국에게 혜택을 준 정도로 혹은 그 정도에 걸맞게 다른 국가도 무역을 자유화한다는 것이다.

상호주의는 GATT 규정으로 정의되어 있는 것이 아니라 GATT에서 이행되어 온 일종의 협상관습이다. 실제로 많은 국가들이 자국의 관세를 인하하는 이유로, 혹은 자국의 관세인하가 필요하다는 것을 설득하는 이유로 상대국의 관세인하를 들고 있다. 이 경우 상대국의 '양허(Consession)'라는 표현을 쓰고 있는데, 이 양허라는 용어 자체가 상호주의의 특징을 나타낸다. 즉, 상대방이 양보한 만큼 나도 양보한다는 것이다.

이러한 상호주의 규칙은 협상자의 관심을 몇 가지 경우로 한정해 주는 역할을 한다. 상호주의가 포컬포인트의 역할 즉, 초점을 설정해 주는 역할을 한다는 것이다. 그렇기 때문에 상호주의는 협상과정에서 협상의 번거로움을 줄여주게 되고, 그 결과 협상이 쉽게 타결될 수 있도록 유도한다.

관세협상에서의 상호주의

그러나 포컬포인트의 성격에서 밝힌 바와 같이 상호주의 원칙 그 자체는 자의적인 것이다.

한 국제법 전문가는 상호주의에 따른 관세인하가치 측정방법이 매우 자의적(arbitrary)이고 어리석은(naive) 일이라고 주장하고 있다. 그 이유는 매우 단순하다. 협상의 두 당사자는 관세인하가치를 측정하기 위하여 '관세인하율 × 수입물량' 이라는 공식을 사용하고 있는데, 이 방식은 관세인하의 경제적 효과를 제대로 측정하지 못하고 있다는 것이다. 경제학을 조금이라도 공부한 사람이라면 관세인하의 경제적 효과를 좀더 정확히 측정하기 위해서는 관세인하가 초래할 수입물량 변화를 염두에 두어야 한다는 것을 알고 있다. 협상의 당사자가 사용하는 방법은 이 변화를 전혀 염두에 두지 않고 있다는 것이다.

그러나, 협상의 초점이라는 관점에서 본다면 상호주의가 갖는 자의적이라는 특성은 전혀 약점이 될 수 없다. 상호주의는 두 협상당사자가 합의할 수 있는 심리적 근거를 제공해 주기 때문이다. 다시 말해 관세인하의 효과를 계량적으로 정확히 측정하기 위해서는 더 많은 시간이 필요할 것이고, 또 그 결과에 따라서는 협상의 타결가능성도 줄어들 수 있다는 것이다. 협상당사자의 입장에서는 수리적 계량모형에 근거한 협상이익의 정확한 가치측정과 이익의 공정한 분배보다는 서로 합의할 수 있는 조건하에 협상이 타결된다는 것이 더 중요한 것이다.

그래서 협상가들은 관세인하에 의한 경제적 효과가 공정하게 배분되었는지의 여부보다는, 상대방으로부터 공정하게 보이는 양보를 얻어내었는가의 여부에 더 관심을 기울인다. 그리고 그 방법은 의외로 간단하다. 경험많은 협상가에 따르면, 무역협상은 수동식 계산기로 싸우는 긴 전투(long battles fought with hand calculators)로 이루어진다고 한다. 독자 여러분은 어떻게 생각하는가? 수동식 계산기로 관세인하의 경제적 효과를 정확히 계산할 수 있다고 생각하는가?

포컬포인트는 바로 그런 것이다. 즉, 계산을 해서 대략적으로 맞으면 되는 것이지 정확하게 맞을 필요는 없다는 것이다.

비관세협상에서 포컬포인트 찾기는 어려워

상호주의 원칙은 관세 이외의 다른 무역장벽을 제거하는 협상에도 적용된다. 하지만 이 방법을 비관세협상에 적용하는 데는 의외로 많은 어려움이 있다. 그것은 외국에 대한 차별적인 정부규정이나 국내 제조업체에 대한 보조금같이 대부분의 비관세장벽이 관세와 같이 명확하게 계산될 수 없기 때문이다.

그러나 협상당사자들이 무역장벽을 어떻게 측정할 것인지에 대해 합의할 수만 있다면, 비관세장벽 제거를 위한 협상은 큰 진전을 이룰 수 있을 것이다. 이러한 목적을 위해 관세상당치라는 개념을 개발하기도 하였다. 관세상당치란 특정 비관세장벽을 그와 비슷한 정도의 관세로 환원하여 측정하는 것이다. 다시 말해 비관세장벽을 이와 비슷한 정도의 관세로 전환하고, 전환된 관세에 대해 상호주의의 방식을 통해 관세를 낮추어간다는 것이다. 그리고 그 낮추어진 관세는 바로 비관세장벽을 낮추는 것과 같은 효과를 가져온다는 것이다. 사실 과거 우루과이라운드 때는 이러한 방법이 시도되기도 하였다.

그러나 모든 비관세장벽에 대하여 이러한 방법으로 관세상당치를 구하는 것은 사실상 어려운 일이고, 또 이렇게 구해진 관세상당치에 대해 모든 나라가 만족해 하는 것도 아니다. 다시 말해 비관세장벽의 해소를 위해서는 그 장벽을 낮추기 위한 외형적인 포컬포인트가 있어야 하는데, 이것을 찾기가 어렵다는 것이다.

결론적으로 과거의 다자간 무역협상에서 비관세장벽의 협상이 성공적이지 못했던 가장 큰 이유는 관세부문의 상호주의와 같은 원칙이 비관세 부문에는 없었기 때문이다. 그래서 다가오는 도하라운드에서도 비관세장벽의 제거를 위한 획기적인 방법을 발견하지 못하는 한 과거와 같이 협상이 지지부진할 가능성을 배제할 수 없다.

13

에필로그 1
협상가를 위하여

생각의 덫

통상협상에 나서는 협상가, 그 중에서도 다자간 무역협상에 참여하는 협상가들은 그 일에만 너무 몰두하면 '생각의 덫'에 걸리기 쉽다. 생각의 덫은 생각보다 위험해서 여기에서 탈피하지 못할 경우 다자간 무역협상 그 자체를 망치는 일도 발생할 수 있다.

생각의 덫이란 다음과 같다. 한국에서 통상협상과 관련된 일을 하다가 다자간 협상을 하는 장소, 대개 제네바의 WTO 본부로 파견될 즈음이면 이런 생각을 한다.

"세계 각국의 다양한 의견들을 종합하고 안목을 넓힌 뒤 정말 한국에 도움이 되는 협상전략을 개발하고, 국내와 유기적 관련을 가지면서 좋은 협상결과를 맺기 위하여 노력해야지."

그러나 국내의 본부에서 보내오는 전문과 간접적으로 국내소식을 접하다 보면, 그리고 WTO에서 연일 개최되는 회의에 참석하고, 다른 나라의 외교관들과 끝임없는 접촉을 하게 되면, 그리고 한국의 국내의견과는 전혀 다른 협상의 상황을 연속하여 접촉하게 되면 이런 생각이 순간적으로 든다.

"시장개방과 자유화, 국제화는 누구도 거역할 수 없는 대세야. 한국이 살아남기 위해서는 이 길로 가지 않으면 안 돼. 그러기 위해서는 국내의 반대가 조금 있다 하더라도 과감한 개방과 자유화의 길로 가야 해. 국내의 저항. 물론 있을 수 있겠지. 그렇지만 한국의 앞날을 위해서는 이같은 저항은 반드시 극복해야 해."

이것은 분명 사고의 덫이다.[16] 이같은 생각은 사고의 시작과 끝, 자기의 출발점과 지향점을 혼동하고 있다. '올리브 나무와 렉서스'라는 이름을 이용하자면 이 협상가는 올리브 나무를 망각한 채 렉서스라는 첨단 토요타 차만 바라보고 있다는 것이다. 자기가 태어난 한국 어디 시골의 한적한 농가나 도시 한 켠의 모습은 방치한 채, 잘 가꾸어진 제네바의 가로나 물줄기가 솟아오르는 레만 호수의 모습에 취한 것이 분명하다.

통상협상에 참여하는 협상가의 가장 기본적인 목적은 자기가 속한 나라의 후생이나 경제적 이익의 극대화를 위해 자신이 가진 지식과 협상기술을 최고로 발휘하는 것이다. 그리고 앞서 지적한 바와

주16) 모든 통상협상가들이 이렇게 생각하게 된다는 것이 결코 아니며 현재 제네바에 파견된 우리의 공무원들이 이렇다는 말도 아니다. 단지 내가 말하고자 하는 바는 가끔 사석에서 이렇게 토로하는 협상가를 오래된 기억이지만 분명 만나보았기에 하는 말이다.

같이 협상에 임하는 자세와 전략은 국내 내부협상에 의해 결정된다. 그러나 같은 협상지침과 태도를 내려보낸다 해도, 그것을 해석하는 자에 따라서는 전혀 다른 결과가 나오기도 한다. 개방협상을 하지 말라는 말이 아니다. 한국에는 시장개방도 필요하고 쌀도 수입해야 하고 관세도 낮추어야 하고 각종의 서비스도 물밀듯이 들어와야 한다. 문제는 어디에 서서 이런 입장을 조율하고 협상을 해야 하는가 이다.

제네바의 아름다운 시가와 조용한 거리, 고색창연한 성을 그리며, 협상을 해야 하는가? 아니면, 쌀농사를 짓느라 등이 휘어버린 우리의 할아버지와 아버지의 모습을 그리며, 지금도 서울역에서 배회하는 우리의 아저씨들인 노숙자들을 그리며 해야 하는가.

협상가, 당신은 희생양

본국에서 장관이 날아가고 국회가 호들갑을 떨고 농민이 머리끈을 동여매고 여의도를 질주할 때는 이미 늦었다. 장관이 아니라 총리가 제네바로 날아가고 대통령이 순방을 한다 하더라도 이미 결정된 다자간 협상의 결과를 감히 바꿀 수는 없다. 그러니 전쟁의 승패는 한국의 신문에서 호들갑을 떨기 전에 이미 결정된 것이고, 그 결과에 따라 한국은 또 한번 전 국토가 "아이고" 하는 소리를 낼 수밖에 없다.

그러니 협상가들의 일상적인 태도와 준비는 너무 중요하다. 이미 협상가들은 제네바에서, 뉴욕에서, 브뤼셀에서 소리없는 전투를 하고 있다. 비록 언론의 관심은 얻지 못하고 본국에 있는 동기생들처럼 출세의 가도를 치달리지 못하더라도 이들은 정말 중요한 싸움을 하고 있는 것이다.

그러니 다시 한번 제발 생각의 덫에 빠지지 않기를 바란다. 양담배를 피워도 좋고 한국에서는 생각할 수도 없는 식도락에 탐닉해도 좋으니 '무엇 때문에 누구를 위해서 협상을 하는가'를 생각해야 한다.

하지만 말이다. 이들이 아무리 애를 써서 한국의 입장을 지키기 위하여 혹은 한국의 피해를 최소화하기 위하여 혼신의 힘을 다한다 해도, 즉 생각의 덫은커녕 초지일관하여 협상에 임한다 해도 그 대가는 너무 보잘것없다. 혹 국내의 입장을 반영하는 데 성공하면 그런 대로 생색이라도 낼 수 있을지 모르나, 국내의 의견과는 다르게 시장을 개방하는 결과를 가져오게 되면(사실은 그 정도로 시장을 개방하도록 한 것만 해도 엄청난 성과로 기록될 수도 있는데) 쏟아지는 비난을 감수할 수밖에 없다.

또 있다. 협상가라는 일에 매달려 세상 돌아가는 일에 무관심하다 보면(협상의 타결에는 3~4년 이상의 상당한 시간이 걸린다) 외교관이라는 그럴 듯한 타이틀은 가질 수 있을지 모르나, "이 세상 참 불공평하구나" 하는 생각에 젖을 수도 있다. 누구의 말대로 "대한민국에서 제일 능력이 출중한 사람이 최고의 위치에 오른 경우는 기독교밖에 없다"는 독설도 있으니 말이다.

하지만 말이다. 바로 이런 사람들이 있기 때문에 이런 세상이라도 살맛 나는 것이 아닐까? 정 다른 사람들이 알아주지 않으면, 이 책을 쓰는 '나'라도 두 눈 부릅떠서 이런 사람을 세상에 알리는 일에 힘을 바쳐야 하지 않을까 한다.

14

에필로그 2
내부협상을 위하여

　우리 국민의 성향을 표현한 말 중에 "냄비처럼 빨리 끓고 냄비처럼 빨리 식는다"는 말이 있다. 쉽게 달아오르는 조급증과 쉽게 잊어버리는 망각증을 두고 하는 말일 게다. 나는 이 말이 어느 정도 맞는지 잘 모른다.
　그러나 다른 영역에서는 모르겠지만 통상문제에 관한 한 이 말이 완전히 틀린 말이라고 부정하기는 어렵다. 미국이나 외국으로부터 조금만 통상압력이 있어도 마치 한국만 당하는 것처럼 호들갑을 떨고 그것이 우여곡절을 거쳐 해소되면 이제는 영원히 사라진 것처럼 간주하기 때문이다. 그러다가 다시 압력이 있으면 이러한 과정이 계속하여 반복되는 것이다.

통상협상은 일과성이 아니다

단언하건대 미국을 비롯한 어느 나라와의 어떤 통상협상이건 지나가버리면 다시오지 않는 바람이 아니다. 한국이 세계와 관계를 맺고 살고 있는 한, 한국이 무역을 매개로 경제성장을 하는 한, 한국이 땅덩어리 크기 이상으로 살아가려고 노력하는 한 외국과의 통상마찰은 없을 수 없다. 거꾸로 생각해 보면 너무 분명하지 않은가? 자기 것을 내다 팔지도 못하면서 자꾸 자기 시장으로만 물건이 들어오면 당신이라고 화가 나지 않을 리 있겠는가.

그러니 통상협상의 경험을 한국경제가 성장하는 과정의 일과성 진통으로 생각하지 말고 한국이라는 느티나무와 함께 자라는 나이테쯤으로 생각해야 한다.

내부협상은 신문공고를 함으로써 시작하는 것이 아니다

외부협상은 번듯하게 차려입은 협상가들이 자리를 함께 하여 악수를 나누는 것으로 시작한다. 누구나 안다. 신문에서 만면에 미소를 머금고 코쟁이 외국사람과 인사하는 사진을 보는 순간, 아 우리 느티나무가 또 한 뼘 자랄 준비를 하는구나 하고 생각하게 된다. 하지만 내부협상은 언제 시작할까?

신문에 언제부터 내부협상을 시작하니 국민제위는 모월 모시에 모처로 모이라는 공고를 해야만 하나? 아니다. 결코 아니다. 작게는 식사시간중 동료와의 작은 대화에서, 크게는 세미나의 토론에서, 더 크게는 거리의 일인데모로 시작된다. 하지만 내부협상은 결코 일방

통행이 아니며 자기 의견의 일방적 개진도 아니다. 그리고 "나에게 동조하면 너는 내 친구이고 그렇지 않으면 적이다"라는 흑백논리를 적용하는 것은 아니다. 그 시초는 자신의 입장에 근거한 불만의 토로일 수 있으나 그 결과는 다함께 고개를 끄덕거릴 수 있는 공감이어야 한다.

그런 점에서 의견을 나누고 토론할 수 있는 매체는 너무나 중요하고, 다시 그런 점에서 신문과 방송을 포함한 매스컴의 입장과 태도 역시 중요하다. 이런 매체들이 중립적으로 의견을 소화하지 않으면 편파와 편견의 싹을 키울 수밖에 없고 그것은 결코 협상력의 제고로 연결될 수 없다.[17]

이렇게 토론과 검토의 과정을 거친 의견들이야말로 외부협상가들의 전략과 입지 혹은 태도를 결정하는 밑거름으로 작용할 수 있다. 그리고 이러한 내부협상의 과정이 진행될 때 외부협상가들은 생각의 덫에 사로잡히지 않고 자기가 서 있는 자리를 더 공고히 지킬 수 있다.

정부가 내부협상의 손을 내밀어야 한다

아직 한국에는 내부협상과 외부협상의 완벽한 조화가 자리잡고 있지 않다. 내부협상은커녕, "내 이익을 지키지 못하는 정부 놈들은 몽땅 도둑놈"이라거나 "세상 돌아가는 분위기도 모르면서 억장 무너지는 소리만 하고 있는 병신들"이라는 부조화스러운 분위기만 존재하고 있다.

주17) 그런 점에서 매스컴에 종사하는 자의 전문성이 너무 절실하다. "무식하다고 생각하면 제발 그 부문에 글을 쓰지 말라"는 어느 교사의 조언은 참으로 가슴을 친다.

그러나 언제까지 이런 불협화음이 지속될 수는 없다. 서로가 서로를 이해하고 필요로 하지 않는 한 한국이라는 배는 제대로 움직여 나갈 수가 없기 때문이다. 그런 점에서 서로는 서로를 필요로 한다.

그리고 이런 자리에서 늘 나오는 말이지만 먼저 손을 내미는 쪽은 정부여야 하지 않는가? 우리 국민이 무슨 이유로 정부를 선출하고 세금을 내고 있겠는가? 억장이 무너지고 기분이 나쁘고 무식한 것들 상대하느라고 소화도 안 될지 모르지만, 웃음 띤 얼굴로 내부협상과 외부협상의 중재를 놓아야 하는 것은 온연히 정부의 몫이 아닐 수 없다.

보이는 것이 전부가 아니다

다시 한번 한국이라는 느티나무는 자란다. 그러나 그 느티나무는 저절로 자라는 것이 아니다. IMF라는 외부의 폭풍뿐 아니라 통상마찰이라는 수많은 생채기를 이기고 자란 것이다. 그러니 이만큼이나 자란 느티나무를 가만히 들여다보면 그 생채기를 이긴 나이테가 있음을 쉽게 발견할 수 있다.

다시 한번 묻겠다. 그 나이테를 생기게 한 것은 무엇인지 아는가? 아픔을 감싸안기 위해 내부에서 우러나오는 진액과 생채기가 아니던가(내부협상이 바로 이를 두고 하는 말이다).

그러니 말이다, 어찌 보이는 것이 전부일 수 있으랴.

참고자료 1

농산물과 서비스 협상의 목표와 과제

농산물 협상의 장기적 목표는 시장접근의 실질적 개선, 수출보조의 점진적 폐지를 목표로 하는 감축, 국내보조의 실질적 감축 등 세 가지로 규정되어 있다. 하지만 이 목표들이 진행중인 농업협상의 결과를 예단하지 않는다는 단서를 달고 있다. 그래서 회원국의 제안서에 나타난 비교역적 관심사항에 주의를 기울이면서 협상과정에서 NTC를 고려하도록 하였다. 2003년 3월 31일까지 보조금과 관세감축 등에 대한 세부원칙(modalities)을 정하고, 제5차 각료회의 전까지 이 세부원칙에 따른 각국별 이행계획서를 제출하도록 하였다.

이번에 확정된 농산물 부문의 각료선언문은 우루과이라운드 협상의 결과에 따라 2000년초부터 진행되고 있는 농업협상의 일정을 명확히 하고 그 방향을 제시하는 의미를 가지며, 농산물의 관세 및 국내보조 감축과 관련된 구체적인 내용은 앞으로 3년간 진행될 농업협상 과정을 통해 결정될 것이다.

서비스 협상의 경우 2000년부터 진행되고 있는 서비스 협상의 진행에 만족을 표시하고, 제1단계 협상에서 마련된 서비스협상 가이드라인이 향후 협상의 기초가 됨을 재확인하였다. 서비스 양허안에 포함되도록 요청하는 사항은 2002년 6월 30일까지 제출하도록 하고, 양허안은 2003년 3월 31일까지 제출하도록 결정하였다.

각료선언문에는 "어떤 분야도 사전에 제외되지 않는 포괄적인 개방협상"이라는 문구가 그대로 남아 서비스 협상의 범위가 넓어지고 그 속도도 빨라질 전망이다.

참고자료 2

반덤핑관세의 협상목표

반덤핑 분야는 제4차 WTO 각료회의에서 회원국간 이견이 가장 심했던 분야 중 하나였다. 미국은 회의기간 내내 협상개시를 명시하는 데 반대입장을 피력하였고, 심지어는 미국 하원의원들까지 현지에 찾아와 압력을 행사할 정도였다.

그러나 한국, 일본, EU, 개도국은 반덤핑 문제의 포함을 주장하였고, 개도국이 반대하는 상황에서는 뉴라운드의 출범이 불가능한 상황을 고려하여 미국은 최종적으로 이 문제를 협상하는 데 동의하게 되었다.

이번 합의에서 가장 중요한 것은 "반덤핑 규정을 명확히 하고 개선할 목적으로 협상을 개시한다"는 귀절이다. 이는 반덤핑의 자의적인 발동과 남용을 방지하기 위한 토대를 마련한 것으로 향후 미국의 무분별한 반덤핑 제소를 제약할 수 있는 근거를 마련한 것으로 평가된다.

제5부
구체적인 협상사례의 해석과 분석

"아는 것만큼 보일 따름이니…."

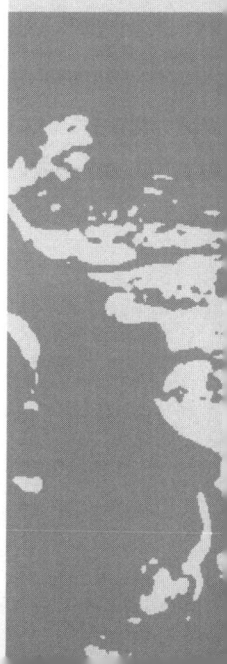

읽기 전에

여기서 제시되는 두 가지 협상사례 분석은 저자가 입수가능한 범위 내에서 얻은 자료를 바탕으로 한 것이다. 따라서 완벽한 협상의 분석과는 상당한 거리가 있다. 대개의 경우 협상의 분석을 위한 최선의 방법은 이들 협상에 직접 참여하거나 자문역으로 협상의 전 과정을 지켜보는 것이지만, 필자에게는 그런 기회가 주어지지 않았다. 따라서 여기서 시도한 협상의 분석은 이 책에서 시도한 게임이론을 구체적인 협상사례에 적용한 것으로 이해할 수 있다. 그래서 하나의 시도로 이해해 주기 바란다.

여기서 제시되는 두 가지 협상은 나름대로 서로 상반된 것이다. 한국과 프랑스 간 외규장각 도서반환 협상은 7년이나 걸렸고 무엇보다 양국의 대등한 협상이 가능했다. 반면, 두 번째로 제시되는 IMF와의 자금지원조건 협상은 8일밖에 걸리지 않았고 국가부도의 위험성 때문에 IMF와 동등한 입장에서 협상하는 것이 상당히 어려웠다고 이야기되고 있다. 이 두 가지 협상이 협상론적인 관점에서 어떻게 분석될 수 있는지 살펴주기 바란다.

당연한 이야기이지만 입수할 수 있는 자료의 제한으로 협상의 분석에 다소 오류가 있을 수도 있음을 밝혀둔다. 그래서 추후 이 책을 고칠 수 있는 기회가 주어진다면, 또 이 책을 집필할 당시 얻지 못했던 자료들을 얻을 수 있다면, 이 협상의 분석들은 더욱 정교하게 다듬어질 것이다.

1
프랑스와의
외규장각 도서반환 협상

아래 글은 프랑스와의 외규장각 도서반환 협상이 타결되었다는 것을 알리는 2001년 7월 30일 자 중앙일보 기사를 인용한 것이다.

한국과 프랑스가 지난 주 파리에서 제4차 외규장각 도서반환 협상을 하고 한상진 대표가 30일(2001년 7월 30일) 오전 11시 서울 프레스 센터에서 기자회견을 열고 프랑스와의 '외규장각 도서반환 제4차 협상결과'를 발표했다. 한대표는 지난 23~25일 프랑스 파리의 한림원에서 제4차 협상을 열고 프랑스측 대표인 자크 실루아 감사원 최고위원과 7개항의 공동합의문에 서명했다. 한대표는 "이번 공동합의문은 외규장각 도서 문제가 발생한지 135년만에, 그리고 이 문제에 관해 한·불간 협상을 시작한지 10년만에 최초로 양국 대표가 서명하여 발표한 공식문서"라며 "(합리적 결론을 위한) 깨끗한 논의의 시발점"임을 강조했다. 이것은 그동안 양국 협상대표들 사이에 구두로만 오갔던 '유일본 우선 원칙'에 따른 '상호대여'에 문서로 합의한 것이다. 그러면서 그는 "이 문서는 협상대표가 정부에 하는 건의로, 최종결정은 정부간의 합의에 의해 이뤄질 것"이라고 밝혔다.

이 기사에 의하면 외규장각 도서반환을 둘러싼 한국과 프랑스의 협상은 타결된 것처럼 보인다. 과연 이 결과는 한국과 프랑스 어느 나라에 유리한 것일까? 그리고 어느 나라가 이 협상에서 탁월한 협상력을 발휘하였을까? 이런 문제를 분석하기 위해서는 우선 이 협상의 경과를 살피고 이 협상에 영향을 끼친 요인을 파악해야 한다.

하지만 그러기 위해서는 이 책에서 제시된 대로 '협상의 대상'은 무엇인지, '협상의 목적'은 무엇인지, 그리고 무슨 일을 계기로 협상이 어떻게 시작되었는지를 알아야만 한다.

협상의 과정

1) 협상대상: 의궤(儀軌)

한국과 프랑스의 협상대상은 1866년 병인양요 당시 강화도 외규장각에 보관되고 있었던 191종 297권의 의궤(儀軌)였다. 의궤란 조선왕조 당시 왕실이나 국가의 각종 행사에 대한 시작과 준비과정, 의식절차, 진행, 행사 유공자에 대한 포상 등의 사실을 정리한 기록을 의미한다. 따라서 여기에는 국왕의 책봉과 왕실의 결혼 및 장례 등과 같은 국가와 왕실의 행사도 기록되어 있다. 그러므로 의궤가 한 나라의 문화유산으로서 귀중한 가치를 가지고 있음은 쉽게 짐작할 수 있다.

한편, 이 의궤는 다시 어람용(御覽用) 의궤와 비어람용 의궤로 나눠진다. 어람용 의궤란 왕실의 의전행사에 참고하기 위해 왕이 친히 보던 의궤를 의미하고 비어람용 의궤는 그렇지 않은 의궤를 의미한다.
그러면 이러한 의궤가 어떻게 해서 프랑스에 가 있게 되었는가? 이 사실을 알기 위해서는 1866년의 병인양요로 거슬러올라갈 수밖에 없다.

대원군은 1866년 드디어 천주교에 대한 대탄압을 시작하였다. 그래서 당시 조선에 와 있던 12명의 프랑스 선교사 중에서 9명은 체포되어 순교하였고 나머지 3명은 조선탈출에 성공하였다. 이러한 박해의 소식은 … 프랑스 극동함대의 사령관인 로즈 제독에게 알려졌다. … 이에 로즈 제독은 그해 가을 7척의 군함을 이끌고 인천 외양(外洋)에 나타났다. 강화해협을 거슬러 올라와 강화도 서북단의 갑곶진에 상륙한 프랑스 군의 일지대(一支隊)는 부근의 고지를 점령하고, 다시 강화읍을 점령하여 병기와 서적 등을 약탈하였다(한우근의 한국통사).

이 약탈에 관해서는 "프랑스군은 강화성에 있던 장년전, 외규장각 등 공공시설에 불을 지르고 8,700권 이상의 서적과 3,800달러(당시 화폐가치)의 금은괴 등을 훔쳐 달아났다. 이때 훔쳐간 서적 가운데는 현존 세계최고 금속활자본인 〈직지심체요철(직지심경)〉이 포함되어 있다"는 정보가 있다.

이와 관련하여 서울대 이태진 교수는 1866년 병인양요 당시 강화도의 외규장각 소장품이 왕실관련 귀중품 99점과 도서 1,007종 5,607책이었다고 주장하며, 따라서 병인양요 때 프랑스가 약탈한 358점을 제외한 나머지는 모두 방화로 소실된 것으로 추정된다고 말하고 있다.

이러한 사실들은 한국과 프랑스의 외규장각 도서반환 협상과 관련하여 다음과 같은 사실을 시사하고 있다.

첫째, 병인양요 당시 프랑스가 어느 정도의 도서를 불태우고 어느 정도의 도서를 약탈해 갔는지 정확히 파악되어 있지 않다는 것이다. 따라서 협상대상인 191종 297권의 의궤가 프랑스가 약탈해 간 도서 전체인지는 불확실하다. 따라서 우선 이에 대한 검토가 필요하다. 그런 의미에서 '실사(實査)'는 매우 중요할 수 있다.[1]

둘째, 당시 프랑스의 행위는 전형적인 전시약탈행위인 것으로 보인다. 따라서 135년 전에 행해진 전시약탈행위에 대해 국제법이 어떻게 적용될 수 있는지를 검토해야 한다. 혹자(或者)는 전시약탈행위이기 때문에 당연히 반환되어야 한다고 할지 모르나, 국제법에서 이러한 행위에 대한 시효와 전례가 어떠한지 반드시 검토될 필요가 있다.

2) 협상의 계기: 서울대 규장각의 문제제기

1991년 서울대 규장각측은 규장각 도서를 관리하면서 강화도 외규장각에 있던 도서들이 병인양요 때 대량 불타고 일부는 프랑스로 반출된 사실을 확인하고, 프랑스 정부를 상대로 외규장각 도서의 반환을 요청하였다. 당시 규장각 관장이었던 서울대 이태진 교수는 "당시의 만행을 지휘관인 로즈 제독의 편지를 통해 확인했기 때문에 반환을 요청한 것"이라고 한다. 이 요청은 당연히 우리의 외무부를 통해서 이루어질 수밖에 없었고, 이에 외무부는 1992년 2월부터 프랑스 외무부와 접촉을 시작하였다. 그리하여 1992년 7월에는 반환

주1) 이러한 점에서 이 책의 분석은 191종 297권의 의궤에 국한시키기로 한다. 그러나 협상의 진정한 목적이 병인양요 당시 프랑스가 약탈해 간 모든 문화재의 반환이라면 우선 협상의 대상을 구체화시킬 필요가 있다. 이러한 점에서 협상이 시작된 지 7년, 병인양요가 일어난 지 135년이 지났음에도 불구하고 반환의 대상 자체가 명확하지 않다는 데는 만시지탄(晩時之歎)의 염을 금할 수 없다.

대상인 고문서의 목록을 전달하는 등 외교경로를 통한 구체적이고 공식적인 반환요청이 시작되었다.

이러한 반환요청은 당시 우리의 고속철 사업자 선정과 맞물리면서 복잡한 양상을 띠기 시작한다. 프랑스는 한국의 고속전철사업에 참여하기를 강력히 희망하였고, 자국의 TGV가 한국의 고속전철 사업자로 선정되기 위하여 당시 한국이 제기한 외규장각 도서반환요구에 긍정적인 태도를 보이기 시작한 것이다. 도서반환요구는 1993년 9월 서울에서 개최된 한·불 정상회담을 계기로 급속히 진행되었다. 프랑스의 미테랑 대통령은 이 정상회담에서 외규장각 도서의 반환에 원칙적으로 합의했기 때문이다.

곧 자세히 언급되겠지만 이 1993년의 한·불 정상회담에서 무엇이 합의되었는지는 매우 불확실하다. 이 불확실성이 그 뒤 진행된 7년간 반환협상의 성격을 결정하고 있다. 즉, '반환' 인지 '교류와 임대' 인지 지리한 논쟁을 유발하고 있는 것이다.

3) 협상과정 1: 미테랑 대통령과 합의한 원칙은 무엇인가

먼저 분명히 해둘 사항이 하나 있다. 필자가 입수한 자료만으로는 당시 김영삼 대통령과 미테랑 대통령이 합의한 원칙이 무엇이었는지 정확히 파악할 수 없었다는 것이다. 그만큼 당시 합의내용에 대한 보도는 편차를 가지고 있다.[2]

당시 두 대통령의 합의사항에 대한 자료는 다음과 같다.

A: 1993년 9월 서울에서 개최된 한·불 정상회담에서 양국 정상은 프랑스 파리 국립도서관이 소장하고 있는 외규장각 도서를 "교류의 방식으로 우리나라에 영구임대한다"는 '교류와 대여의 원칙'에 합의하였고, 이에 대한 실천의 상징으로 〈휘경원원소도감의궤〉 1권을 반환하였다.

B : 기타 언론은 각각 "영구임대 형식의 반환"에 합의, 혹은 "교류 방식에 의한 무기한 대여" 원칙에 합의, 혹은 "영구임대 또는 문화재 교류방식에 의한 반환" 약속을 받았다고 보도하였다.

C : 이번 합의(2001년 7월)를 주도한 우리 민간대표는 당시의 합의에 대해 "외규장각 도서문제와 해결은 문화재의 '상호교류와 대여'로 한다"는 원칙이 그때부터 정립되었다고 한다.

이 세 갈래의 정보는 당시의 합의사항이 정확히 어떠한 것이었나를 알기 어렵게 하고 있다. 사용된 단어만을 근거로 한다면 A와 B는 '반환' 쪽에 무게가 실려 있고, C는 '대여' 쪽에 무게가 실려 있다. 특히, 우리 민간대표는 당시의 합의사항이 구두로 된 것이었다는 견해마저 제시하고 있다. 그래서 당시의 합의사항을 복원하는 것이 무엇보다 시급한 과제이다.

그러나 당시 상황과 1991년부터의 진행과정을 볼 때는 다음과 같은 해석이 가능하다.

첫째, 당시 두 정상의 합의는 대여보다는 반환에 가까운 것이다. 이것은 두 가지 사실에 근거한다. 1991년부터 서울대가 외무부를 통해 프랑스에 요청한 것은 반환이지 대여가 아니라는 것이다. 즉, 프랑스측이 대여의 원칙을 고집했다면 우리와 합의할 수 없었으리라는 것이다. 이것은 고속전철 사업자 참여를 지원하기 위해 한국에 온 미테랑 대통령이 한 다음과 같은 말에서도 드러난다. 한 보도에 의하면 그는 "다른 나라로부터도 문화재 반환요구가 있었으나 모두

주2) 가장 바람직한 것은 당시의 합의내용과 관련 외무부가 정리한 문서를 보는 것이지만, 필자가 그 공적인 문서를 입수하는 것은 불가능했다. 그리고 한국의 문서를 보는 것이 가능하다고 해도 정확성을 기하기 위해서는 프랑스측의 관련자료도 검토해야 하는데 그 또한 쉬운 일은 아니다. 또 하나의 문제는 관련자료를 검토하는 과정에서 당시 두 대통령의 합의는 문서가 아니라 구두(口頭)로 한 것이 아니었냐는 의문이 든다는 것이다. 구두로 일반적인 사항만 합의하고, 세부적인 문제는 실무진에 일임한 것으로 보이기 때문이다.

거절했는데, 한국의 요구에는 응하기로 했다"는 말을 했다고 한다. 이것은 명백한 반환이지 않는가? 나아가 당시 미테랑 대통령은 약속에 대한 실천의 상징으로 〈휘경원원소도감의궤〉 1권을 반환하였는데, 이 문서를 반환하면서 그는 결코 이 의궤와 상응하는 가치를 가진 도서의 프랑스 대여를 요청하지 않았다.

둘째, 백번을 양보해서 대여라는 말이 원칙의 하나로 들어갔다고 해도 그것은 그 뒤 협상과정에서 제기된 '등가교환'의 의미는 아니었던 것 같다. 당시에 사용된 '대여'라는 말은 프랑스가 한국에 의궤를 반환하는 데 대한 외교적인 답례의 형태로 한국의 고문서나 문화재의 프랑스 전시가 바람직하다는 의미로 해석하는 것이 타당하다. 즉, 프랑스가 한국에 약탈문화재를 돌려주었다는 소문이 날 경우 프랑스가 다른 나라들로부터 지게 될 부담을 예상할 수 있었기 때문에 이를 무마하기 위해 '영구임대'니 '영구대여'니 하는 말을 사용할 수 있었다는 것이다.

셋째, 설사 대여가 하나의 원칙이었다고 해도 이 합의사항 어디에도 '등가대여' 혹은 '등가교환'이라는 말은 보이지 않는다. 따라서 이후의 협상에서 제기된 등가교환 혹은 등가대여는 양국 정상이 합의한 본래의 정신을 제대로 반영하지 못하고 있는 것으로 보인다.

4) 협상과정 2: 합의내용은 어떻게 변해갔나

당시의 정황으로 본 이러한 해석은 상당히 타당한 것으로 판단된다. 왜냐하면 이러한 합의가 있었던 그해(1993년) 11월 15일 한국은 외규장각 도서반환과 관련하여 프랑스에 다음과 같은 제안을 했기 때문이다. 즉, 프랑스가 외규장각 도서를 한국에 '영구대여'하고 한국은 프랑스에 다른 고서적을 '시한부 교체대여'하는 방안을 제시했기 때문이다. 다시 말해 한국 외무부는 프랑스의 입장을 배려하여 '반환' 대신 '영구대여'라는 단어를 사용하였고, 이 '영구대여'에 대한 답례로서 다른 고서적의 '시한부 교체대여'를 제시했다는 것이다.

이 제의에 대해 프랑스 정부는 같은 해 12월 22일 일정기간 시한을 정해 빌려주는 시한부 대여 형식을 취하되 자동연장이 가능하도록 하자는 방안을 제시해 왔다. 그 배경과 관련하여 프랑스는 "프랑스는 외규장각 도서를 영구히 임대해 주고 한국은 시한부로 프랑스에 대여해 주는 것은 형평에 맞지 않고 국내법 때문에 곤란하다"는 입장을 밝혔다. 이러한 프랑스의 제의 자체는 한국의 제의를 근본적으로 부정하는 것은 아니다. 프랑스가 자신의 제의를 성실히 지키기만 한다면 이 제의 자체는 '영구대여'와 큰 차이와 없기 때문이다. 하지만 프랑스는 '영구'라는 단어에 심한 알레르기성 반응을 보이면서 미테랑 대통령의 반환합의 자체를(필자의 해석이 맞다면) 그대로 따르지 않으려는 움직임을 보이기 시작한다.

해를 넘겨 1994년 10월부터 시작된 '시한부 교체대여'를 위한 한국측 도서목록을 검토하는 과정에 이르면서, 프랑스는 조금씩 자신의 입장을 알 듯 모를 듯 수정하기 시작한다. 1994년 10월 21일 한국측은 프랑스에 1차 도서목록을 제시하였다. 같은 해 12월 프랑스 도서전문가단이 방한하여 한국측 목록에 불만을 표시하고, 외규장각 도서와 등가등량(等價等量)의 도서를 요구하기 시작한다. '등가등량'이라는 표현은 이때부터 등장하기 시작한다. 1995년 1월 5일 한국은 제2차 도서목록을 제시하였고, 프랑스측은 이 목록에 대해서도 부정적인 의견을 제시하였다. 이후 프랑스측은 자국의 문화재보호법상 '영구'란 표현하에 이루어지는 반환은 있을 수 없다는 입장을 고집하기 시작했다.

이러한 주장은 1993년 양국 정상이 합의한 내용과 얼마나 다른 것인가? 미테랑의 약속은 '반환'이라는 필자의 정황해석이 맞지 않는다 해도, 이러한 주장은 미테랑 대통령이 보인 태도와는 전혀 상반되는 것이다.

5) 초기에는 순탄했던 한국의 대응

프랑스의 이러한 미묘한 입장변경에 대해 1995년 프랑스를 방문한 김영삼 대통령은 '외규장각 도서반환 합의사항의 이행부진'에 대한 한국정부와 국민의 우려를 전달하였고, 이에 대해 미테랑 대통령은 '약속은 지킨다'는 의사를 표시한 바 있다.

'외규장각 도서반환 합의사항의 이행부진'이란 표현은 당시 김영삼 대통령의 요청을 우리 언론에서 보도하면서 쓴 것이다. 이로 보건대 1993년 미테랑 대통령과의 합의사항이 '반환'이라고 해석하는 것이 여러모로 타당해 보인다. 또한 "약속은 지킨다"라는 미테랑 대통령의 말은 '반환' 약속을 지킨다는 것이지, '대여' 약속을 지킨다는 것으로 해석하기에는 다소 무리가 있다.

그러면 이러한 과정에서 한국은 어떠한 반응을 보였는가? 우선 한국은 프랑스측이 고집해 온 '등가등량의 원칙'을 일관되게 거부해 왔다. 미테랑 대통령이 합의한 내용과 일치하지 않는다는 것이다. 현재의 관점에서 보아도 이러한 입장을 일관되게 유지해 온 것은 높이 평가할 수 있다. 이 책의 제2부에서 이미 언급된 바와 같이 협상이 시작된 뒤 자신의 입장을 일관되게 유지하는 것이 협상력을 높이는 길이기 때문이다.

이와 함께 서울대 규장각측이 1996년 10월 외무부에 협상중단을 요청하였는데, 이러한 협상중단 요청 역시 매우 높게 평가할 수 있다. 때로는 협상을 거부하는 것이 협상력을 가장 높일 수 있는 방법이기 때문이다. 이 점 역시 이 책의 제2부에서 이미 설명하였다. 당시 서울대가 취한 협상거부 요청은 우리의 일관된 입장의 정점에 서는 것으로서, '반환'이라는 원칙을 어기면서까지 프랑스와 협상을 벌일 수 없다는 태도를 강력히 표시한 것에 다름아닙니다. 이러한 서울대의 태도에 힘입어서인지 프랑스는 1997년 3월 등가등량의 원칙을 고집하지 않고 다른 문화재와의 교환도 가능하다고 일시 태도를 바꾼 일도 있었다. 그러나 한국이 1997년 5월에 제시한 제3차 도서목록에 대해서도 프랑스는 거부하였고, 그 결과 협상은 일종의 교착상태에 빠졌다.

6) 정부간 협상에서 민간전문가 협상으로

이러한 교착상태에 돌파구가 된 것은 1998년 4월 런던에서 개최된 ASEM 회의였다. 이 회의에서 당시 김대중 대통령은 외규장각 문서의 반환을 촉구하자 시라크 프랑스 대통령은 "우리 정부는 고문서 반환요구를 긍정적으로 검토하고 있지만, 자국내 전문가들의 반대에 부딪혀 어렵다"는 반응을 보였다.

여기서 우리는 두 가지 중요한 사항을 명심해야 한다. 1993년 당시 도서의 반환을 합의한 두 당사자인 김영삼 대통령과 미테랑 대통령은 김대중 대통령과 시라크 대통령으로 바뀌어, 외형적으로 당시의 합의사항을 재해석할 수 있는 분위기가 되었다는 것이다. 이런 재해석은 2000년 10월에 결정적으로 드러난다(추후 설명). 또다른 하나는 시라크의 언급이다. 앞서 지적한 바와 같이 고문서 협상을 주도해 온 것은 프랑스 외무부가 아니라 사서와 민간전문가라는 것이 공식적으로 밝혀졌다는 것이다.

이와 관련하여 시라크 대통령은 외교교섭의 효율적 진전을 위해 양국의 전문가 논의를 제의해 왔고 한국은 이 제의를 수락하였다. '외교교섭의 효율적 진전'이라는 명분은 거절하기 힘들었기 때문이다. 하지만 이 수락은 한국으로서는 결코 이롭지 않은 것으로 드러났다.

이에 따라 한국 대표와 프랑스 대표가 1999년 4월 제1차 협상을 개시하였고, 그 뒤 세 번의 추가협상을 거친 뒤 마침내 제4차 협상에서 타결을 보기에 이르렀던 것이다.

민간전문가 협상에서 타결의 실마리를 잡은 것은 2000년 7월에 개최된 제3차 협상에서였다. 이 협상에서 양국의 전문가는 프랑스 국립도서관이 소장중인 외규장각 도서를 장기임대해 주는 대신, 그에 상응하는 도서들을 프랑스에 장기임대해 주기로 구두로 합의했는데, 이 방식을 프랑스가 추후 수용함으로써 협상의 돌파구를 찾았다는 것이다. 그리고 이러한 결과를 2000년 10월의 한·불 정상회담에서 추인함으로써 사실상 외규장각 문제가 해결되게 되었다. 그 뒤 2001년 제4차 회담에서는 이러한 사실들을 문서화함으로써 7년을 끈 협상이 종결되기에 이르렀다.

7) 협상의 결과는?

2001년 7월 30일 우리의 민간전문가 대표는 프랑스와 총7개항의 공동합의문에 서명하였다. 1-3조에서는 등가교환의 원칙을 확정하고, 4-7조에서는 실사와 그 방식을 결정하였다. 등가교환이란 프랑스에 있는 유일본 어람용 의궤를 '영구임대'의 형태로 들여오고 국내에 복사본이 존재하는 도서들을 주기적으로 대체하면서 임대한다는 것이다. 그 주요내용은 다음과 같다.

- 프랑스 국립박물관 소장의 어람용 의궤는 국내에 복본이 있는 비어람용 의궤를 대여
- 프랑스에만 있는 유일본에 대해서는 같은 시기(1630~1857년)에 만들어진 비어람용 의궤 중에서 한국에 복본이 여러 개 있

는 것을 상호대여
　－297권의 의궤는 한국 전문가들이 파리에 와서 편리하고 필요
　　한 시간만큼 실사를 하도록 합의
　－프랑스 소장 외규장각 도서에 대한 상세한 조사 시작
　－이러한 교환에 '유일본 우선원칙'을 문서화

　이 합의사항의 가장 큰 특징은 이것은 '교환'이지 결코 '반환'으로 볼 수 없다는 것이다. 1993년 미테랑 대통령이 이러한 결과를 예상하고 〈휘경원원소도감의궤〉 1권을 무조건 반환하였던가? 이 합의에 따르면 미테랑 대통령이 반환한 이 의궤에 대해서도 등가(等價)의 복본이 있는 의궤를 프랑스에 대여해 주어야 한다. 이것이 미테랑의 의도였던가? 아무리 양보해서 보더라도 1993년 당시의 상황을 점검할 때 이것이 미테랑의 진정한 의도였다고 보기는 어렵다.

　그렇다면 어디에서 잘못되었던 것일까? 가장 직접적인 계기는 1998년 4월 ASEM 회의인 것으로 보인다. 즉, 이 회담을 계기로 한국과 프랑스의 정부 간 외규장각 도서반환 협상은 민간협상으로 변하고 만다. 민간이 외규장각 도서에 대해 더 잘 안다는 명분은 부인하기 어렵지만, 이러한 합의에는 몇 가지 문제가 있다.

　첫째, 한국이 프랑스로부터 반환의 합의를 얻어낸 것은 민간 차원이 아니라 미테랑 대통령이라는 정부로부터였다. 따라서 외형적으로 프랑스 민간전문가는 정부의 그러한 약속으로부터 상당히 자유로울 수 있다. 얼마든지 미테랑 대통령의 약속을 재해석할 소지를 가질 수 있는 것이다.

　둘째, 민간전문가들이 도서반환에 반대한다는 사실을 알고 있으면서도 이들과 협상을 하기로 합의함으로써 프랑스 정부와 협상할 때 기대할 수 있었던 다소의 재량권을 기대할 수 없게 되었다. 즉,

민간의 강한 반대를 아무런 완충장치나 여과없이 그대로 수용할 수밖에 없었다는 것이다.

또다른 문제점은 1993년 양국 정상의 합의 이후 이 협상이 지나치게 오래 계속되었다는 것이다. 그 결과 외규장각 도서의 반환을 합의한 두 정상 대신 다른 대통령들이 이 문제의 실질적 해결을 위한 주역이 되었다는 것이다. 민간전문가가 협상에 나서지 않도록 협상이 조기에 종결되었거나, 정부가 계속하여 협상의 주체가 되었다면 지금과는 다른 결과를 가져올 수도 있었을 것이다.

양국의 협상전략 비교

1) 한국은 무엇을 잘못했나

맞교환 혹은 등가교환이 어떠한 문제점을 가지는지 여기서 다시 거론하지는 않겠다. 그러한 논의는 협상을 다루는 이 책의 범위를 지나치게 벗어나기 때문이다. 그래서 이러한 맞교환 혹은 등가교환이 애초 1991년 서울대 규장각이 문제를 제기할 때 바랐던 것은 아니었다는 것과, 1993년 김영삼 대통령과 미테랑 대통령과 합의한 것도 아니었을 가능성이 높다는 것만을 지적해 두려한다.

7년간의 협상을 돌이켜볼 때 왜 이런 결과가 나왔는지에 대해서는 협상론적인 관점에서 다음과 같이 말할 수 있다.[3]

우선 정부간의 협상에서 아쉽게 느껴지는 사항은 다음과 같다.

첫째, 협상의 기본원칙이 매우 불확실했다는 것이다. 이 기본원칙의 불확실성은 협상의 목적 자체도 제대로 설정되지 않는 결과를 가져왔다. 프랑스와 협상을 진행해 갈수록 협상의 목적이 '반환'인지 '교환'인지 불분명해졌다. 그래서 1993년 양국 정상회담 직후 왜 그 합의내용을 보다 빨리 구체화시키지 않았나 하는 아쉬움이 남는다. 다시 말해, 1993년 양국 정상이 합의한 것은 '교환'이 아니라 '반환'이라는 것을 조기에 문서로 남겼어야 했다는 것이다. 이것은 협상 전체를 관통하는 기본논리이기 때문에 이 문제가 분명하게 결정되지 않은 상태에서 협상을 계속해 나간 것은 한국의 전략적 실수라고 할 수 있다.

둘째, 한국은 협상과 관련된 시한설정을 제대로 하지 못했다. 즉, 이 문제를 빨리 끝내기 위해서는 한국이 고속전철사업자로 TGV를 선정하기 전에, 외규장각 도서반환에 대한 합의를 최소한 문서형태로 이끌어내었어야 했다는 것이다. TGV 선정이라는 경제적 실리를 취한 이후에도 프랑스가 고문서의 반환에 적극적이리라고 기대했다는 것은 너무 순진한 발상이다.

그 다음, 1999년부터 2년 동안 진행된 민간전문가의 협상과정을 돌이켜보면 협상론적인 관점에서 다음과 같은 문제점을 지적할 수 있다.

첫째, 우리 협상대표는 협상에 임하는 기본태도에서 매우 많은 논쟁거리를 가지고 있었다. 이 점은 다음 절에 자세히 분석되겠지만 기본적으로 우리 협상대표가 협상에 임하는 기본 시각은 정부간의 협상과정에서 프랑스가 계속하여 주장해 온 입장을 따르는 듯한 인

주3) 가장 먼저 지적하고 싶은 것은 1999년 민간전문가들이 협상을 시작하기 전까지는 상대적으로 비교적 합당하게 협상이 이루어졌다는 것이다. 여기서의 '합당하다'는 의미는 협상에서 우리가 뛰어난 협상력을 발휘했다는 것이 아니라, 이때까지는 힌국측이 1993년 양국 정상의 합의정신을 비교적 충실히 지켜왔다는 것을 의미한다. 입수가능한 자료에 의하면 이때까지 우리는 일관되게 등가교환의 방식을 거부한 것으로 드러났고, 프랑스측은 시간이 지날수록 등가교환의 방식을 더 강하게 주장해 왔기 때문이다. 상대적으로라는 단서를 붙인 것은 1999년 민간전문가에게 협상이 맡겨진 뒤의 협상경과와 비교해서 그렇다는 것이다. 즉, 절대적인 의미에서 우리 정부가 탁월한 협상력을 발휘했다고 하기는 어렵다는 것이다. 특히, 서울대 규장각측이 외무부를 통해 협상거부 의사를 밝힌 1996년부터 1997년초의 협상 상황은 상당한 아쉬움을 남게 한다. 다시 말해 1997년 3월 프랑스의 일시적 태도변화와 이에 근거한 제3차 목록제시(동년 5월)가 좀더 합당하게 이루어졌다면 지금과는 다른 결과를 이끌어낼 수 있지 않았나 하는 것이다.

상을 주고 있다. 그의 말대로 그가 협상의 원칙으로 '상호교류와 대여' 라는 원칙을 부여받았다면 그는 차라리 협상의 결렬을 선언하는 것이 나았을지도 모른다.

둘째, 민간의 협상대표이면서 이 문제의 직접 당사자라 할 수 있는 서울대 규장각측의 의견을 충분히 반영하지 못했다. 이것은 명백히 하나의 전략적 실수라고 할 수 있다. 프랑스는 파리 국립박물관 사서들의 의견을 거의 반영한 것 같지만, 우리 대표는 가장 중요한 원칙 문제에서 서울대 규장각의 의견을 반영하는 데 성공하지 못한 것 같다.

셋째, 처음 두 가지는 전략의 부족을 지적한 것으로 이해할 수 있다. 하지만 우리 협상대표는 논리도 부족했었던 것으로 보인다. 문화재 반환의 선례가 없다는 주장을 거듭 반복하고 있는데, 그것은 사실이 아니다(문화재 반환에 관한 선례는 참고자료 2 참조). 문제는 선례가 없었던 것이 아니라 선례가 없다는 변명으로 제대로 된 논리나 협상전략을 개발하지 않았다는 것이다.

넷째, 분명히 확인된 것은 아니지만 우리 민간대표가 협상의 타결을 서둘렀다는 지적이 있다. 자기 임기 내 혹은 언제까지 협상을 끝내겠다는 입장을 공공연히 밝히는 것은 협상에서 협상력을 약화시키는 결과를 가져온다. 만약 협상의 상대방이 이러한 시한을 사전에 알게 된다면 협상을 자기에게 유리하게 전개할 수 있게 된다. 이러한 사실은 제2부에서 이미 설명한 바 있다. 여하튼 우리 협상대표가 이런 태도로 협상에 임했다면 그는 불이익을 스스로 자초한 것에 다름아니다.

2) 프랑스의 뛰어난 협상전략

이러한 협상의 결과를 프랑스의 관점에서 해석하면 다음과 같이

정리할 수 있다.[4]

첫째, 앞에서도 지적한 바와 같이 프랑스는 외규장각 도서의 반환이라는 제안을 함으로써 TGV의 한국시장 진출에 유리한 분위기를 만드는 데 성공했다. 이는 협상전략에 있어서 일종의 '연계(linkage)'에 해당된다. 즉, 도서반환과 고속전철을 연계시킴으로써 단기적으로 한국의 TGV 선정이라는 가시적 결과를 만들어낼 수 있었다. 다시 말해 프랑스가 애초에 염두에 둔 것은 도서의 반환이 아니라 TGV의 한국진출이었고, 따라서 도서반환이라는 애드벌룬을 띠움으로써 소기의 성과를 거둘 수 있었다는 것이다. 한국은 그 진의도 모른 채 덩달아 프랑스를 따라간 꼴이 되고 말았다.

둘째, 프랑스는 미테랑 대통령의 '반환'이라는 발언을 7년이라는 시간을 배경으로 '교환'으로 재해석하는 데 성공하였다. 미테랑 대통령의 진의가 무엇이었는지는 아직 불확실한 면이 있지만, 한국측이 사실상 '반환'으로 받아들인 자기 대통령의 발언을 몇 가지 전략적 행위를 취함으로써 '교환'으로 변경하는 데 성공했다는 것이다.

이런 변경에 가장 크게 공헌한 것은 프랑스 국립도서관 사서들의 일관된 반대이다. 나중에는 미테랑 대통령마저 이 사서들의 반대 때문에 '약속'이 제대로 지켜지지 않고 있다는 말을 하기에 이르렀다. 협상의 관점에서 보자면 프랑스는 내부협상을 핑계로 외부협상에서 자신의 입장을 바꾸는 데 성공했다는 것이다(이중구조 게임). 사서들의 반대가 어느 정도 격렬했는가는 〈참고자료 1〉에 잘 나타나 있다.

그 다음 이러한 입장변경에 기여한 것은 프랑스 관리들의 자국법 핑계이다. 자신들의 법에 의하면 외규장각 도서는 프랑스 재산이기

주4) 단, 여기서의 해석은 입수가능한 자료에 의해서 이루어졌으며, 협상론적인 관점에 의거한 필자 개인의 의견임을 미리 밝힌다.

때문에 국외로 영구임대할 수는 없다는 것이다. 이런 평계로 그들은 한국측의 부단한 양보를 요구하였다. 반면, 한국은 상호교환을 위해 국내의 기존 문화재를 프랑스에 반출하기로 약속하였는데, 이는 현재의 문화재관리법에 정면으로 위배되는 것이다.

셋째, 위의 지적과 관련되는 것이지만 프랑스는 정부와 민간이 교묘하게 팀을 이룸으로써 협상에서의 시너지 효과를 최대로 할 수 있었다. 정부는 민간을 평계로, 민간은 자국법 혹은 자국의 관행을 이유로 한국에 대한 반환은 있을 수 없다는 태도를 계속해 왔던 것이다. 이는 민주주의 국가에서 항상 보여지는 것이기도 하지만, 우리는 그렇지 못했다는 점에서 매우 아쉬운 점으로 남는다.

넷째, 미테랑 대통령의 약속과는 별도로 프랑스는 자국이 보유하고 있는 도서를 한국에 반환할 수 없는 논리를 아주 절묘하게 개발해 왔다. 그 압권은 다음과 같은 기자회견이다. 1999년 10월 제2차 민간전문가 회담이 끝난 뒤 진행된 기자회견에서, "나치독일 점령치하에서 약탈된 유대인 소유 문화재를 돌려주듯이, 프랑스 함대가 강화도에서 약탈해 간 고문서도 반환해 주는 것이 당연하지 않느냐"는 한국 기자의 질문에 프랑스 대표 자크 살루아 감사원 최고위원은 거의 화를 낼 뻔하며 다음과 같이 답변하였다.

"원천적으로 비교할 수 없는 것을 비교하는 오류를 지적함으로써 질문한 사람에게 아픔을 주고 싶지 않다. 그런 시각은 문제해결에 전혀 도움이 되지 않는 매우 위험한 발상이다."

반환을 매우 위험한 발상으로 간주하는 협상대표에게 미테랑 대통령이 1993년 한국에 의궤 한 권을 반납한 것은 그러면 어떠한 발상인지 왜 물어보지 않았을까?

다섯째, 가능한 한 시간을 끌면서 협상의 쟁점을 바꾸는 데 성공하였다. 협상의 목적은 '어떻게 반환하는가' 여야 하는데, 시간이 지날수록 '반환이 아니라 영구임대'로 다시 '영구임대 대신 시한부 임대와 자동연장'으로, 그리고 이를 위한 '도서교환'으로 바뀌어갔다. 이러한 입장변경은 하루아침에 이루어진 것이 아니라 협상의 과정과 한국측의 도서목록 제안이 있을 때마다 단계적으로 조금씩 이루어졌다. 그리하여 최종적으로는 '등가교환'이라는 쟁점을 부각하기에 성공한 것이다. 티끌모아 태산을 움직인 형국이다.

1866년 프랑스 해군의 로즈 제독은 조선으로 함대를 출범시키면서 다음과 같은 호언장담을 했다.
"한발의 포탄으로 조선 정부의 간담을 서늘하게 하고, 두 발의 포탄으로 섭정 대원군을 항복시키겠다."
이 말이 그대로 살아남아 있었던가? 135년 뒤 프랑스는 자기 대통령의 약속을 시간을 끄는 지연작전과 절묘한 재해석, 그리고 민간전문가의 반대를 핑계로 제대로 지키지 않았고, 그 결과 우리가 약탈당했던 외규장각 도서는 '반환'이 아니라 '교환'의 형태로 국내에 들어오게 되었다.

민간전문가 협상대표의 협상관에 대한 조언[5]

1999년부터 시작된 민간전문가 협상의 한국측 대표는 협상의 해법 혹은 협상의 결과에 대해서 다음과 같은 입장을 밝히고 있다. 이러한 입장은 모 언론을 통해 발표된 것으로 협상론적인 관점에서 매우 흥미로운 사항들을 담고 있다. 그리고 이 입장을 하나하나 분석하면 왜 위와 같은 협상결과가 나오게 되었는지 그 배경을 이해할

주5) 여기에 제시된 글은 한국 민간전문가 협상대표의 견해에 대한 필자 개인의견임을 밝혀둔다.

수도 있음직하다.

한·불 정상회담으로 외규장각 문제의 해법이 제시됨에 따라 다양한 반응이 나오고 있다. 특히 반론을 경청하면서 문제해결의 본질적 두 차원을 검토하고자 한다.

하나는 프랑스가 병인양요 때 약탈해 간 297책 의궤를 돌려받는 ① 협상의 문제다. 협상은 전쟁과는 달리 대화를 요구한다. 따라서 주고받는 게임이 원칙이다. 무조건 반환받으라는 주장은 국민의 한 사람으로서 그 정서를 십분 동감하지만, 협상의 차원에서는 사실상 불가능한 것이 아닌가 한다. 더욱이나 ② 1993년 9월 미테랑 전 프랑스 대통령과 김영삼 전 대통령의 정상회담에서부터 외규장각 도서문제의 해결은 문화재의 '상호교류와 대여'로 한다는 원칙이 정립된 상태다.

이런 관점에서 우리측의 최우선 과제는 조선시대 임금이 친히 열람키 위해 특별히 제작된 어람용 의궤, 그 가운데서도 국내에 필사본이 없는 유일본을 어떻게 가져오느냐에 있다. 이것은 우리의 자존심과 문화주권을 위해서도 필수적이다. 그런데 ③ 프랑스는 그 유일본을 내줄 뜻이 없었고, 그런 상대와 씨름하면서 해결의 돌파구를 연 점은, 무조건 반환을 요구하는 국민기대에는 미치지 못하지만, 나름대로 최선을 다하려고 힘썼다고 감히 말하고 싶다.

그러나 두번째의 차원, 즉 역사인식의 문제도 매우 중요하다. 당장 이번 합의가 프랑스의 문화재 약탈행위를 정당화시켜 준다는 비판이 거세게 일고 있다. 도학적 명분론의 전통이 강한 우리 사회에서는 이런 비판이 더욱 힘을 받을 수도 있다. 이것은 충분히 예상했던 일이며, 협상 대표로서 이 점에 고심해 왔음을 밝힌다. 솔직히 말해 ④ 우리가 이런 명분론에 철저하려면 어떤 협상도 해서는 안 된다. 협상은 어차피 주고받는 게임이기 때문이다. 그러나 우리의 현실은 어떠한가? 다들 협상을 주문하면서도 협상을 부정하는 명분론적 비판이 여론을 주도하고 있다. 이것은 우리 문화의 커다란 취약점이자 딜레마가 아닐 수 없다.

하나의 대안은 협상과 역사연구의 양날개를 활용하는 데 있다. 이런 관점에서 한·불 협상대표는 1999년 4월 서울의 제1차 회담에서부터 양국간 권위있는 학자들에 의한 공동역사연구팀을 구성했으며, 현재 병인양요에 대한 두 권의 자료집과 학술대회 논문집이 나온 상태에 있다. 때문에 ⑤ 협상이냐 명분이냐의 양자택일 대신 유연성과 탄력성을 갖자고 호소하고 싶다. ⑥ 협상의 논리로 최선의 결과를 얻으면서 문화재 약탈의 진실을 밝히는 작업을 동시에 수행할 수 있다는 것이다.

아울러 협상대표로서 제기된 반론을 경청하면서 나름대로 입장을 피력하고자 한다. 우선 ⑦ 이번 한·불 정상합의가 1993년 '영구임대' 합의보다 퇴보한 것이라는 주장은 잘못된 정보 때문이라고 확신한다. 상호교류와 대여의 원칙이 빠진 영구임대는 우리의 희망을 담은 허구였다. '등가교환'이라는 주장도 정확치 않다. 어람용 의궤, 특히 유일본의 가치는 국내 학자들의 열띤 논의에 힘입어 현재 파리에서는 하늘로 치솟아 있는 상태다. 그 어람용 유일본과 국내에 여러 권 복본이 있는 비어람용 필사본을 교류하는 것이 어떻게 등가일 수 있는가? 이번 합의가 잘못된 선례를 남긴다는 주장도 냉정한 검토가 필요하다. ⑧ 우리가 해외 문화재를 무조건 반환받을 수 있다면 그 이상 좋은 것이 없다. 그러나 그런 사례는 매우 드물 뿐 아니라 우리가 이런 입장을 취하면 우리 해외문화재는 아예 숨어버릴 가능성이 크다. 때문에 실사구시의 전략과 지혜가 필요하다.

마지막으로 현안문제를 국제재판으로 끌고가자는 주장에 대하여 그렇게 해서 과연 무엇을 얻을 수 있는가 반문하고 싶다. 문화재 약탈을 규탄하는 국제적 양심과 규범은 있지만, 130년 전의 일에 관해 문화재 반환을 강제할 수 있는 국제법 장치는 없는 것으로 알려져 있다. 과연 조금이라도 승산이 있는가? 의미있는 대안이 되려면 훨씬 구체적인 논의가 필요할 것 같다.

1) 협상의 본질에 대한 잘못된 이해

협상이 전쟁과는 달리 대화를 요구한다는 것은 틀린 말이 아니다. 하지만 협상에서는 대화를 하지 않는 것이 가끔씩 필요할 수 있다. 자신의 최종안을 던져 놓고 상대편으로 하여금 수락하거나 거부하도록 선택하도록 하는 것이 가장 대표적인 것이다. 그러니 항상 상대편의 의견을 경청하고 존중하는 것만이 협상의 기본은 아니다. 또, '주고받는 게임이 원칙'이라는 것은 협상을 제대로 이해하지 못한 말로 판단된다. 물론 주고받는 과정을 통해 협상의 타결에 이르는 것이 맞지만, 때로는 주지 않거나 받지 않는 과정을 통해 협상이 타결될 수도 있기 때문이다. 때로는 협상을 거부하거나 상대편의 제안을 거부하는 것이 가장 바람직한 협상전략일 수도 있다.

그러므로 협상에 임했다고 해서 프랑스측의 견해와 우리 견해를 적당히 절충하는 것이 협상의 본질이 되는 것은 아니다.

2) '상호교류와 대여' 라는 원칙?

협상대표는 '상호교류와 대여' 가 1993년 정상회담에서 합의된 원칙이라고 주장하고 있는데, 만약 이 주장이 맞다면 그가 주도한 외규장각 도서반환 협상의 결과를 받아들일 수 없는 것은 아니다. 그러나 필자가 접해본 어느 자료에서도 '상호교류와 대여' 가 당시에 합의된 원칙이라고 명료하게 설명해 놓은 것은 없다. 오히려 당시 미테랑 대통령의 말과 한 권의 의궤를 반납한 행위로 미루어볼 때 '실질적인 반환' 이 당시에 이루어진 합의에 가깝지 않은가 한다. 이 문제는 정부 차원에서 한 번 충분히 검토할 만한 가치가 있다.

3) 지나친 틀 속에서의 오류

"프랑스가 유일본을 내줄 뜻이 없었고, 그런 상대와 씨름하면서 해결의 돌파구를 연 것"이라고 표현하고 있는데, 만약 그의 표현이 맞다면 그는 두 가지 잘못을 범한 것으로 보인다. 유일본을 내줄 뜻이 없는 상대와 주고받는 협상을 했다는 것이 첫 번째의 잘못이고, 그런 상대와 해결의 실마리를 열기 위하여 우리 것을 내주는 합의를 한 것이 두 번째의 잘못이다.

그의 이런 잘못은 우선 1993년 양국 정상의 합의를 지나치게 '상호교류와 대여'라는 틀 속에서 이해하려 한 데서 비롯된 것이다. 그리고 이러한 오해와 함께 협상이란 반드시 어느 정도 양보를 해야 하는 것이라는 다소 잘못된 협상관에서 비롯된 것도 없지 않다.

4) 주지 않을 수도, 받지 않을 수도 있는 것이 협상이다

"도학적 명분론에 철저하려면 어떠한 협상도 해서는 안 된다. 협상은 어차피 주고받는 제안이기 때문이다"고 주장하고 있는데 이는 틀린 말이다. 협상은 어차피 주고받는 것이 아니라, 제대로 된 협상을 위해서는 주지 않을 수도 있고 받지 않을 수도 있기 때문이다. 또한 명분에 철저하려면 협상을 해서는 안 된다고 주장하는데 협상과 명분론과는 아무런 상관이 없다. 이러한 주장은 합의에 이르기 위해서는 상대방에게 무엇인가 양보를 해야 하고 혹은 협상이란 무엇인가 구린 것을 포함하기 때문에 명분을 살리는 것과는 반대된 것이라는 잘못된 협상관에 기인하는 것이다.

협상대표의 위와 같은 주장에 대해 서울대 정옥자 교수는 다음과 같이 지적한다.

이 일은 '협상'이고 협상은 어차피 주고받는 게임이라는 주장도 위험한 발상이다. 문화재는 협상의 대상이 될 수 없다. 더구나 약탈문화재가 어떻게 협상의 대상이 될 수 있는가? 지금까지 문화재 반환을 위한 노력을 '협상'이라는 이름으로 진행해 왔다면 지금이라도 말을 바꿔야 한다. 협상이라는 용어에 자승자박하게 될까 우려된다.

정교수의 반박도 협상에 대한 부정확한 이해가 보이지 않는 것은 아니다. 예컨대 "문화재는 협상의 대상이 될 수 없다"는 표현이 그것이다. 그러나 여기서 말하는 협상이 우리 협상대표가 말하는 주고받아야 하는 의미에서의 협상을 말한 것이라면 이도 틀린 말은 아니다. 정교수의 말은 '문화재는 흥정의 대상이 아니다' 라는 의미로 해석되기 때문이다. 정교수의 말에서 정말 공감하는 것은 "협상이라는 용어에 자승자박한다"는 표현이다. 정교수의 말대로 우리 협상대표는 스스로 설정한 협상의 개념, 즉 주고받아야 한다는 것에 강박적으로 집착하고 마는 오류를 범한 것으로 보인다. 프랑스가 소유하고 있는 외규장각 도서는 주고받는 교환의 대상이 되어서는 안 된다는 것이다.

5) 협상은 명분의 반대말이 아니다

"협상이냐 명분이냐의 양자택일"이란 표현은 잘못된 것이다. 협상과 명분은 택일 사항이 아니기 때문이다. 명분을 지키기 위해서라도 협상에 나서야 할 경우도 있기 때문이다. 협상은 명분의 반대말이 아니다.

6) 잘못 이해된 협상의 논리

"협상의 논리로 최선의 결과를 얻으면서 문화재 약탈의 진실을 밝히는 작업"이라는 표현을 쓰고 있는데 이 역시 잘못된 협상관에 기초하고 있는 것이다. 그가 말하는 협상의 논리에 따른 최선의 결과란 반드시 우리 것의 일부를 줄 수밖에 없는 결과를 암시하는 것이고, 따라서 이것은 일반적인 의미에서 말하는 최선의 결과는 아니다. 그리고 문화재 약탈의 진실을 밝히면 외규장각 도서는 당연히 반환되어야 하는 것이지, 주고받으면서 상호교류와 대여를 할 필요는 없다.

7) 미테랑 대통령이 반환한 1권의 의궤를 어떻게 해석하는가

"상호교류와 대여의 원칙이 빠진 영구임대는 우리의 희망을 담은 허구"라고 주장하는데, 이 말은 앞에서 논의한 ②번과 함께 충분히 검토될 필요가 있다. 만약 이 말이 맞다면, 1993년 프랑스 미테랑 대통령 방한 당시 1권의 의궤를 반환한 것은 어떻게 해석해야 한단 말인가? 미테랑 대통령이 반환한 1권의 의궤에 상응하는 다른 의궤를 상호교류와 대여의 원칙에 따라 돌려주었다는 기사 혹은 정보는 어디에도 없다.

8) 문화재를 돌려받은 선례

우리의 문화재를 돌려받을 수 있는 선례가 매우 드물다고 하면서 미리 선을 그어버리는데 문화재를 돌려받을 수 있는 선례가 드물기는 하지만 '매우' 드물지는 않다. 그리고 선례가 매우 드물더라도 협상의 대표로서는 선례가 단 하나가 있더라도 그것을 한국에 적용시키는 방안을 검토했어야만 했다.

하지만 뒤의 〈참고자료 2〉에서 보는 바와 같이 문화재 반환의 사례는 결코 적지 않다. 협상대표에게 남겨진 과제는 이 사례들 중에서 우리에게 적용될 수 있는 사례를 선정하고 그 교훈을 우리의 협상에 반영하는 것이었다. 과연 그렇게 했던가?

또 하나의 기회, 라팔

맞교환으로 타결된 이 협상을 다시 시작하게 할 수 있는 방법은 없을까? 결론부터 말하자면 방법이 없는 것은 아니다. 그러나 재협상을 하기 위해서는 몇 가지 전제조건이 충족되어야 한다.

첫째, 2001년 7월에 이루어진 민간전문가 합의는 우리측 대표의 말대로 "이 합의문서는 협상대표가 정부에 하는 건의로, 최종 결정은 정부간의 합의에 의해 이루어질 것"으로 이해되어야 한다. 만약, 이 합의가 정부간의 공적인 성격의 것이고 이 합의를 정부가 거부할 수 없는 것이라면 사실상 더이상의 재협상은 없다고 보아도 무방하다. 그러나 우리측 협상대표의 말대로 "최종결정은 정부가 내리는 것"이라면 재협상의 가능성은 있다. 그럴 가능성이 있는지는 모르겠지만 만약 그렇다면 정부는 민간협상대표의 의견을 수렴하지 않고 합의를 부인하면 된다. 하지만, 2000년 한·불 정상회담에서 맞교환의 방법을 추인해 준 만큼 이 방법에 다소의 무리가 따를 수도 있다. 그럴 경우에도 방법이 없는 것은 아니다. 2003년 새 정부가 들어서면 과거 프랑스가 한 방법을 원용하여 다시 재해석을 시도할 수 있기 때문이다.

둘째, 재협상이 이루어지기 위해서는 2001년 7월에 이루어진 합의에 대해 서울대 규장각과 시민단체 등에서 강력한 반발이 있어야 한다. 이러한 반발은 정부가 체면을 구기지 않고 자연스럽게 민간전문가의 합의를 거부할 수 있는 빌미를 제공한다. 그런 점에서 연세대 조하현 교수의 외규장각 도서반환 촉구운동은 주목할 만하다. 즉, 이러한 방식은 프랑스가 한 번 사용한 것으로 우리도 다음과 같이 말하면 된다. "2001년 7월의 합의를 추인하고 싶으나 워낙 국민들의 반대가 심하기 때문에 어렵다." 즉, 내부협상을 핑계로 외부협상의 분위기를 바꾸면 되는 것이다.

어떤 과정을 거쳤건 재협상이 가능하게 되었다면 그때는 다음과 같은 전략을 반드시 고려해야 한다.

첫째, 미테랑과 김영삼 대통령과의 합의사항이 외교문서로 어떻게 정리되어 있는지, 혹은 그 합의사항이 어떻게 이해되고 있는지 반드시 확인해야 한다. 그래서 그때의 합의사항이 반환을 중심으로 한 것이라면 협상을 그대로 진행하고, 상호교류와 대여를 중심으로 한 것이라면 협상을 중단하는 것도 하나의 방법이다. 만약, 협상을 중단하지 않는다면 협상의 목적을 상호교류와 대여에 두지 말고 의궤의 실사를 위한 절차에 두는 것도 고려해 볼 만하다.

둘째, 프랑스 파리 국립대학교 사서들과 같은 위치를 차지하는 국내의 전문가들, 예컨대 서울대학교 규장각 사서와 관장, 정신문화연구원 사서들을 협상의 과정에 포함시키는 메커니즘을 만들어야 한다. 이들의 의견을 반영하지 않는 혹은 반영되지 않는 협상이란 사실상 반쪽협상에 불과하기 때문이다.

셋째, 위에서도 강조했지만 한국이 원하는 대로 반환의 형태로 협상이 진행되지 않는다면 구태여 협상을 진행해 나갈 필요가 없다. 다시 한번 강조하지만 협상은 반드시 주고받을 필요가 있는 것이 아니며, 때로는 협상을 거부하는 것이 가장 협상을 잘 하는 것이 될 때가 있다는 것을 이해해야 한다.

이렇게만 진행된다면 이제 시간은 우리의 편이 아닐까?
최근 주요 잡지에는 다음과 같은 광고가 실리고 있기 때문이다.
"한국의 차세대 전투기는 최신의 무기를 탑재할 수 있어야 합니다. 프랑스 전투기 라팔"

바야흐로 한국의 차세대 전투기 사업이 시작되고 있고 거기에 프랑스의 라팔 전투기가 후보의 하나로 오르고 있지 않은가? 기회는 기다리는 사람의 편이라고 했다. 고속전철 사업자 선정 당시 TGV를 선정해 주고도 외규장각 도서를 반환받지 못한 실수를 다시는 저지르지 말아야 한다. 아니나 다를까? 벌써 라팔 전투기를 만드는 다쏘사에서는 외규장각 도서의 반환을 도와주겠다는 사탕발림을 하고 있다.

기회는 다시 온다. 만약 재협상이 이루어질 수 있다면 이번에는 아예 차세대 전투기 사업의 기종을 확정하기 전에[6] 외규장각 도서 반환을 이루는 것이 어떨까? 고속전철 사업자 선정 당시는 프랑스가 멋있는 연계전략(linkage)을 했다면 이번에는 우리의 차례가 아닐까? 그러면 라팔 전투기를 차세대 전투기로 해야 되는 것 아니냐고?

에이 순진한 사람.

그거야 우리 공군이 알아서 할 일이 아닌가?

주6) 2002년 4월 초순 차세대 전투기 기종은 미국의 F-15K 전투기로 거의 결정된 것 같다. 하지만 그렇다고 해서 '라팔'을 지렛대로 한 재협상의 가능성이 없는 것은 아니다. 차차세대 전투기 사업도 있을 수 있으며, '일부의 주장대로' 프랑스 전투기를 차세대 전투기의 일부로 고려할 수도 있기 때문이다. 가장 중요한 점은 과연 우리 정부가 차세대 전투기사업을 외규장각 도서반환과 연계시킬 의사가 있는가 하는 점이다.

참고자료 1

프랑스 사서의 울고불고하는 반대

　1993년 미테랑 대통령이 김영삼 대통령과 정상회담을 할 당시 미테랑 대통령은 한국에 대한 외규장각 도서 반환을 약속한 뒤 "우선 상징적으로 외규장각 도서 두 권이 한국에 도착할 것"이라고 밝힌 바 있는데 실제로는 한 권만 반환되고 말았다. 그 이유는 아직 정확히 밝혀진 바 없고 한국도 거기에 대해 어떠한 이견을 제시한 바도 없다. 이와 관련, 미테랑 대통령의 반환약속이 있은 뒤, '파리 국립도서관의 담당사서 2명이 결사적으로 반환 예정도서를 내놓지 않겠다며 울음을 터트린 뒤 끝내 사표를 던진' 일이 발생했다. 한국에 대해 '등가등량'의 교환을 요구한 것이 프랑스 도서전문가단이라는 것을 고려할 때, 이들 사서 혹은 민간전문가들은 처음부터 미테랑 대통령의 약속을 탐탁치 않게 여겼고, 기회만 있으면 그 약속을 무효화시킬 방안을 찾아왔다고 할 수 있다. 너무 지나친 논리일까?

참고자료 2

문화재 반환의 선례^{편집자주)}

1) 프랑스와 독일의 사례

프랑스는 독일과의 교섭을 통해 모네(Monet), 고갱, 세잔느, 르느와르의 그림 등 여러 문화재를 무조건적으로 돌려받았다. 프랑스는 동 미술품의 소재를 파악한 직후인 1975년부터 동독 정부에게 반환을 요구하였고 1990년 독일통일 이후부터는 독일 정부에 대해 반환을 요구하였다. 결국 1994년에는 독·불 정상회담을 통해 독일의 헬무트 콜 총리가 미테랑 대통령에게 모네의 그림 등 28점의 미술품을 반환하였다. 그리고 콜 총리는 "교환이 아니라 순수한 선물"임을 강조하였다. 이는 약탈문화재가 교환의 대상이 아니라 무조건적인 반환이어야 한다는 좋은 선례인 것이다. 당시 프랑스의 주요 일간지인 《르몽드》는 "나치에 의해 도둑맞은 모네의 작품이 프랑스에 반환되다"라는 제목으로 보도하였다.

민간인에 대한 문화재 반환도 가능하다. 1992년 독일 정부는 소유하고 있던 악보가 이미 작고한 프랑스 작가의 소유라는 것이 밝혀지자 미망인에게 그 악보들을 반환하기도 하였던 것이다. 게다가 최근 프랑스 법원은 독일의 〈라우 컬렉션〉이 프랑스 파리의 '뤽상 박물관'에서 전시하던 인상파 화가 폴 세잔의 그림을 압류한 바 있는데 그 이유는 그 그림이 약탈문화재일 가능성이 있다는 것이었다.

2) 약탈된 문화재의 반환사례

문화재 약탈 및 강제점유행위는 국제적으로 비난받아 마땅하며 피해국가의 노

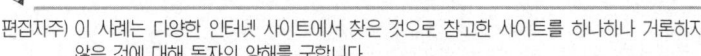

편집자주) 이 사례는 다양한 인터넷 사이트에서 찾은 것으로 참고한 사이트를 하나하나 거론하지 않은 것에 대해 독자의 양해를 구합니다.

력에 의해 반환된 경우도 상당히 많다.

예를 들면 1867~1868년 영국이 에티오피아를 무력 침공하였을 때 약탈한 문화재(황제의 왕관, 직인 및 문서 등)가 4차례에 걸쳐 반환되었다. 특히 1924년에 에티오피아의 셀라시에 황제가 영국을 공식방문하였을 때 조지 5세로부터 약탈문화재인 왕관을 '선물'의 형식으로 반환받은 바 있다. 또한 1965년에도 영국 엘리자베스 2세의 에티오피아 방문시에도 왕관과 옥쇄를 선물의 형식으로 반환하였다.

그리고 1900년 중국 의화단 사건 때 프랑스군과 독일군이 베이징 관상대의 천문기들을 약탈해 갔었는데 국제적 비난에 못 이겨 프랑스는 1902년, 독일은 1921년에 각각 반환했던 사실도 있다.

1950년에는 라오스의 예술품을 반환하기 위해 프랑스는 라오스와 협정을 맺은 바 있고, 1968년에는 약 300여 점의 그림을 반환하기 위해 프랑스가 알제리아와 협정을 체결하였다. 프랑스는 1980년에 바빌론 법규 유적을 반환하기 위해 이라크와 협정을 맺었다. 1981년 프랑스 법원은 불법거래에 의한 것으로 밝혀진 이집트의 고대 동상(statue)을 이집트에게 반환하라는 판결을 내린 바도 있다.

1971년 덴마크는 무려 250년 전에 가져갔던 주요 문화재(중세 고서)를 아이슬랜드(Iceland)에게 돌려주었다. 미국의 브루클린 박물관은 1973년에 과테말라에게 문화재(돌기둥)를 반환하였고, 1974년에는 미국의 뉴악(Newark) 박물관은 시리아에게 5세기의 고 미술품을 반환하였다.

3) 정상적인 방법으로 취득된 문화재 반환사례

약탈된 문화재의 원상회복은 지극히 당연한 것이며 비록 정상적인 방법으로 취득한 타국의 문화재일지라도 하더라도 원 소유국의 적극적인 노력에 따라 반환된 경우도 있다. '벨기에·자이르(콩고)의 문화재 반환'의 경우가 대표적이다.

1908~1960년 사이에 콩고(Congo Free State)는 벨기에의 식민지였다. 실제로 벨기에는 1885년부터 콩고에 대한 지배력을 갖고 있었으며 당시 벨기에 국왕이던 레오폴트 2세는 아프리카 전역에서 문화재를 수집하여 1894년의 앤트워프

세계박람회에 전시하였다. 그리고 그는 1908년에 '벨기에 콩고 박물관'을 세웠고 그것이 1960년에는 '중앙아프리카의 왕립박물관(MRAC)'으로 바뀌게 된다. 그 박물관의 모든 소장품들은 약탈, 착취, 절도가 아닌 정상적인 방법(구매, 기증 등)에 의해 반입된 것이었다.

1960년 국가독립 직후부터 콩고 정부는 MRAC에 대해 문화재반환을 강력히 요구하였고, 1970년에 '벨기에·자이르 문화협정'을 체결한 뒤 1973년 10월에는 자이르의 모부투 대통령이 UN총회에서 문화재의 원상회복을 호소하기도 하였다. 결국 벨기에는 1977~1979년 사이에 5회에 걸쳐 892점의 문화재를 반환하였고 후진국으로서 재원이 넉넉하지 못한 자이르의 문화재보존을 위해 재정, 기술적 지원을 하게 되었다.

2

IMF와의
자금지원조건 협상[7]

1997년 12월 5일 오전 8시 35분(미국 현지시간) 스탠리 피셔(Stanley Fisher) 당시 IMF 수석부총재는 워싱턴 D.C.의 IMF회의실에서 기자회견을 가지고, IMF 상임이사회가 그 전날 총 210억 달러에 달하는 3년간의 대기성 차관자금을 한국에 공여하기로 결정했다고 발표하였다. 이와 함께 세계은행의 지원금 100억 달러와 아시아개발은행의 지원금 40억 달러가 추가로 제공될 것이고, 주요선진국들은 필요할 경우 200억 달러를 초과하는 금액을 한국에 추가로 지원할 것이라고 발표하였다(여기서 제시된 금액이 그대로 이행될 경우

주7) 한국과 IMF와의 자금지원조건 협상에 대한 분석은 협상이 타결된 다음 해인 1998년 3월에 쓴 것이다. 전반적으로 딱딱한 문체이지만, 그 당시의 긴장감을 살린다는 차원에서 몇 군데를 제외하고는 문장을 크게 수정하지 않았다. 또한 협상에 대한 분석과 함께 자금지원조건에 대한 언급도 포함되어 있지만, 이 언급 역시 크게 수정하지는 않았다. 하나의 좋은 교훈이 될 수 있기 때문이다.

한국이 지원받게 되는 총 금액은 550억 달러를 넘게 된다).

그는 이어 한국이 이 자금을 지원받는 대가로 자국의 경제개혁에 대한 프로그램을 제출하였으며, 이 프로그램이 반드시 실행되리란 약속을 한국으로부터 받았다고 발표하였다.

협상의 대상: 자금지원조건

이러한 IMF 자금지원을 받기 위하여 한국은 다른 나라의 경우와 같이 IMF 자금지원조건(Conditionality)을 받아들여야 했다. 다시 말해 IMF로부터 돈을 빌리는 대가로 몇 가지 경제적 약속을 해야 했다는 것이다.(IMF 자금지원조건의 일반적인 성격에 대해서는 참고자료 1 참조).

그러나 그 지원조건의 범위와 규모는 예상을 초월할 정도로 엄청나다. 비단 재정금융정책에 대한 약속뿐 아니라 기업의 지배구조와 구조조정 그리고 무역자유화와 노동시장의 개혁까지 약속해야 했다. 물론 우리가 스스로 하지 못한 개혁을 강요받는 측면도 없지는 않지만, 그 범위와 강도는 우리 국민들의 뼈아픈 고통과 인내를 강요하는 것이 아닐 수 없다.

이러한 자금지원조건은 IMF와의 협상에 의해서 결정되는 것이다. 그러면 어떠한 과정을 거쳐서 협상이 이루어졌기에, 또 어떠한 요인들이 작용하였기에 이러한 결과가 나오게 된 것일까?

1) 일반적인 IMF 자금지원조건의 협상과정

IMF 자금지원 대가로 자금의 수혜국에게 요구하는 자금지원조건은 IMF에 의해서 일방적으로 부과되는 것처럼 보여진다. 그러나 자금지원조건은 사실상 지원을 요구하는 국가와 IMF의 협상에 의해 결정된다. 그리고 그 일반적인 과정은 다음과 같다.

회원국이 IMF에 자금지원을 요청할 경우 협상은 IMF의 실무협상단(missionaries: 부총재 산하의 직원으로 구성)과 회원국의 고위관리 사이에서 진행된다. 여기에서 협상이 타결될 경우 그 결과는 IMF 총재(Managing Director)가 의장으로 있는 상임이사회(Executive Board)에 회부되고 여기에서 승인이 날 경우 회원국에게 약정된 자금이 지원된다(IMF 조직은 그림 1 참조). 그리고 이 협상의 결과는 대개 자금신청국의 의향서(letter of intent)로 요약되고, 이에 의거하여 대기성 차관협약이나 확대협약이 체결된다.

당연한 말이지만 이러한 협약이 체결되지 않을 경우 자금신청국은 필요로 하는 자금을 빌릴 수 없다. 그런 점에서 협상의 주도권은 IMF가 쥐고 있는 것처럼 보여진다. 하지만 협상과정에서 항상 IMF가 주도권을 지는 것은 아니다. 협상은 IMF와 자금신청국 양자를

〈그림 1〉 IMF 조직도

벗어나 보다 복잡한 요인에 의해 영향을 받는다. 가장 중요한 것은 ① IMF 내부의 협상에 대한 선호구조, ② 총재의 역할, ③ 자금신청국과 미국과의 관계 등이다. 자금지원조건의 협상과 관련된 다양한 요인들은 〈참고자료 2〉를 참조하기 바란다.

2) 일반적이지 않았던 한국과의 자금지원조건 협상

외형적으로 볼 때는 우리의 자금지원 협상도 위에서 설명한 보통의 경우와 별다른 차이가 없었다. 한국이 자금지원 요청의사를 밝힌 뒤 IMF의 협상팀이 내한하여 우리의 고위관리와 협상을 하였고, 또 미셸 캉드시 총재가 협상의 진행과정을 사실상 진두지휘하였으며, 그 결과가 한국의 의향서로 정리된 뒤 마지막으로 IMF의 상임이사회가 이러한 결과를 승인했다는 점에서 그러하다.

그러나 실제적으로는 그 내용과 형식에 있어서 다음과 같은 차이를 발견할 수 있다.

첫째, 협상기간이 불과 8일에 불과하다는 점에서 협상이 유례없이 신속하게 이루어졌다는 점이다. 아무리 IMF가 정기적으로 회원국의 경제상황을 점검하고 있다고는 하지만 불과 8일이라는 짧은 시간에 한 나라의 경제상황을 점검하고, 당면한 위기를 극복하기 위한 개혁프로그램을 마련하기란 매우 어려운 일이라 하지 않을 수 없다. IMF도 한국에 대한 협상의 타결이 '전례없이 빠른 속도로 (unprecedently rapid speed)' 진행되었다고 시인하고 있다. 협상기간이 매우 짧았다는 점은 한국에 대한 자금지원조건이 한국의 실정을 제대로 반영하지 못했을 수도 있다는 가능성을 가진다. 이 점은 나중에 재협상을 주장하는 근거가 되기도 한다.

둘째, 협상에 따른 자금지원 규모는 IMF역사상 유례가 없을 정도로 대규모이며, 자금의 초기공여도 다른 여타의 프로그램과는 달리 한국의 대통령선거를 전후하여 불과 1개월 사이에 이루어지게 되었다는 것이다. IMF는 이와 관련해서는 한국이 직면한 상황이 매우 심각하며 보통의 경우와는 다른(extraordinary) 상황이었다는 것을 강조하고 있다.

셋째, 보통의 경우와는 달리 협상이 안정적이지 못한 상태에서 이루어졌다는 것이다. 협상의 불안정성은 두 가지 측면에서 파악할 수 있다. 먼저, 보통의 경우와는 달리 미국의 개입이 상당히 직접적이었다는 것이고, 이와 함께 협상의 최종타결이 임박한 시점에서도 IMF 총재를 통한 추가적인 요구사항이 계속 제시되었다는 것이다. 이러한 협상의 불안정성 때문에 1997년 12월 5일 IMF가 한국에 대한 지원을 공식 발표한 뒤에도 실무협상단은 한국에 남아 한국의 개혁약속에 대한 시간표 작성을 계속하고 있었던 것이다.

그러면 이러한 협상이 체결되게 된 요인, 다시 말해 어떠한 요인들이 작용하여 이러한 성격의 협상이 체결되었는지 한번 점검해 볼 필요가 있다.

자금지원조건 협상에 영향을 미친 요인들

1) 한국의 폴백, 국가부도

우리는 이 책의 제2부 협상의 대안을 설명하는 과정에서 협상당사자의 협상력은 협상이 타결되지 못했을 경우 어느 쪽이 더 큰 피해를 볼 수 있느냐에 따라 결정된다고 설명하였다. 이것을 우리는 '폴백(fallback)'으로 표현했다. 즉, 협상이 결렬될 경우 어느 한쪽이 치명적인 피해를 입을 수 있고, 이런 사실을 협상의 상대방이 알고 있다면 협상은 당연히 치명적인 피해를 입을 수 있는 쪽에 불리하게 진행될 수밖에 없다는 것이다.

한국은 11월 21일 IMF에 대해 공식적인 자금지원을 요청하였다. 그리고 협상은 11월 26일부터 시작되었기 때문에, 실질적인 협상기간은 12월 3일까지 불과 8일에 불과하였다. 이렇게 협상기간이 짧아지게 된 결정적인 이유는 IMF에 자금을 지원할 당시의 한국 경제사정이 극도로 나빴고 그 사실을 IMF가 알고 있었기 때문이다. 한국의 한 관리는 협상이 진행되는 동안 그 협상진행을 "국가부도가 먼저냐 협상타결이 먼저냐고 서로 달리기를 하는 형국이었다"고 표현하고 있다. 달리 말해 한국의 협상결렬의 피해는 국가부도였다는 것이다. 협상이 진행되던 12월초 한국의 외환보유고는 불과 60억 달러에 불과하였고, 이러한 상황에서 한국에 유리한 조건을 이끌어내기는 사실상 불가능했다고 할 수 있다.

2) IMF의 폴백, 국제금융시장 불안정

하지만 국가부도라는 한국의 폴백이 한국에 반드시 불리하게 작용한 것만은 아니다. IMF의 입장에서 볼 때는 더 가혹한 개혁프로그램을 요구할 수 있었음에도 불구하고 한국의 절박한 경제사정 때문에 또 그로 인한 짧은 협상기간 때문에 더 무리한 요구를 할 수 없었다는 측면도 있었다. 그것은 IMF 또한 협상결렬의 피해를 우려하고 있었기 때문이다.

이코노미스트(Economist) 지의 분석대로 IMF는 한국이 국가부도가 날 경우 그것이 세계경제에 끼치는 악영향을 크게 우려하지 않을 수 없었다. 당시 한국의 경제규모는 태국과 말레이시아 그리고 인도네시아를 합친 것과 비슷했기 때문에, 한국의 국가부도는 일본에 심각한 영향을 미칠 수밖에 없었고 만약 일본이 이러한 여파를 순조롭게 흡수하지 못한다면 그 충격은 즉각 미국에 전파되어 미증유의 대혼란으로 발전될 가능성이 있었기 때문이다. 물론 그 가능성은 그리

크지 않았지만, IMF 고유의 임무가 바로 그러한 실낱 같은 가능성이라도 미연에 방지하는 것이기 때문에 IMF로서도 협상의 타결을 서두르지 않을 수 없었던 것이다. 한편, 한국으로서는 그러한 IMF의 입장을 이해했다 하더라도 그것을 통해 한국의 협상력을 높이기는 어려웠다. 한국의 국가부도는 눈앞에 임박한 것이지만, IMF가 우려하는 미증유의 혼란은 보다 장기적인 문제였기 때문이다.

결론적으로 IMF와의 협상결과는 우리에게 아주 가혹한 것이지만, 협상기간이 좀더 길었다면 더 가혹한 결과가 나올 수도 있었다. 그런 점에서 IMF의 폴백은 우리에게 유리하게 작용하였다.

3) 미국의 직접적 개입

한국의 절박한 사정 때문에 협상은 시작된 지 5일이 지난 11월 30일 경 거의 타결단계에 들어서고 있었다. 그러나 그날 오전 데이비드 립튼 미 재무차관이 협상에 간접적으로 개입하기 시작함으로써 협상은 복잡해지기 시작했다. 협상단장인 당시 휴버트 나이스 아시아 태평양지역 국장은 립튼이 도착한 뒤 새로운 제안들을 내놓기 시작하였고, 그 제안은 립튼의 요구 혹은 립튼과의 협의를 거친 것처럼 보이기에 충분하였다.

IMF의 조직 구조상 협상실무단은 미국을 위시한 G5의 견해를 반영할 수밖에 없게 되어 있다(참고자료 2 참조). 그러나 그 견해반영은 어디까지나 협상프로그램의 승인을 둘러싼 과정에서 일어나는 것이다. 또, 그러한 견해반영이 협상과정에서 일어난다 하더라도 협상프로그램의 세부적인 문제까지 거론되는 것은 다소 예외적인 일이다. 하지만 미국은 립튼 차관을 통하여 협상프로그램의 세부적인 문제에까지 간여하였다.

협상과정에서 행해진 이런 개입에 비판적인 의견을 가질 수 있다. 하지만 미국의 명료한 개입이 없었더라도 이 프로그램에 미국의 요청이 포함될 수밖에 없다는 것은 IMF 구조상 너무나 당연한 일이다. 사실상 미국은 IMF의 오너이기 때문이다.

4) 소원했던 미국과의 관계

문제는 한국이 IMF에 공식적인 자금지원을 요청하기 전 미국, 일본, 심지어는 중국에까지 쌍무적인 지원을 요청했을 때, 그 요청이 미국의 압력에 의해 거부되어 버린 점이다. 미국은 시종일관 IMF로 갈 것을 요구하고 있었던 것이다. 돌이켜볼 때 당시 미국이 한국에 충분한 유동성만 지원해 주었더라도 한국은 IMF로 가지 않을 수도 있었다. 혹은 어쩔 수 없이 IMF로 가야 했더라도 미국과의 관계가 조금더 원만했더라면 자금지원조건 협상에서 다소 덜 불리한 결과를 기대할 수도 있었던 것이다. 그래서 당시 한국과 미국이 왜 그토록 소원한 관계에 있었는지는 매우 궁금한 일이 아닐 수 없다.

여하튼 IMF 협상에 영향을 미치는 정치적인 고려라는 측면(참고자료 2 참조)에서 볼 때 미국과의 소원한 관계로 인하여 한국은 자금지원조건 협상에 있어서 지극히 불리한 위치에 놓일 수밖에 없었다.

5) IMF 총재와의 관계, 신뢰성 문제

IMF와의 협상과정에 있어 미셸 캉드시 총재는 여타의 경우와는 조금 다른 역할을 수행하였다. 그는 1997년 11월 16일 비밀리에 한국을 방문하여 당시 경제부총리와 한국의 IMF행에 사전적인 합의를 했다. 시사저널 지의 보도에 따르면 당시의 합의 분위기는 상당히 우호적이었고 그 합의대로 11월 19일 IMF에 자금지원을 요청했더라면 지금 우리가 알고 있는 프로그램과는 다른 프로그램이 작성될 가능성도 있었다.

IMF 총재는 협상프로그램의 조정자 역할을 맡는다는 점에서 이런 지적은 상당한 설득력을 가진다(참고자료 2 참조). 사실 IMF 자금지원 요청이 애초의 합의보다 늦춰짐으로써, 11월 20일로 예정되었던 실무협상단 한국방문은 취소되었고 이 사실은 즉각 루빈 미 재무장관의 공개적인 '한국의 IMF행' 요구가 나오기에 이르렀던 것이다. 이런 점에서 한국은 IMF와의 협상에서 실무진의 우호적인 분위기를 이끌어내지 못했을 뿐 아니라, 오히려 IMF 총재에게 한국의 정책집행에 대한 불신감을 심어주기에 이르렀던 것이다.

대통령 후보에게까지 프로그램의 이행약속을 요구한 것은 IMF의 지원규모에 비추어볼 때 일견 납득할 만한 점이 없는 것은 아니지만 근본적으로는 한국의 정책집행에 대한 불신을 반영한 것에 지나지 않는다. 그리고 이러한 요구가 IMF 총재에 의해서 제기되었다는 점에서 그가 경험한 한국의 약속파기(11월 16일의 약속)와 전혀 무관하다고 할 수는 없을 것이다.

6) 종합적인 분석

이같은 설명을 배경으로 우리의 자금지원조건 협상에 영향을 끼친 요인들을 정리하면 〈그림 2〉와 같이 요약된다. 이 그림에서 보는 바와 같이 자금지원조건 협상 과정에서 한국에게 유리한 점보다는 불리한 점이 많았던 것으로 분석된다.

불리한 점으로는 IMF 자금신청 당시의 경제상황이 열악하였고 미국과의 관계도 좋지 않았으며 협상의 과정에서 IMF 총재의 신뢰마저 사지 못했다는 점을 들 수 있다. 나아가 촉박한 협상일정 때문에 IMF 내부의 협상 선호구조 차이를 활용할 수 없었다는 것도 아쉬운 점으로 남는다. 그러나 한국의 협상과정에서 한국에 가장 불리했던 것은 한국의 폴백이었다. 8일간의 협상기간이 시사하는 바와

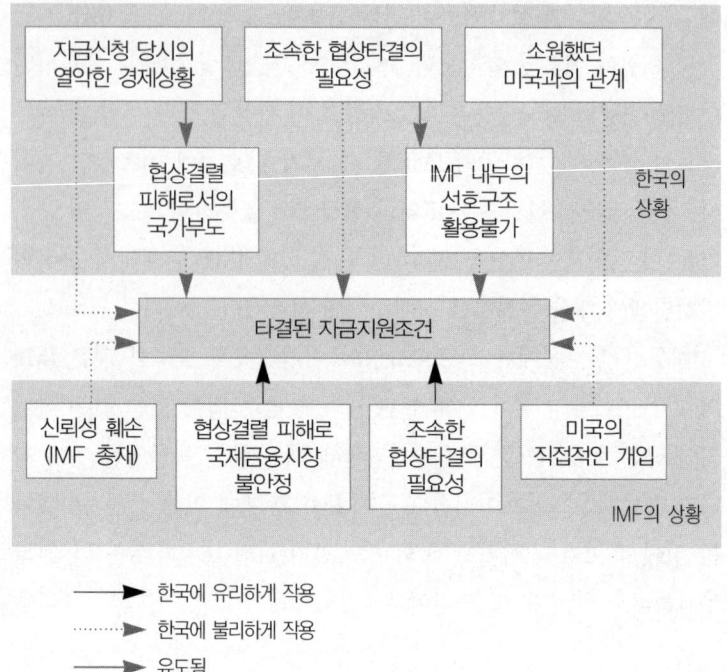

〈그림 2〉 한국과 IMF의 협상에 영향을 끼친 요인들

같이 국가부도를 막기 위해서라면 어떠한 조건이라도 수용할 수밖에 없었다는 점이 한국의 협상력을 저해하는 가장 큰 요인이었다.

하지만 한국에 유리한 점이 전혀 없었던 것은 아니었다. IMF로서도 협상의 결렬을 우려하고 있었다는 점, 단기간에 협상을 끝낼 필요가 있었다는 점 등은 한국의 협상팀이 정신적으로 여유만 가질 수 있었다면 충분히 활용할 수 있었던 사항들이었다. 한국이 국가부도를 내면 한국이 가장 큰 피해를 보는 것은 당연하다. 아르헨티나, 멕시코처럼 한국은 천연자원을 대량으로 보유한 국가가 아니기 때문이다. 하지만 한국과 같은 경제규모를 가진 나라가 부도가 날 경우 세계 금융시스템에 끼치는 파장이 결코 적지 않기 때문에 IMF로서도 한국을 쉽게만 취급할 수 없는 상황이었다. 따라서 그 틈새를 이용하면 한국이 어느 정도의 협상력을 가질 수 있었다. 하지만, 그런 협상력을 제대로 활용하기 위해서는 제대로 훈련된 고도의 협상전문가를 필요로 한다. 그 점에서 한국은 아직 준비가 되어 있지 않았다.

재협상 문제

한편 IMF와의 협상이 끝나자마자 위와 같은 과정을 거쳐 결정된 자금지원조건을 재협상해야 한다는 주장이 제기되기 시작하였다. IMF와 합의한 자금지원조건이 과연 우리에게 필요한 최적의 프로그램이냐에 대해 다양한 의문이 제기되었기 때문이다.

재협상은 가능한 것이었을까? 하지만 1997년 12월 3일에 합의한 자금지원조건의 근원적인 재협상을 요구한 것은 IMF와 국제금융시장의 작동 메커니즘을 너무 소홀히 여긴 감이 없지 않다. 이론의 소지는 있을 수 있으나 IMF로서나 한국으로서도 그 당시 자금지원조건 합의는 주어진 상황에서 최적의 선택으로 간주할 수 있다. 한국으로서는 어쨌든 국가부도의 위기를 넘기는 계기가 되었고, IMF로서는 미증유의 국제금융시장의 혼란을 사전에 방지할 수 있었기 때문이다.

그러면 그런 자금지원조건을 수정할 방법은 전혀 없는 것일까? 그렇지는 않다. 근원적인 재협상은 불가능하지만 상황의 변화에 따른 재협상은 얼마든지 가능하기 때문이다. 이와 관련하여 스탠리 피셔 수석 부총재는 "구조개혁과 관련된 근본적인 분야는 재협상할 수 없지만, 상황이 변하고 그에 따라 우리의 프로그램 작성에 따른 가정이 변한다면 우리는 그 변화에 맞추어 프로그램을 조정하지 않을 수 없다"고 밝히고 있다. 이것은 정기적 재검토라고 표현하는 것이 타당할 것이다.

한국이 당면한 과제는 이 정기적인 재검토를 통하여 어떠한 방향으로 프로그램을 수정할 것인지를 검토하고, 나아가 어떠한 방법에 의하여 우리의 요구를 효과적으로 전달할 것인지를 강구하는 것이다. 1997년 12월의 프로그램 협상 때와는 달리 정기적인 재검토를 위한 협상의 시간은 충분하며 우리의 견해를 전달하기 위한 방법 또한 그때와는 달리 제약되어 있지 않다. 그런 점에서 기본적으로 정기적 재점검을 통해 우리에게 부정적 피해를 주는 정책사항들을 단계적으로 시정해 가는 전략적 자세가 필요하다. 그러나 1998년 3월 당시 고금리와 관련하여 한국이 보여주었던 태도는 이 문제의 시정을 위한 효과적인 자세로 보여지지 않는다.

하나의 예, 고금리 문제[8]

자금지원조건으로서의 고금리가 우리 경제에 어느 정도의 부정적인 영향을 끼치고 있는지는(또는 끼쳤는지는) 많은 전문가들이 지적하고 있고, 민간 경제연구소에서는 이의 조속한 시정을 위한 재협상을 촉구하고 있는 형편이다. 그러나 우리가 일방적으로 고금리의 시정을 요구한다고 해서 IMF의 정기적인 재점검에서 이것이 쉽사리 받아들여지리라고 기대하기는 어렵다. 그들이 납득할 만한 충분한 근거가 제시되거나 그들이 의존하고 있는 통화적 접근법에 의한 프로그램 작성방법의 오류가 지적되지 않는 한 일시에 고금리가 시정되기를 기대하기는 어렵다. 현재(1998년 3월)는 너무 자주 늑대(고금리)가 왔다고 외치는 목동(민간단체) 때문에 정작 필요한 때에 마

주8) 이 예는 1998년 3월 상황에서 작성된 것임을 염두에 두기 바란다.

을사람들(IMF)은 늑대가 왔다고 외치는 목동의 말을 전혀 신뢰하지 않는 상황과 흡사하다.

우리가 할 수 있는 최선의 방책은 고금리 완화와 관련된 그들의 기준과 제일 부합되는 시점을 택하여 그들을 납득시킬 만한 충분한 근거를 제시한 뒤 재점검을 요구하는 일이다. 만약 이러한 요구와 함께 우호적 관계로 바뀐 미국과의 정치적 고려가 재점검에 영향을 끼칠 수 있다면 우리의 요구는 더욱 쉽게 받아들여질 수 있을 것이다.

그러나 효과적인 재협상을 위한 보다 근원적인 문제는 IMF 자금지원조건을 바라보는 우리의 시각을 바꾸는 일이다.

협상의 결과를 어떤 자세로 수용할 것인가

IMF의 자금지원조건에 포함된 많은 사항들은 한국이 마땅히 시행해야 할 개혁과제를 담고 있다는 데 많은 사람이 동의하고 있다. 가장 대표적인 예가 재벌해체로까지 불려지는 대기업의 구조조정과 금융기관의 조정이다. 한국의 대기업에 대한 구조조정의 필요성은 여러 차례 지적되어 왔지만 대기업의 조직적인 반발과 구체적인 시행계획의 미비로 한 번도 제대로 추진되지 못한 것이 엄연한 현실이다. 그리고 그런 구조조정을 시행하지 못한 것이 외환위기를 초래한 원인의 하나이기도 하다. 이러한 상황에서 IMF가 우리에게 이것을 요구하는 것은 차라리 역설적인 의미에서 한국의 행운이라고 할 수 있다. 또, 스탠리 피셔가 이와 같은 근본적인 개혁영역이 결코 재협상의 대상이 될 수 없다고 언급한 것은 이 개혁정책을 시행하는 하나의 추진력으로도 간주될 수 있다.

한국이 얼마나 빨리 현재의 외환위기를 벗어나고 그래서 정상적인 경제성장의 길로 복귀할 수 있는가는 한국에 부과된 개혁을 얼마나 효율적으로 달성할 수 있느냐에 달려 있다고 해도 과언이 아니다. 이런 관점에서 한국에 부과된 IMF의 자금지원조건을 단순히 벗어버려야 할 짐으로 여기지 않고, 우리 자신의 개혁정책을 실패없이 추진하는 계기로 삼을 수 있다.

폴락과 라이센은 이런 관점에서 우리가 되새겨볼 만한 다음과 같은 말을 하고 있다.

"IMF와 그 회원국 사이의 협상(정기점검도 포함)에서 그 성공가능성이 높아지는 것은 IMF 협상팀과 회원국 협상팀 사이에 일종의 공유된 이해관계가 형성될 때이다. 회원국 협상팀은 자국 경제정책의 집행을 강화하기 위하여 종종 IMF 협상팀에게 동지적인 관계를 요구한다. 많은 경우 협상의 내용에 포함된 정책사항들은 오직 회원국이 그것을 요청했기 때문에 포함되기도 한다."

참고자료 1

자금지원조건의 성격

IMF의 자금지원조건은 그 성격상 양면성을 가진다. 가장 기본적인 성격은 이 지원조건은 자금신청국이 직면하는 국제수지상의 어려움을 조기에 해결하기 위하여 부과된다는 것이다. 그러나 이러한 선의의 목적에도 불구하고 자금신청국의 입장에서 볼 때는 가혹하다 할 정도의 조건이 제시되기도 한다. 또 이 지원조건은 IMF 자체의 유지를 위해서도 필요하다. IMF도 지원해 줄 수 있는 자금에 분명한 한도를 가지고 있기 때문에 대여해 준 자금이 무사히 회수될 수 있는 제도적 장치를 마련해야 하며, 이 제도적 장치가 자금신청국에게 부과하는 자금지원조건(Conditionality)으로 나타난다.

IMF는 이 지원조건이 탄력적이라고 주장하고 있으나 실제에 있어서는 매우 경직되게 부과되는 측면이 없지 않다. 그 가장 큰 이유는 이 지원조건이 공급측면에 중점을 두기 보다는 수요측면에 중점을 둔 통화적 접근법에 기초하고 있기 때문이다. 공급측면에 대한 지속적인 관심에도 불구하고 IMF가 통화적 접근법을 선호하는 이유는 이러한 접근법이 국제수지 문제의 화폐적 측면을 강조하는 데 필수적이며, 나아가 통화와 관련된 통계를 가장 손쉽게 입수할 수 있어 실제의 지원조건을 결정하는 데 있어서 가장 유용한 수단이 될 수 있기 때문이다. 이 때문에 지원조건에 있어서는 환율과 재정정책에 대한 제약이 많이 발견된다.

하지만 한 번 결정된 지원조건이 결코 변경될 수 없는 것은 아니다. 정기적인 재검토를 통하여 지원조건에 명시된 정책의 적합성 여부를 검토하고, 그 정책의 시행 여부와 결과까지 점검한다. 이러한 재검토를 통하여 자금신청국에 합당한 지원조건의 세부사항이 지속적으로 조정된다.

참고자료 2

자금지원조건 협상과 관련된 다양한 요인

우선 자금지원조건 협상은 IMF 내부의 협상에 대한 선호구조 차이에 따라 매우 다르게 진행될 수 있다. 협상의 과정에서 IMF 실무협상단과 총재, 그리고 상임이사회는 각각 그 기능에 따라 자금지원조건에 대한 우선순위(선호구조)가 다를 수 있고 경우에 따라서는 그것이 상충될 가능성을 배제할 수 없다. 즉, 실무협상단과 총재, 상임이사회가 자금지원에 대해 견해를 달리 할 경우 자금지원조건은 달라질 수밖에 없다는 것이다.

이제 그 구조를 조금 자세히 살피기로 하자.

1) 복잡한 IMF 내부의 협상에 대한 선호구조

우선 협상단의 총책임자는 회원국과의 협상이 결렬되지 않고 타결되기를 강력히 희망한다. 그것은 협상타결이 IMF 본연의 임무이기도 하지만 협상이 타결되는 것이 그 개인에게도 지극히 유리하기 때문이다. 마일즈 케일러(Miles Kahler)에 의하면 협상단의 실무 책임자가 IMF라는 조직에서 승진하기 위해서는 그가 관여한 협상이 타결되는 것이 중요하며, 특히 소규모 개도국과의 소액자금지원에 대한 협상보다는 대규모 개도국과의 거액자금지원협상이 타결되는 것이 더 유리하다는 것이다.

반면, 총재는 실무협상단과는 다른 선호구조를 가진다. 그는 우선 IMF라는 조직의 실질적 지휘자로서 그 조직의 활동영역을 넓히는 일과 회원국 수를 확대하는 일에 우선적 관심을 가진다. 하지만 이런 선호구조 외에 그는 반드시 상임이사회에서 실무협상단이 합의한 내용에 대한 승인을 받아야 하는 의무를 함께 가진다.

상임이사회는 실무협상단이 합의하고 총재가 요청한 자금지원 프로그램을 승인함에 있어서 모든 협상프로그램에 대한 동등한 대우(the principle of uniformity of treatment to most programs)라는 원칙을 지키려고 노력한다. 즉, 어떤 특정 국가를 특별히 대우하거나 차별하는 일이 없도록 해야 한다는 것이다. IMF는 이러한 원칙이 제대로 시행되는지를 점검하기 위해 IMF 자금지원에 대한 프로그램을 점검하기 위한 메커니즘을 가지고 있다.

이처럼 협상의 실무단, 총재, 상임이사회가 협상에 대한 선호구조가 다르기 때문에 협상의 결과를 승인하는 과정에서 이런 선호구조가 서로 충돌할 수 있다. 이러한 선호구조의 상충을 마일즈 케일러는 "승인과 관련된 IMF 내부의 정치학(internal politics of ratification)"이라고 부른다.

하지만 이러한 내부의 선호구조 차이는 실무협상단, 총재, 상임이사회의 외부적인 갈등으로 표면화되지는 않는다. 대개의 경우 이러한 선호구조의 차이는 총재를 중심으로 하여 조정되고 통합되게 된다. 하지만 자금지원을 받는 나라의 입장에서는 이 내부의 정치학을 이용하는 것이(만약 이용할 수 있다면) 자신에게 유리하게 협상을 이끌 수 있는 방편이 되는 것은 틀림없다.

2) 총재의 역할

우선 실무협상단이 합의한 협상의 결과는 거의 모든 경우 자동으로 상임이사회의 승인을 얻게 된다. 자동으로 승인을 얻게 된다는 점 때문에 실무협상단이나 총재가 이러한 제도를 악용할 가능성도 생각할 수 있다. 그러나 실무협상단이나 총재가 이러한 자동승인이라는 제도를 협상에 대한 자신의 영향력 확대를 위한 도구로 사용하기는 매우 어렵게 되어 있다. 그것은 상임이사회가 비록 거의 모든 협상프로그램을 자동으로 승인하기는 하지만 사실상 그것들은 상임이사회의 의견을 반영한 형태가 될 수밖에 없기 때문이다.

상임이사회는 총재와의 빈번한 접촉과 의견교환을 통하여 상임이사회가 바라는 바를 총재에게 정확히 전달하고, 총재 또한 이러한 과정을 통하여 상임이사회의 요구와 일치하는 방향으로 협상프로그램을 작성할 수밖에 없기 때문이다. 총재의 이러한 견해는 또 즉각 실무협상단에 전달되기 때문에 실무협상단의 견해가 상임이사회의 일반적인 견해와 지나치게 다르게 되는 일은 실제로 발생하기 힘들게 되어 있다.

그러므로 지금신청국과의 협상에서 외형적으로 가장 영향력이 있어 보이는 사람은 총재가 될 수밖에 없다. 이러한 점에서 총재의 실제적인 역할은 첫째, 상임이사회의 선호구조 또는 의견을 정확히 파악한 뒤 그것을 실무협상에 반영하는 것이며, 둘째 이러한 구도하에서 IMF라는 조직 자체의 기능과 역할을 확충하는 것으로 볼 수 있다.

보다 구체적으로 말하면 총재는 상임이사회의 전반적인 의견을 반영하는 것이 아니라 상임이사회에서 가장 큰 영향력을 발휘하는 소위 G5(미국, 일본, 프랑스, 독일, 영국)의 의견, 그 중에서도 18.25%의 지분을 차지하는 미국의 의견을 반영하게 되어 있다. 총재가 사실상 어느 나라에 의해 지명되는가 하는 것이 이에 대한 명백한 예이다. 또다른 예로, IMF는 지난 1980년대에는 이전의 1970년대와 비교하여 자금신청국에게 더욱더 엄격한 자금지원조건을 부과하는 경향을 보이고 있었는데, 존 윌리암슨(John Wiliamson)은 이러한 경향이 1980년대 중반부터 집권하기 시작한 미국 레이건 행정부의 견해를 반영한 것으로 보고 있다. 그에 의하면, 미국의 주도하에 프랑스를 제외한 여타의 G5국들이 엄격한 자금지원을 설정할 것을 요구해 왔다는 것이다.

그러나 이러한 구조가 미국의 의견이 항상 아무런 완충장치없이 그대로 지원조건의 협상에 반영되는 것을 의미하는 것은 아니다. 위에서 언급한 대로 협상의 최종결과는 미국 혹은 G5의 의견과 실무협상단, 총재, 상임이사회 선호구조와의 상호작용을 통하여, 그리고 사실상 총재의 조정을 통하여 협상에 반영된다는 것이다.

자금지원조건의 실무협상에 있어서 IMF가 비록 이렇게 큰 영향력을 발휘하지만 협상의 또다른 당사자인 자금신청국이 협상의 내용에 아무런 영향력을 끼치지 못하는 것은 아니다. 자금신청국이 협상에 끼치는 영향력은 크게 자금요청국이 IMF에 자금지원을 요청할 당시의 경제적 상황과 자금요청국과 G5와의 정치적 관계로 구분할 수 있다.

3) 자금신청국도 협상의 결과에 영향을 미침

지원요청 당시 경제적 상황이 비교적 건실하다면, 자금신청국은 자기에게 유리하게 협상을 매듭짓기 위한 시간적 여유를 가질 수 있지만, 그렇지 못할 경우 IMF의 일방적인 요구를 수렴할 수밖에 없다. 전자의 경우 프로그램의 승인과 관련된 IMF 내부의 정치학을 이용하여 협상결과를 자국에 유리한 방향으로 유도할 가능성이 있지만, 후자의 경우 자금신청국에 이해관계를 가진 상임이사국의 견해가 아무런 여과없이 협상결과에 반영되는 결과가 초래될 수도 있다.

자금신청국이 협상에 영향력을 행사할 수 있는 또다른 방법은 상임이사회에서 중요한 발언권을 가진 국가와의 관계를 통해서이다. 이런 영향력은 비공식적인 통로를 통해 실무협상단의 경제적 판단에 여러가지 방향으로 영향력을 행사하는 방법에 의해 이루어진다. 그것은 협상의 결과가 다소 미흡할지라도 상임이사회의 주요멤버가 찬성한다면 대부분의 경우 받아들여지기 때문이다. 이와 관련하여 폴락과 라이센(Jacques Polak & Helmut Reisen)은 "상임이사회의 주요멤버는 IMF 실무진에게 특정국의 경제개혁 프로그램(객관적으로는 다소 미흡하더라도)을 충분한 것으로 판단하게 하는 데 압력을 가할 수 있다"고 지적하고 있으며, 이러한 압력이 효력을 발생한 예로 수단, 자이레, 이집트, 아르헨티나를 거론하고 있다.

하지만 이런 정치적 고려가 부정적인 효과를 야기한 일도 있다. 남아프리카공화국의 경우 1980년대 중반 자금지원조건 협상이 순조롭게 타결되었음에도 불구하고, 인종차별적인 정책의 시행을 이유로 상임이사회에서 자금사용이 거절되었고, 중국의 경우도 천안문 사건 이후 1년간은 인권유린을 이유로 IMF의 자금사용이 거부되기도 하였다.

한국인은 왜 항상 협상에서 지는가

지은이 김기홍
펴낸이 정혜옥 | 편집책임 연유나, 김미정 | 홍보·마케팅 강정숙
펴낸곳 굿인포메이션 | 출판등록 1999년 9월 1일 제1-2411호
주 소 135-280 서울시 강남구 대치동 938 삼환아르누보빌딩Ⅱ 720호
전 화 929-8153~4 | 팩스 929-8164
홈페이지 www.goodinfobooks.co.kr | E-mail ok@goodinfobooks.co.kr

초판1쇄 펴낸날 2002년 5월 15일 | 초판9쇄 펴낸날 2008년 8월 20일
ISBN 89-88958-22-5 03330

■ 잘못된 책은 본사나 구입하신 서점에서 바꾸어 드립니다.